笪 玲 著

SHUJU YUJING XIA LÜYOU GUANLI ZHUANYE
HE YANTAO JIAOXUE MOSHI YANJIU

数据语境下旅游管理专业合研讨教学模式研究

重庆大学出版社

内容提要

本研究立足世界旅游及信息化发展的整体趋势,回应产业发展和企业创新中的人才需求,细致地选取典型样本并分析当前旅游管理专业教学中存在的问题。力争实现多学科方法整合,以保障教学研究命题应有的情感、理性和规范。本书试图以旅游管理混合研讨课为突破口,引入大数据思想,挑战传统讲授型教学方法,探索一种能构筑专业信仰、坚定专业目标的有效混合教育途径,为提高本科旅游管理专业教学质量发挥积极作用。

图书在版编目(CIP)数据

大数据语境下旅游管理专业混合研讨教学模式研究 /
笪玲著. -- 重庆:重庆大学出版社,2024.6. -- ISBN
978-7-5689-4415-1

Ⅰ. F590

中国国家版本馆 CIP 数据核字第 2024R985M6 号

大数据语境下旅游管理专业
混合研讨教学模式研究
笪 玲 著

责任编辑:谢冰一　　版式设计:谢冰一
责任校对:邹 忌　　责任印制:张 策

*

重庆大学出版社出版发行
出版人:陈晓阳
社址:重庆市沙坪坝区大学城西路 21 号
邮编:401331
电话:(023) 88617190　88617185(中小学)
传真:(023) 88617186　88617166
网址:http://www.cqup.com.cn
邮箱:fxk@ cqup.com.cn(营销中心)
全国新华书店经销
重庆市国丰印务有限责任公司印刷

*

开本:720mm×1020mm　1/16　印张:23.5　字数:336 千
2024 年 6 月第 1 版　　2024 年 6 月第 1 次印刷
ISBN 978-7-5689-4415-1　定价:79.00 元

本书为"2021 年教育部首批新文科研究与改革实践项目:旅游管理专业政产学研协同育人机制创新与实践(项目编号:2021090083)"与"贵州大学 2021年高等教育研究项目:大数据语境下混合研讨教学模式空间生产研究(项目编号:GDGJYJ2021002)"联合研究成果。

总　序

2018年10月,教育部、科技部等13个部门正式联合启动"六卓越一拔尖"计划2.0,全面推进新工科、新医科、新农科、新文科建设。新文科建设明确了3个目标:第一,重新构建文科知识构架,培养跨学科的复合型人才;第二,改革创新文科专业教育,优化教学方式和手段;第三,实现文科理论体系创新,构建中国特色话语体系。加强新文科建设,做好新时代高校文科人才培养的供给端与行业企业需求端的有效衔接,需要通过产学合作使企业深度融入高校人才培养全过程。

自1978年在上海成立第一所旅游高等专业院校开始,中国旅游教育已经走过了40多年风雨历程。然而,在中国旅游教育取得辉煌成绩的同时,却难掩旅游管理专业衰退的教育困境和发展隐忧。这种局面的形成有着外部经济大环境和内部教育体制的双重因素。从外部经济大环境看,宏观经济下行周期拉长、新冠病毒感染压抑旅游消费需求,造成了世界范围的旅游经济下行和人才需求侧的萎缩;从内部教育体制来看,高等教育制定的人才培养模式与行业人才需求之间仍存在普遍矛盾,学科合并、高校教育资源整合、学生自主选择专业意愿低等原因进一步导致了教育供给侧的大幅缩减。在无法完全改变宏观外部环境、现有旅游高等教育培养模式的情况下,只能从教育体制内部寻求问题解决的出路。中华民族伟大复兴的战略全局和世界百年未有之大变局,是新时期新文科建设的大格局,学科建设需以文科人才培养的小逻辑服务好国家经济社会发展的大逻辑,协同开创新文科教育改革发展新局面。借助我国新文科建设浪潮,深度践行产学研协同育人机制,革新旅游管理人才培养理念,推动旅游管理专业教学模式创新,是提升旅游高素质人才核心竞争力的必由之路。

本成果系2021年国家教育部首批新文科研究与改革实践项目"旅游管理

专业政产学研协同育人机制创新与实践"（项目编号：2021090083）的系列研究成果，本系列共3本书。《新文科背景下旅游管理专业政产学研协同育人机制与实践》立足新时代旅游业作为国民经济重要支柱产业和综合性幸福产业创新人才培养的重大现实需求，聚焦如何破解旅游管理专业政产学研协同育人模式困境而展开探索性研究，对推进我国高校旅游管理专业创新人才培养具有较强的指导意义，对经管类专业创新人才培养亦极具启发价值。《大数据语境下旅游管理专业混合研讨教学模式研究》立足旅游管理专业教学模式创新，以混合研讨教学模式为突破口，通过线上线下相结合的混合式教学方式，为学生提供更具互动性和友好型的学习环境和易于获取的学习资源，力争使研讨课程更有利于培养旅游管理专业学生的创新能力及批判性思维；《生态理论视角下旅游目的地核心竞争力研究》以生态理论为指导，探讨旅游目的地中的核心要素，通过理论与实践相结合的教学模式，提升学生的理论素养，拓宽学生学术视野，培养旅游管理专业学生的实践创新能力。

项目研究聚焦于文科教育的创新发展，追求学科融合，以"专业优化、课程提质、模式创新"为建设的三大抓手，研究成果力争突出以下特点。第一，融入信息技术，重塑新文科思维体系。在新兴产业及变革性技术快速涌现的背景下，旅游现象日益复杂多样。成果以拥抱和融入科学技术为重点，回应和阐释科技与旅游学科之间的逻辑关联。第二，变革人才培育模式，筑牢知识塔基。通过教育理念、培养目标、教学组织多层面的有机结合，坚持问题导向、需求牵引、特色发展，做好"融合"文章，大力深化科教融合、产教融合协同育人改革，实现教育链、人才链与产业链、创新链的有机衔接，打造项目引领的合作育人新模式。第三，聚焦旅游学科特点，打通专业融通性。新文科的意义在于更强调文科专业基础的融通性，旅游现象涉及多个学科领域，如地理学、环境学、管理学、经济学、社会学、人类学、民族学、教育学、城乡规划学、大数据挖掘等，在专业、课程、教材、教师队伍、教育信息技术五方面加强新文科人才培养产学合作，通过教学模式创新，培育具备国际视野、交叉学科基础、创新创业能力的应用型与复合型人才。第四，瞄准行业的人才现实需求，拓展协同育人内涵。聚焦产学合作的总体要求和目标任务，有组织、成建制地建立科学、高效的产学合作机制，精准发力，增强合作育人的动力和活力。推动政府、高校、科研院所、行业企业协同发力，从更大格局、更大范围思考协同育人的内涵。

贵州大学旅游与文化产业学院以"汇聚全球教育资源，培育国际精英人才"为特色，致力于建设高标准、高质量、高水平的教学科研平台，形成了集"本科+国际化本科+硕士"的多层次、多元化国际教育体系。课题研究的同人们，怀着"立德树人，面向世界，服务国家战略，践行知行合一"的理念，充分发挥自己的学术资源优势，以培养具有"深厚的人文底蕴、强烈的创新意识、宽广的国际视野、扎实的专业知识""通专兼备、知行合一"的国际化创新型人才为目标，积极适应国家文化和旅游强国战略对高层次人才的需要，为把学院建设成为有特色、高水平学院而努力奋斗！

感谢教育部首批新文科研究与改革实践项目给予的经费支持；感谢贵州大学相关部门领导及同事的帮助和鼓励；感谢重庆大学出版社各位编辑的长期合作及相互支持。

囿于时间关系，丛书难免繁杂粗浅，敬请各位专家、学者批评指正。

李锦宏

贵州大学旅游与文化产业学院院长

旅游管理国家一流专业负责人

旅游管理专业国家教育部首批新文科研究项目负责人

2023 年 12 月 1 日于贵州大学

前　言

　　党的二十大报告明确提出，教育、科技、人才是全面建设社会主义现代化国家的基础性、战略性的支撑，科技是第一生产力，人才是第一资源，创新是第一动力。旅游业既是国民经济的战略性支柱产业，也是"五大幸福产业"之首。10年来，国内旅游市场不断发展壮大，2012—2019年，国内旅游人次和收入快速增长，2020年，受新型冠状病毒冲击影响，国内旅游市场人次和收入有所下降。随着国内旅游市场逐步回暖，2022年2月28日，国家统计局发布的《中华人民共和国2022年国民经济和社会发展统计公报》显示，全年国内游客25.3亿人次，国内旅游收入20 444亿元。我国旅游及相关产业增加值从2014年的27 524亿元增长到2020年的40 628亿元，年均增速5.0%，旅游业作为国民经济战略性支柱产业的地位更加巩固。世界旅游业理事会（WTTC）2022年发布的《旅游业经济影响报告》预计，到2032年中国将成为全球最大的旅游市场。

　　高等学校旅游管理专业是我国高级旅游人才培养的重要基地，其专业涵盖面十分广泛，学科的实用性决定了其必备知识的复杂性和多样性。旅游管理专业是伴随着我国旅游经济的发展和旅游产业的发育而建立的研究旅游业经营管理的一个新兴学科。该专业主要培养符合市场经济与国内、国际旅游发展需要的，具有经济、管理、行政及相关学科知识和能力，掌握旅游管理理论知识和方法，具有旅游开发实际问题能力，能在各级旅游行政部门和企事业单位从事饭店管理、旅行社管理、旅游管理学科研究的高级专业人才。学生通过学习可以掌握现代旅游管理基础理论、专门知识和专业技能，培养国际视野、管理能力、服务意识、创新精神，成为能够从事与旅游业相关的经营、管理、策划、规划、咨询、培训、教育等工作的应用型专业人才。

　　中国旅游教育在四十年的风雨中找到了自己的发展道路，形成具有世界影响力的中国旅游教育特色,但也面临着新的发展矛盾:一方面,中国进入"无旅游,不生活"时代,国民旅游热情急速高涨,高校旅游管理专业发展如火如荼;另一方面,旅游专业本科生在本行业就业的比例长期低于20%,高校旅游管理专业毕业生不愿意选择旅游企业就业,四年的专业熏陶带来的是人才大量外流、行业人力资源吃紧的情况。这一现象固然与社会观念、历史认知、行业性质、体制机制等有关,但高校本科旅游管理专业人才培养的行业适应性、专业情感、素养能力等核心命题也受到质疑。在经济新常态下,我们不得不重新思考高等院校专业设置、课程设置及教学方法等方面的弊病,推进"改革立新"刻不容缓!

研讨教学(Seminar Teaching)是一种面向大学开设的小班研讨课程,由学科领域知名教授主导授课,依托课程设置的科研主题,通过小组交流讨论、精英座谈、教师精讲等方式实现教学任务。该课程在教授主持下,围绕某一师生共同感兴趣的专题,通过教师少量精讲和师生、生生之间的交流互动,以小组方式边学习、边讨论,完成课程教学任务。混合研讨课普遍具有小班教学、学习内容灵活、注重研讨、师生互动、鼓励质疑等教学特点。本研究立足世界旅游及信息化发展的整体趋势,回应产业发展和企业创新中的人才需求,细致地选取典型样本分析当前旅游管理专业教学中存在的问题。本书试图以旅游管理混合研讨课为突破口,引入大数据思想,挑战传统讲授型教学方法,力争使混合研讨课更有利于培养旅游管理专业学生的创新能力及批判性思维,探索一种能构筑专业信仰、坚定专业目标的有效混合教育途径,为提高本科旅游管理专业教学质量发挥积极作用。研究方法力争实现多学科方法整合,依托系统而规范的资料文献收集整理,在问卷调查的基础上,综合运用多维数理统计方法,有机整合了参与观察、深度访谈等方法,实现对研究样本的"深描",保障了教学研究命题应有的情感、理性和规范。

感谢教育部首批新文科研究与改革实践项目"旅游管理专业政产学研协同育人机制创新与实践"及贵州大学2021年高等教育研究项目"大数据语境下混合研讨教学模式空间生产研究"的资助。感谢贵州大学旅游与文化产业学院领导及同事的鼓励和帮助。感谢四川大学、华中师范大学、西南石油大学、西南民族大学、贵州大学等学校相关老师提供的课堂观摩。感谢我的学生们的付出与努力：贵州大学旅游与文化产业学院王萍、唐千格、彭雅钰、郑子炜、李贞、陈楠、李淑萍、李玥欣负责了图表制作、文献整理及格式校对等工作；贵州财经大学工商管理学院王金晓博士进行了部分数据分析工作；贵州大学旅游与文化产业学院黄宝怡、王铭诺、覃梓恒进行了部分资料及数据收集工作。

诚挚地感谢重庆大学出版社尚东亮社长及谢冰一老师对本书提供的宝贵意见和辛勤付出，两位老师的专业素养及职业责任令人敬佩，是我学术成长路上的重要鞭策！

本书在基础性、创新性、前瞻性等方面做了最大努力，希望对未来我国旅游管理专业教学研究起到抛砖引玉的作用，但囿于本人学识和时间局限，不足之处，敬请各位同行批评指正。

笪　玲

2024 年 5 月

目 录

第1章　高等学校旅游管理专业教学改革背景

1.1　世界高等教育改革大背景

当今世界,科技的迅猛发展推动了社会的进步与发展,对我们的文化、经济和生活产生了深刻影响,正如邓小平同志所言:"科技是第一生产力。"但是,想增强科技实力、培养科技人才,教育是必不可少的基础。本科院校作为我国高等教育普及化快速增长的重要组成部分,在完成本科教育规范和拓展外延等任务后,进入了人才培养模式改革的新阶段,即应用型本科人才培养改革。本科教育是人才培养的基础阶段,其课程教育也成为学者关注的重点。

1.1.1　高等教育改革的国际背景

1）知识经济时代推动人才培养创新

随着全球经济一体化和教育发展的不断推进,知识经济已经成为当今社会的重要组成部分,知识作为社会的主要资源和生产要素,成为带动经济、社会发展的决定性因素。科技进步推动了知识的发展,而创新是科技进步的关键,人才是创新的关键,如何培养人才则依赖于全球教育信息化。进入21世纪,全球化进程加速,全球经济一体化和新一轮技术革命对人才的需求日益增加。教育发展在国家发展的领域占据了重要战略地位,知识经济提升了知识在经济发展中的价值。高校扮演着人才培养的重要角色,应当为信息化人才的培养作出贡献。

2）科技创新成为知识经济灵魂所在

除了经济的影响,对高等教育另一个重要的影响就是科技。随着 21 世纪的到来,科技的飞速进步已经彻底颠覆了传统的文化观念,培养具有创新精神的科技人才已经成为当今世界各大国的一项重大任务。在这一过程中,高校肩负极其重大的责任,它不仅是提供优秀人才的摇篮,也是推进建设创新型国家的支柱。随着科技的发展,知识的重要性已经超越了概念层面,它已经成为一种可以改善人们生活状态的现代化能力。知识宏观层面上价值的提升,反映出来的就是对教育的不断追求。教育工作者必须深刻理解创新及其所带来的人才培养的重要性,明确高等学校在创新人才培养中应肩负的历史使命,充分推动各国的教育改革,以适应高科技知识经济新潮流。

3）信息时代推动教学改革走向多元

信息社会及知识经济时代的出现,将给人们的生产、生活、学习乃至思维方式带来深刻影响,并以空前的速度驱动经济全球化时代的到来。现代社会成员都应具备全球化的思维和世界观,特别是青年人,应该注重学习交流、合作与分享。从国家层面分析,参与信息时代变得至关重要,尤其需要青年学子提升自身的竞争能力。人口因素和就业因素致使人才的流动向国际化加速,因此,创造条件、吸引并培养人才便成了各国的基本国策,而各国人才的质量以及创造能力,成为能够决定一切的强大力量。作为国家人才培养核心的高校教育,也必将在信息时代的驱动下走向更为复杂和多元的空间。

4）知识交叉爆炸驱动学科创新融合

知识爆炸是指人类所创造的知识,尤其是指自然科学知识,在相对较短的时间内以极快的速度迅猛增长,这是人们对于当前各种知识现象的广泛出现和迅速发展所进行的夸大描绘。近 30 年产生的知识相当于 2 000 年知识总和,今后 10 年产生的知识将相当于目前的 3～4 倍。知识爆炸必然驱动知识交叉和知识复合,百年诺贝尔奖的 41.2% 属交叉学科。学科间的交叉性是一种"学科际""跨学科"的科研现象,其结果将构成新的交叉科学。"学科际""跨学科"的学科交叉探索为科学发展带来了巨大的潜力,它不仅拓宽了科学的视野,而且也为科学家提供了更多的思考空间,从而推进科学的发展,为我们应对当今世界的挑战提供了强有力的支撑。通过将多个领域的知识相互联系、相互渗透、相互协作,以及将自然科学、工程、管理、教育等多领域的知识有机结合,促进重要的科学突破,并催生出一系列全新的领域。

1.1.2　现代学习方式的变革

从理论上来说,学习方式与生产方式是相同层次的,它不仅包含学习能力还包括学习关系,它决定了一个人的思维方式,最后会成为一个人的生活方式。变革学习方式,是指摆脱传统的依赖性、单调乏味的教育,进而获得更加丰富的知识。通过积极探索、实验、反馈以及反复地练习,学生们可以从中获得更多的知识,从而更好地理解知识,并在此基础上进行有意义的创造性探索。

1）泛在学习:无处不在的自主学习

泛在学习(U-Learning),又名无缝学习、普适学习、无处不在的学习等,意味着一种随时随地进行的学习,是从各种渠道、不同场合、不同角度,轻松掌握自己想要的知识和技能的方法。著名理学家朱熹曾经说过:"无一事而不学,无一时而不学,无一处而不学,成功之路也。"[①]在此,他提出了"人人、时时、处处"的学习方式,也是对泛在学习的最早描述。泛在学习这个术语是由美国的马克·威士(Mark Weiser et al.,1999)所提出的"泛在计算"一词衍生而来的,即

---

① 　申淑华.《四书章句集注》引文考证[M].北京:中华书局,2019.

将计算机设计成各种规模植入到任何事情中,以无线通信的方式悄无声息地为人类工作,这一思想极大地拓宽了人类的思维范围,也为人类提供了一条通往成功的道路①。通过泛在计算,计算机能够被普遍接受,并被视为是无形的。这就意味着,通过普适计算的情景,人类能够以更加有效的方式、更加灵活的方式,以及更加便捷的方式完成任务。这也正是数字化学习和移动学习的重要组成部分,它们的出现为人类提供了更多的选择,也为人类智能提供了更多的可能性。从社会文化和构建主义的角度来看,泛在学习随时随地都可以进行。学习者可以根据自己的意愿,选择合适的工具和环境,在合适的时间获得信息和利用资源,这是终身学习的实际实施方式(潘基鑫 等,2010)②。

泛在学习是数字学习(E-Learning)的扩展,弥补了数字学习的不足和局限。随着移动通信技术的不断进步,移动学习(M-Learning)也逐渐融入了泛在学习体系。泛在学习提供了一种智能化的学习环境,使学生可以充分地获得学习信息。相比传统意义上学生需要前往图书馆或学校获取学习资料,或通过互联网获取学习信息的方式,泛在学习呈现明显的差异。泛在学习的目标是创造一个学生可以随时随地、使用任何终端学习的教学环境,实现更有效的以学生为中心的教育。在泛在学习环境中,学生按照自身需求,在不同的空间采用差异化的学习方法,把所有的现实空间变成了学习空间。一个知识获取、存储、编辑、表达、传授、创新等的最佳智能环境,可以提升人的创造力和解决问题的能力。数字经济与知识经济的飞速发展使时代迎来了巨大的转变,在教育领域,人类的学习方式和对学习的理解都产生了巨大的革新。在数字化不断普及的背景下,泛在学习将不断地发展。

泛在学习具有泛在性、易获取性、交互性、学习环境的情境性及以现实问题

---

① WEISER M, GOLD R, BROWN J S. The origins of ubiquitous computing research at PAPC in the late 1980s[J]. IBM Systems Journal, 1999, 38(4):693-696.

② 潘基鑫,雷要曾,程璐璐,等.泛在学习理论研究综述[J].远程教育杂志,2010,28(2):93-98.

为核心等特点。泛在性意味着学习发生、学习需求和学习服务都保持无处不在的状态。学习者可根据自身需求，随时随地得到多种内嵌式或外嵌式的全面学习支持。易获得性是由于学习环境具有开放性、兼容性以及信息与实体空间的结合特征，使学习者可以充分地体验并顺利地接受学习过程。多样化的交流手段让学习者能够找到自己所需要的学习手段与方法。交互性是指学习者可以随时随地通过终端设备与专家、教师或者学习伙伴进行同步或异步的协作与共享交流，直接从泛在环境中获取信息。让学习走出学校，走进社会，走出真实的生活，走进虚拟世界。所谓"情景"，就是让计算机与人们的生活融为一体，让人们对计算机毫无知觉，而非将自己置身于计算机的世界之中。学习者愿意去体验实际的学习环境，进行稳定衔接且不易察觉的学习进程，甚至在整个过程中学习者无法察觉学习环境的存在。泛在学习之所以关注实际问题，是因为泛在学习是一个以学生需要为基础、以自我为中心的过程。学生是学习的中心，学习的重点在于学习任务和对学习目标的认知，旨在帮助学习者解决现实中面临的问题，而不仅仅是搜集资料和使用学习工具。泛在学习的技术基础涉及包括物联网、教育云、大数据、区块链和人工智能等领域，泛在教育的发展和应用，离不开智能化时代各类新技术的支撑。

泛在学习是在技术变革教育时代中出现的一种新型学习方式。目前，关于泛在学习的研究主要集中在以下几个方面。行为主义学习理论、认知主义学习理论、建构主义学习理论、后现代主义学习理论等。原昉等（2019）提出"联通式学习"为智能计算机环境下泛在学习的重要理论依据[①]。联通学习理论是加拿大学者西蒙斯（2005）在英语教学中提出的联通学习理论，其基本原理为：学习与知识都有赖于多元化的视角；学习是将特定的节点与信息源连接起来的过程；学习可能不需要任何人工装置；能够了解更多的东西，远比目前所知的要重要得多；为了便利不断地学习，必须建立和维护各种关系；对不同领域、不同观

---

① 原昉,乜勇.智能时代泛在学习的基础和教学支持服务研究[J].现代教育技术,2019,29(5):26-32.

点、不同概念之间的关系的洞察力是一项重要的技巧;决策自身就是一个学习的过程①。

2)教育"自组织":"大学"DIY 教育 2.0 时代

一间足够大的教室,一份干巴巴的讲稿和一成不变的声音,构建了知识单向传递的传统大学教育。随着"互联网+"智慧社会的不断推进,以智能化、自动化、数字化为核心的社会发展模式极大地改变着现代人的思维模式和认知范式,也变革了我们的部分行为方式。

以人工智能、大数据、物联网等前沿技术为代表的工业 4.0 模式呼唤着新时期的教育变革(倪玉琴 等,2019)②。"大学"DIY(do it yourself:自己动手做)即大学的自助式教学模式诞生,公益的字幕团队将外国有趣的公共课翻译成中文,并通过转发帖子、播放次数最多的课程以及最受欢迎的讲座,形成了一所新兴的虚拟大学。对某个领域感兴趣并充满好奇的分享主义者在线上进行脑力风暴,相互启发,产生新的思维。我的教育,我选择,我做主。"大学"DIY 区别于以往固有的传授和接受的模式,随着"自组织"形式的形成,世界各地的人可以跨越地域界限,学习、分享、传播知识和技能,从而将教育的触角伸得更远。

在全球范围内,免费开放课程正逐渐成为一种崭新的、具有战略意义的人才策略。"大学"DIY 教育的主要形式是免费在互联网开放公开教育资源,推广至各国,以方便那些无法获得大学教育的人。在可预见的将来,随着各大学将最好的课程上传到互联网上进行共享,在互联网自组织、完全自由竞争的条件下,精选出来的最优课程会给弱势的教育资源带来极大的压力。很明显,只有每个国家最出色的精英才完全拥有在世界范围自由流动的力量。

MOOC(大型开放式网络课程)就是"大学"DIY 教育的重要表现形式之一,

---

① SIEMENS G. Connectivism:Alearning theory for the digitalage[J]. Intenational Joumal of instructional Technology & Distance Leaming, 2005,(1):3-10.
② 倪玉琴,陆松岩,周忠浩.教育信息化 2.0 时代开放大学办学模式变革的思考[J].成人教育,2019,39(1):31-37.

MOOC 又称"慕课",是一种大规模的、开放的在线课程,其传播方式突破了时空的限制,学习者在任意时间和地点都可以进行学习,并且 MOOC 面向全世界的学习者免费开放,没有任何资格限制。目前随着移动互联网络的发展和智能终端设备的普及,以及教学内容国际化的扩张,使 MOOC 正处于快速发展期。在中国大学 MOOC 中,目前已有许多来自"985"大学的精品课程,为学生们提供了丰富的学习资源和优质的教学体验,并且当课程学习顺利结束后还能够收到授课老师的签名证书,为他们的未来求职、工作、升迁打下了坚实的基础。

除此之外,自媒体也是"大学"DIY 教育的重要展示平台。自媒体是一种基于平台的信息传播方式,在自媒体平台上人人都可以提供内容,人人都是自己的中心。学生可以根据自己的需要和兴趣,在自媒体平台上选择性地接收和传播个性化的知识信息,这使他们的自媒体账户能够形成相对独立的内容体系。同时,他们也可以在自媒体平台的大家庭中与他人分享、交流和互动。使用自媒体进行 DIY 教育,学生们可以以自己的工作特点、知识背景为依据,选择更加适合并对自己的技能提升更有利的方法。此外,学生之间还可以在平台上学习、评论、借鉴他人的方案,甚至进行收藏以供日后使用(赵倩 等,2019)[1]。

在可以预见的将来,不管是大学里的高质量课程,还是各种自媒体上发布的知识共享视频,都将在"自组织"的、完全市场化的互联网平台上,形成一条崭新的、更高质量的教学路径。

3)体验式学习：逃离书本走向生活

早在 2000 多年前,孔子就提出:"不观高崖,何以知颠坠之患? 不临深泉,何以知没溺之患? 不观巨海,何以知风波之患?"[2]随着大学教育改革的不断深入,传统的单一化教学模式已经难以满足学生多样化的学习需要。有效地指导

---

① 赵倩,章玳,侯新宇.自媒体:开放教育实践教学问题的一种解决方案[J].成人教育,2019,39(11):23-29.

② 王国轩,王秀梅.孔子家语[M].北京:中华书局,2009.

学生进行体验式学习,这对于拓展学校课程,丰富学生的学习内容和情感体验,克服学科学习中的去情境化,让学习者逃离书本,走向生活,无疑都有着重要的实践意义。

体验式学习(Experiential Learning)是一种通过阅读、听讲、研究和动手操作等方法来获取知识和技巧的方法。这个过程只能靠自己的实践来实现。所谓的体验指的是教师将课堂视为舞台,利用各种可感知感官的工具和媒介,以学生为主体创造一个值得记忆的学习环境,使学生能够获得难忘的实际体验活动。以往的学习对于学生而言是一种外部的东西,而体验学习则和生活中的其他经验一样,是一种内部的东西,它是个体通过身体、情感和知识的参与而获得的结果。体验式学习是一种基于个体生命观的教育哲学,它不是为学生提供经验的一套工具和技术,而是学生结合自己的知识、信念和实践来解释新信息的连续过程,同时,这一过程也会重新塑造他们的知识、理念和信仰(黄琳 等,2017)[①]。体验式教学工具 MTa 于 1982 由英国心理学家马丁汤姆森创建,它提供了 100 多个不同的学习项目,可以满足各种训练需求。同时,它也是亚洲科学技术协会年度会议上最流行的一款产品,为超过 1 000 家世界顶尖的公司提供了培训服务,国内所用的 MTa 教具均来自英国。体验式学习步骤见表 1-1。

表 1-1 体验式学习步骤

步骤	学习/教学策略实例
实际体验	模拟、案例学习、实地考察、亲身体验、演示
观察和思考	讨论、小组活动、集体讨论、指定的观察者
抽象与归纳	内容的分享和传递
积极地试验	试验室试验、工作体验、实习、实际应用

---

① 黄琳,黄东斌. 学生主体:体验式学习策略优化[J].中国成人教育,2017(22):15-17.

区别于传统的接受学习,体验式学习在发展学生的情感、态度和价值观方面有独特的作用。体验式学习具有以学习者为中心、注重对学生问题解决能力的培养、侧重对学科整体知识的理解等特点。体验式学习强调重视每一个学习者"学习风格"的差异,重视学习者的背景、兴趣、需求以及学习风格等,重在学生自主地感悟与体验,致力于促进学生的有效学习。在体验式学习中,学习者自主决定学习时间、学习内容和学习方式,教师促进学生学习的方法是鼓励学生成为负责任和自主学习的主体,从"教师中心"转向"学生中心"。体验式学习的目的在于使学习者摆脱学科知识的束缚主动去建构知识,而不是被动地由外界灌输。体验式学习除了可以帮助学生在学科上更有效地学习外,也可以帮助学生建立自主学习的习惯,提升时间管理、问题解决的能力,也可以促进学生与人合作的能力。

同时,我们也要注意到,体验式学习是以直接经验和反思为基础进行学习[1],虽然帮助学习者摆脱课本,走向生活,但其结果总存在着不确定性。所以在一定程度上,体验式学习可以作为课堂学习的补充形式,但不能成为教育的主导形式。体验式学习在实现学习者自主,促进学生的实践知识和技能发展方面的作用是毋庸置疑的,是值得我们肯定的。

4）微格教学：可控及机理化的教学单元

微格教学的英语是 Microteaching,在我国又被翻译为微型教学、微观教学、小型教学等术语,目前在国内使用较为广泛,它是一种系统的教学技能培训方法,利用现代化教学技术手段来培养师范生和在职教师的教学能力。"微格教育"的奠基者之一,美国教育学博士德瓦埃特爱伦将微格教育定义为:"一种可控制的、可压缩的、能够使准备成为或已经是教师的人有可能集中掌握某个特定的教学技能和教学内容"。(吴志超 等,1993)[2]我国著名微格专家孟宪恺(1998)将微格教学法定义为:"微型教学法是在有限的时空内,利用现代录音、

---

① 庞维国.论体验式学习[J].全球教育展望,2011,40(6):9-15.
② 吴志超,刘绍曾,曲宗湖.现代教学论与体育教学[M].北京:人民体育出版社,1993.

录像等设备,培训某一技能、技巧的教学方法。"①微格教学法为学员提供了一种实践的环境,可以简化繁复的课堂教学,让学员得到足够的反馈。"微格教学"并不是简单化教学内容和过程,其时间通常为 5~10 分钟,在这段时间里,老师尝试小型的课堂教学,将课堂录制下来并进行分析,是培养新教师,提高新教师素质的有效方法。由于该培训活动参与人数较少,培训时间较短,并且重点训练特定的教学技能,因此被称为微格教学或微型教学。微格课程的实施,主要由以下几个环节组成:学习相关知识、确定培训目标、观看演示、分析讨论、编写教案、角色扮演和微格课程练习、评价和反馈,以及修改教案等。

微格教学具有训练课题微型化、技能动作规范化、记录过程声像化和观摩评价及时化等特点(彭红 等,2016)②。微格教学有别于传统的教学法,它强调对教学步骤的细化和分解,从单一简单的教学技巧开始,逐步建立起一套科学化的培训方案。同时,根据教学技巧的科学分类,构建了一套完整的教学技巧体系。在这个过程中,利用现代化的视听设备,对课堂互动的细节进行真实的记录,使受训者能够直接获得关于自己教学行为的反馈。利用慢速、定格等方法,在课后进行反复讨论、自我分析和再次实践,以确定个别进度并强调合格标准。通过这样的方式,微格教学能够帮助教师不断改进自己的教学行为和技能。微格教学突破了传统的"满堂灌输"的教学方式,采用现代视频技术,为课堂教学技巧的学习提供了理论上的指导。

自 1963 年微格教学提出以来,迅速在全球范围得到了普及。这种新型的培养方式在欧美等国家最早被教师教育所采用。在英国,4 年的教育学学士课程将微格教学整合到一起,共花费 42 个星期,每个星期 5 个小时,总计 210 学时。在经过了微格教学的培训之后,这些师范专业的学生将被派到中学去做一次教育实践。香港中文大学教育系从 1973 年开始,在 1975—1978 年之间,以微格教学法让学生参与角色扮演,并透过录影带将培训过程录下来。1983 年,微

① 孟宪恺.微格教学与小学教学技能训练[M].北京:北京师范大学出版社,1998.
② 彭红,姚遥.国内外对微格教学法的研究综述[J].广州体育学院学报,2016,36(2):117-120.

格教学被应用于在职教师的学习,它对培养在职教师也起到了良好的作用。实践证明,微格教学法是一种行之有效、适用面广的新方法。日本、澳大利亚等国对微格教育进行了广泛研究与开发。悉尼大学和新南威尔士大学的教育学院提供的微格教学课程,每周上 4 个课时,为期 13 周,总共 52 个课时。此外,还为在职教师提供了继续教育训练课程,每周两个课时,为期 13 个星期。其中,悉尼大学的教师,用将近十年的时间,对微格教学进行了探索与实践,是最成功的移植、改进,并在国际上享有盛誉。澳大利亚 80% 的教师训练组织,英国、南非、巴布亚新几内亚、印度尼西亚、泰国、加拿大、美国及中国香港等多所师范院校使用了他们所编写的一系列微格教材及演示视频。

　　20 世纪 80 年代中期,微格教学被引进到国内,北京教育学院率先对其进行了系统的研究和实践。根据教育部教育司的指导和要求,随后举办了 7 期全国部分教育学院教师参加的"微格教学研讨班"。微格教学作为一种行之有效的教学手段,迅速受到了广大教师的青睐,同时,中师、大中小学及一些高师院校开展了微格教学的探索与实践。1993 年,在国家教委和世界银行的支持下,各省教育学院相继建成了一批拥有先进仪器的微型教学实验室,这为当地开展微型教学提供了必要的物质保障。在 1988 年 10 月至 1989 年 3 月期间,北京教育学院在联合国教科文组织的支持下进行了一项微格教学效果的对比实验研究。为了比较微格教学与实践的区别,将微格教学分成两组进行实验,并进行了对比研究。在试点之前,为了确保双方的基础水平一致,分别对双方学校进行了听课、录影和评估。在试验期,实验组采用微格技术训练法,控制组采用常规技术训练法。实践证明,微格教学法应用于在岗教师的培养,比传统的培养方式更为有效。类似的实验在国内外的一些学校中也进行过,大多数结果都验证了微格教学培训方法的显著效果。这些研究结果进一步证明了微格教学在教师培训中的实用性和价值。

　　在国家基础教育课程改革提出后,新课程的课堂教学必须以学生的发展为中心和根本。而微格教学更多地注重"教"的过程,对于"学"的过程未能进行充分体现。同时,出于经验缺乏等原因,年轻教师在掌控教学环节、把握教学内容、完成教学目标、运用教学技能等方面都不太熟练,这很可能会造成只重视结构而忽略内容的现象,导致教学过程中的表演化(赖玉华 等,2016)[①]。因此微格教学也需要随着时代的进步而不断产生新的变化,以此适应并形成新的教育方式,使微格教学得以适应数字化、智能化时代推进的步伐。

1.2　世界各国的教学改革

1.2.1　发达国家高等教育改革的方向及趋势

1)发达国家高等教育改革的代表模式

(1)日本:从"一般教育"到"教养教育"

日本大学本科教育改革的基本方针分别体现在 1991 年大学审议会提出的《有关大学教育改革》和 1998 年该审议会提出的《21 世纪的大学与今后的改革方策——竞争环境中富有个性的大学》之中。改革中把大学的课程体系定义为一般教育课程和专业教育课程两大类。每一所大学,都可以根据自己的特色,定制自己的教育原则和理念,自行安排教学计划,在开设专业课的同时也要满足社会对高素质的需求和大众个性化的需求(史朝,2005)[②]。进入 21 世纪,日本现阶段高等教育的社会、经济环境正发生全新的转变——超智能社会的来临及国际化、信息化的快速发展,推动着日本经济、社会及产业结构正加速向知识集约型转变。与此同时,少子化的生育观念和生育年龄人口的日益减少也给日本经济社会发展带来了层层阴霾。首都圈发展过热、地方圈发展乏力,发展的巨大差异阻碍着日本综合实力的提升。这些都进一步驱动高等教育教学改革

---

① 赖玉华,陈梅.新课改背景下微格教学的创新发展[J].教育与职业,2016(11):116-118.

② 史朝.中日两国大学本科课程改革比较研究[J].外国教育研究,2005,32(10):48-52.

走向纵深。

第一，强化大学的教育职能，将高等教育入学标准从"宽进宽出"改为"宽进严出"。20 世纪随着经济高速增长，日本高等教育实行"宽进宽出"的录取政策，使总录取人数大量增加，但这种数量的迅速增加，使日本高等教育的实效性和价值观出现了急剧下降。"宽进宽出"的培养模式也遗留下各种问题。为此，日本政府多次修订《成立大学的标准》，对入学资格最低标准进行规范，控制学生人数，从入口处守好生源的质量关卡。除此之外，还在坚守学历测试分数的前提下，用更多元化的方法和标准来选拔学生，使招生标准更为灵活，广纳各类学生进入适合其发展的高校，尊重和满足有差异的个体发展需要。日本在坚持"多元开放"的原则下，还引进了第三方的鉴定和评价机制，来评价每一所大学的各专业、各学科的设置是否合理，培养目标是否科学，以及是否有组织、制度和条件来保证这些目标的实现，从而提高高等教育的教学质量。

第二，反省和重塑大学精神，激发"高质量核心"内生动力。在过去，日本高等教育急速普及带来了本体价值的迷失。为了解决困境，日本政府和教育界正努力反思教学思想，改变当前的政策，探讨如何更好地满足当代社会的需求，处理传统观念与现代经济的关系。因此，必须更好地推动日本高校的现代化发展，才能促使大学的成长和进步。构建现代化高等教育理念，不仅要建立起高校的正确价值观念，还要构建品质优良、严谨规范的教学制度。此外，以"追求民主、以人为本"的大学精神为引领，在对社会所需优秀人才的培养过程中，明确教育的根本目的，帮助学生更好地掌握所需的知识和技能，开拓自身的潜能，实现个人素质的提升和自身的全面发展。通过向学生灌输一种危机感，激发学生学习和生活的热情，提供以自由选择为主要特点的培养模式，重视学生非学术生活的质量等方式培养高素质创新型人才（徐永祥 等，2007）[①]。重视创造性、重视个体多样化能力开发、重视挑战精神的培养，为日本高等教育发展道路

①　徐永祥，刘玉娟.日本高等教育改革的现状与发展趋势[J].黑龙江高教研究，2007，25（8）：38-40.

从"以量谋大"跨越到"以志图强"创造内生动力和深层保障。

第三,构建亚洲高等教育共同体,推动高等教育国际化。日本文部科学省于 2021 年 2 月 4 日推出"构建亚洲高等教育共同体"计划,该共同体的构建是日本近年来持续推进的高等教育国际化战略"加强大学的世界拓展力"之下的子项目。具体来讲,亚洲高等教育共同体项目将聚焦以下两方面制订相应措施。一是牵头制订亚洲后疫情时期的普通高校质量保证标准,并鼓励日本高校通过与中国、韩国和东南亚高校的合作,在学分交换、学位认证、质量保证、资格考试的电子化管理等领域建立统一的管理规范。二是根据后疫情时期的发展特征,在充分发掘网络交流潜力的基础上,继续推进和深化"亚洲校园"项目,促进中、日、韩三国高等院校之间的深入合作,建立双学位项目、联合培养项目、学期或学年交换项目、短期交流项目等,加强三国高等院校核心学科的协作,提高学生的参与性和流动性,加强本科、研究生水平的培养(李冬梅,2021)①。

日本的高等教育改革特点如下:第一,激励学生提升社会参与并增强国际意识;第二,创造宜人宜学的教育环境,鼓励学校举办特色课程;第三,掌握学生本质和个性并因材施教;第四,锻炼学生独立思考、学习并解决问题的能力。日本的改革旨在努力建设一个具有国际竞争力的高等教育体系,尤其注重帮助学生们树立国际视野,以及从全球角度深入探讨教育变革和改善,并且不断调整发展战略,广泛开展与国外大学合作办学。

(2)美国:"以学生为中心"的本科教育理念

20 世纪中叶,美国学者从"以人为本"的大学教育思想开始,在教学模式、课程内容、教学方法等方面,对大学产生了深远的影响。从 20 世纪 80 年代开始,美国大学开始探讨"以学生为本"的本科教学模式,并在教学改革的进程中,从教师评价机制、重视学生参与研究、提倡研究性教学、强化跨学科教学、突出

---

① 李冬梅.日本高等教育改革持续发力[N].中国教师报,2021-6-2(03).

学生工作的服务性思想等方面,逐步形成了"以学生为本"的教学思想(邹琴,2014)①。从该思想的课程改革效果来看,它强调本科生对科研的亲身参与,提高了其研究水平。它所推行的探究式教学方式,也极大地调动了学生的自主性。另外,对跨学科课程重视,能够有效拓宽学生们的知识领域。美国教育以服务学生为主的事务管理,也凸显了学生的主体性。

21 世纪以来,国际局势发生了翻天覆地的变化,"9·11"事件对美国社会产生了巨大的影响,美国的高等教育也受到了影响。美国决心在所有级别上,继续推进教育的改革和发展,改进教育的质量,为培养更高质量的下一代提供更好的服务。在 2002 年,小布什总统签署《不让一个孩子掉队法》后,就开始了对教育的管理和控制,并将教育放在了决定美国国际地位和国际竞争胜负的重要地位上。2006 年 9 月,美国高等教育未来委员会将一份名为《领导力的考验——美国高等教育未来规划》的报告递交给了当时的联邦教育部部长玛格丽特·斯佩林斯,该报告的目的是为美国高等教育制订今后 10~20 年的发展方向。事实表明,美国高等教育未来委员会的报告和国家教育部在这方面所做的工作,不失为一种行之有效的改革尝试②,如图 1-1 所示。

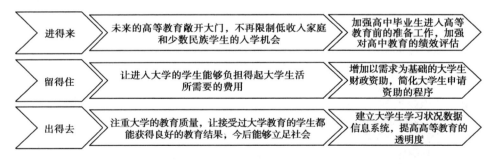

图 1-1　《领导力的考验——美国高等教育未来规划》的主要内容

① 邹琴. 20 世纪 80 年代以来美国"以学生为中心"本科教学改革研究[D].长沙:湖南师范大学,2014.

② 王定华.美国高等教育发展与改革:历史考察[J].河北大学学报(哲学社会科学版),2021,46(5):82-88.

第一，高等教育数字化。国家教育技术计划（National Education Technology Plan，简称 NETP）是美国教育技术政策的代表性文件。该计划阐明了通过技术实现国家的学习愿景和计划，使无处不在、每时每刻地学习成为可能。在承认继续为学习者提供更公平地获取技术机会的同时，计划进一步呼吁确保所有参与美国教育的人均能公平获得由技术支持的新型学习机会。此后，该计划每五年更新一次，有效推动了美国教育信息化的长足发展。

第二，数字技术形成教育新型生态系统。美国国家统计中心显示，在所有接受高等教育的学习者中，有 74% 的本科生具备至少一个非传统的特点，被称为"新常态（New Normal）"学生。对此，美国教育部构建了以学生为中心的高等教育新型生态系统，更好地根据学习者的特点和需求来构建项目、设置课程。在这个生态系统中，学生的学习是"终身的"和"终生的"："终身的"是指学习发生在学生一生的各个阶段；"终生的"指学生学习发生在各种教育环境中。通过这些无处不在的、全天候的学习经历，学生可以通过行业认可的证书来展示他们新获得的知识，从而获得奖励。为学生创建灵活、综合、高效和负担得起的生态系统，需要遵循以下原则，见表 1-2。

表 1-2　美国高等教育新型生态系统的基本原则

1.引导学生接受能使他们实现目标、符合需求和兴趣的教育。
2.帮助学生就高等教育做出明智的财务决策。
3.通过重新设计评估工具和提供有针对性的、自适应的学习方案，让学生为高等教育之后的工作做好准备。
4.允许学生调整学习的时间和形式，以适应他们生活中其他事情。
5.为学生提供能力负担内的高质量学习资源，帮助他们成为自己学习的管理者。
6.使辅导员能够帮助学生在不断变化的需求和环境中取得进步。
7.通过协助学校深入了解学生，为其提供及时的、有针对性的帮助。
8.让学生逐步建立有意义的教育途径。
9.鼓励学生便携记录他们的学习生活，并将其应用到进一步的教育或有意义的工作中。
10.创建一个学习网络，使学习者能在他们的一生中完成学业。

美国高等教育的改革聚焦以下方面：第一，以专才教育为基础，通才教育为

创新;第二,整合理论知识及技能教育,推动知识转化为生产力;第三,重视思维能力培养,鼓励知识创新;第四,积极推动高等教育国际化水平(刘丽平,2007)[1]。整体具有如下特点:第一,高等教育类型灵活多样;第二,教育质量高,注重学生间的相互合作与竞争;第三,兼容并包各国教育之长,多元化发展同时形成本国特色的教育制度。

(3)英国:建立市场中心主义

2011年,英国发布了一份名为高等教育改革新白皮书的文件。该白皮书提出了将学生置于消费者的核心地位,建立物有所值的高等教育体系[2]。要实现这一目标,英国应采取以下措施:对高等教育实行开放,让新的高等教育市场主体参与到产业中来,建立一个多元化的、快速反应的新的高等教育体制。在此基础上,进一步完善高等教育监督管理制度,构建一套更加简单化、透明化的新的监督机制。这一改革使教育机构具有了市场功能,从而使整个英国的高等教育成为市场的核心。现阶段,英国高等教育具有以下特点。

①提高高等教育参与率,推动高等教育多元多样化,这是英国高等教育改革的核心。政府一方面继续扩大传统的高等教育入学渠道,接收更多合格的高中毕业生;另一方面,改革高等教育结构,开发多种非传统入学途径。

②加大教育成本分担,保障教育公平。参与率的提高和供给模式的多样化,需要教育经费的大量投入。

③关注学生就业能力,吸引企业积极参与。高等教育学费上涨后,学生负担的教育成本大幅增加,高校也更多依赖学生获取所需经费。这一方面促使学生成为"精明的消费者",另一方面促使高校更关注学生的体验。

不过,英国高等教育市场尚未健全,高校仍在很大程度上沿用原有模式,极少采纳创新的做法。在此基础上,下一步改革应使教育和市场充分融合,充分

---

① 刘丽平.21世纪美国高等教育改革发展的特点及启示[J].西北成人教育学报,2007(4):38-41.

② DEPARTMENT OF BUSINESS, INNOVATION AND SKILLS. Higher Education: Students at the Heart of the System[R]. London: The National Archives, Kew, 2011.

发挥学生主导地位,融入创新机制。

(4) 荷兰:国际化战略主导

荷兰在《2019年世界竞争力年报》上排名第六,而2018年其世界竞争力欧洲第一,全球第四。荷兰的高等教育包括专门的教育和大学教育两种类型,由专门的高等学校和大学分别承担。这两种教育都需要学习4~5年时间,其中专门的教育培养着更高层次的专业人才,课程内容涵盖理论和实践。而大学教育的目标是培养高级人才,要求毕业生具备独立从事科技工作或担任需要高等学历的社会职位的能力。荷兰的国际教育始于20世纪50年代,当时荷兰政府充分意识到国际教育对本国和海外学生都具有巨大的益处。这种教育体系的优势在于其开放性、国际化以及注重实践和职业能力的培养,这有助于为学生提供与全球市场需求相匹配的技能和知识(王岳 等,2019)[①]。

荷兰作为最早用英语授课的非英语国家,其开办国际课程数量仅次于英国。现阶段,国际性教育并不局限于国际性高校,而是扩展到了荷兰3个主要类型的教育系统的各个层次上。比如,学习传统课程也要求学生具备一定英语能力,而报考荷兰正规全日制高等院校的外国留学生须满足具备良好英语基础的条件。

荷兰高等教育在课程设计、学生来源和教职员配置等多个方面体现了国际化的特点。荷兰的课程设计注重深入且实用,旨在培养高级专业知识的人才。教学注重将理论与实践相结合,并通过实际或模拟的工作环境进行教学。荷兰每年为国际学生开设超过500个专业,并聘请来自荷兰和欧美各国的杰出老师进行教学;对于留学生来说,他们可以使用所有的教学设备,其中就有大学的图书馆,并且很多留学生还可以到有关的企业和机构实习,以及与欧洲其他国家的合作院校做研究和交换(成协设,2021)[②]。

[①] 王岳,董丽丽.荷兰高等教育国际化战略目标、实施建议及启示[J].世界教育信息,2019,32(7):19-23.

[②] 成协设.荷兰高等教育现状、特色及其对我国高等农业教育的启示[J].高等农业教育,2021(2):26-31.

　　荷兰所有国民教育的课程都是以解决现实问题为基础的,因此,对学生的课程要求也是多种多样的,这对于老师的综合素质也是一种很大的挑战。荷兰大学在教育科学研究方面非常重视与五个大陆的高校和研究机构的联系,并在此基础上进行了学者和学生之间的交流,以及多种类型的研究合作。荷兰的高校拥有一流的教师队伍,其中不乏世界知名的专家、诺贝尔奖得主,这为学生与国际学术交流提供了便利。荷兰还注重学生的英语综合能力,例如,毕业论文所有学生都统一需进行英文撰写;此外,它还在欧洲和世界范围内,对大学的效率进行评价,并聘用来自各国的外籍教师,促进其国际化水平的提高。

　　荷兰《高等教育国际化议程》(Internationalisation Agenda for Higher Education)通过对荷兰高等教育国际化现状的分析,提出了高等教育国际化的战略目标,并推出了一些具体的措施,以期为各国政府、各高校及各有关方面提供一个可操作的指导。为了进一步推动高等教育国际化,这份报告提出了 4 项战略目标,并针对荷兰政府、高校以及各利益相关方,对其具体实施提出了相应的建议(详见图 1-2)。

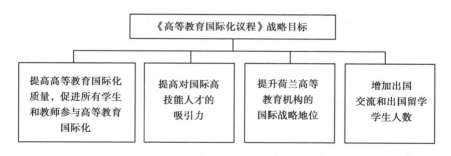

图 1-2　荷兰《高等教育国际化议程》战略目标

　　荷兰在高等教育国际化进程中,值得一提的教育思路如下。

　　第一,商学院教育。商学院基本上占了荷兰高等教育体系的一半左右,与我国学生四年均在学校的教学方式不同,荷兰商学院的学生如果学习能力强,完成第一年的学业后就可以到公司实习,之后再预留半年,安排学生到国外学校再学习半年。学生在学习过程中,实现了"学业知识—企业实践—国际化"的训练,具备非常结合实际的国际化能力。

第二,学生集中型讲授(Student Gericht Onderwijs)。这个模式最大的特点就是以小组为单位,在独立的班级中开展一系列学习活动。每个研究课题都包含了这门课的一项特别的学术工作。这种模型强调了学生的自主性和学科自主性。这种模式在蒂尔堡大学的不同部门都有体现。课程通过课堂授课、专题研讨等形式,让学生在课堂上体验到创新、互动式的学习体验。学生们以4~6人小组合作完成作业,如讨论型作业,并对所选项目进行书面和口头报告。通过研读、解析商业项目,同学们能将所学知识运用到真实商业情境中,从而加深对所学内容的了解。除此之外,还将开展其他技能学习单元,如演讲技巧、写作技巧和各种管理技巧的学习。这些教学方法旨在培养学生的团队合作能力、实践能力和综合管理技巧,为他们未来的职业发展打下坚实的基础。

第三,强化数字素养。荷兰认为人工智能可以解决荷兰多方面的社会问题与挑战,为荷兰的经济增长、社会繁荣和国民幸福作出重大贡献(刘雪宁 等,2021)①。因此,人工智能在荷兰得到了高度重视。荷兰的综合性课程改革的重要内容之一,即将数字素养纳入教育课程的重要部分,初等教育和高等教育中必须包含数字素养,包括六大学习主题:数据与信息、数字世界的安全与隐私、数字技术的运用与使用、数字交流与合作、数字公民、数字经济。在人工智能人才培养方面,荷兰提供了丰富的教育和培训机会。职业教育和高等教育也将培养学生应用人工智能的能力,为其提供所需的专业知识。

(5)德国:"博洛尼亚进程"下的教学改革

近10年促使德国进行高等教育改革的主要动因有以下3个方面:全球化和由此带来的教育国际化进程;以创造共同高校空间和欧洲教育一体化为目标

---

① 刘雪宁,董丽丽.荷兰《人工智能战略行动计划》中教育相关举措述评[J].世界教育信息,2021,34(1):29-33.

的"博洛尼亚进程①";德国统一所致的教育模式趋同化。为了让德国更好地适应在全球化和欧盟教育政策背景下的教育发展新特点,德国已在不同层面达成共识:启动教育改革,尤其是高等教育改革进程。高校改革波及各个层面,以此为改革内容的德国高校改革改变了德国教育模式,在改革领域和内容方面取得了一系列的改革成果。

第一,在"博洛尼亚进程"框架下实施大学结构改革。按照"博洛尼亚进程"的要求,德国将欧盟教育政策融入其国家教育政策,在"博洛尼亚进程"框架内,完成了相应的大学结构改革;提高教师和学生的流动性,完善教学质量保障制度;制订可参照和兼容的大学毕业生资格制度;在"博洛尼亚进程"中鼓励学生参加;增强欧洲对高等教育的影响;提高欧洲高等教育区的号召力,制订终身教育规划;在"博洛尼亚进程"中包括博士研究生的教育等(林栋 等,2016)②。"博洛尼亚进程"是德国近几年来最具影响力和影响最深的一次高教变革(徐理勤,2008)③。

第二,引进高等教育竞争原则及绩效原则,实施"大学卓越计划"。如果说,对接"博洛尼亚进程"是德国高校进行被动改革的动因所在,那么,德国提出的"大学卓越计划"则是主动而为的改革举措,以此推动德国大学均质化发展,促进德国高校科学与研究,提升德国大学的国际竞争力。传统的德国大学非常重视教育机会均等和教育公平。为应对全球化和教育国际化,提高大学竞争力,在高校发展中,竞争原则、绩效原则和公平原则逐渐受到重视。除教育机会均等和教育公平外,业绩和效益也被视为高校追求的目标之一。为提高高校国际竞争力,联邦政府和各联邦州政府为德国高校启动了"大学卓越计划"。2006年 1 月 20 日,在高等教育、科学研究和高校发展方面具有"智囊"作用的德国科

---

① 注:博洛尼亚进程(Bologna Process)是 29 个欧洲国家于 1999 年在意大利博洛尼亚提出的欧洲高等教育改革计划,该计划的目标是整合欧盟的高教资源,打通教育体制,建成欧洲高等教育区,建立共同的质量标准增强欧洲高等教育体系的透明度和融通性。

② 林栋,潘娜,鲁婷婷,等.欧洲博洛尼亚进程对我国高职教育发展的启示[J].常州信息职业技术学院学报,2016,15(3):5-7.

③ 徐理勤.博洛尼亚进程中的德国高等教育改革及其启示[J].德国研究,2008(3):72-76,80.

学委员会和德国科学基金会在"大学卓越计划"第一轮选拔中公布总计为 19 亿欧元的联邦-联邦州-大学卓越计划项目的 3 个资助方向:建设 30 个杰出研究中心,每年为精英研究团队提供平均 650 万欧元的研究经费;为促进科学新生力量建立 40 个研究院,研究院每年可分别得到 100 万欧元的资助;特别资助得到国际认可的精英大学(其数量待定),预计为之每年投入 2.1 亿欧元,推动大学尖端研究的发展。德国科学基金会和科学委员会认为,"大学卓越计划"将在德国高校中引发独特的推进效应。在争夺精英研究团队、精英研究院和精英大学的多层次竞争中,2006 年首次选拔出了 3 所高校,2007 年又选拔出了 6 所高校,到 2012 年总共有 11 所高校被选为精英大学。截至 2011 年,联邦政府层面承担其中 75%的费用,受资助高校所在的联邦州承担 25%的费用,对其资助的重点放在科研方面。正如 2013 年德国联合政府《联合执政协议》所规定的那样,应该保持和扩大联邦和联邦州的"大学卓越计划"受益范围。对此,应进一步将与科学事务相关的资助对象纳入新的资助范围。

第三,高等教育国际化改革。德国尤为重视高等教育国际化发展,为之推出的德国高校国际化战略使德国高校进一步融入教育国际化进程。通过课程国际化方式和在海外建立大学合作计划,提升德国大学国际化优势和国际竞争力,推动学生、教师、学者的国际流动性(彭良琴 等,2017)[①]。在教育输出方面,从 2001 年起,德国政府每年拨款 400 万欧元投资"德国海外教育项目",试图探索多元化的高校教育体系与办学方式,促进高校之间的国际交流与合作。德国先后在海外建立的合作高校有新加坡慕尼黑工业大学、开罗沃尔姆大学和斯图加特大学、首尔魏玛音乐大学。2014 年,德国高校大约有 30.1 万名外国学生,其中,约有 1/4 的学生在德国获得了高校入学资格。分布在全球的德国留学生大约有 7.6 万名,主要在荷兰、英国、奥地利和美国等国求学(王志强,2015)[②]。

---

① 彭良琴,夏新蓉.德国高等教育国际化现状、改革战略及特征[J].西部素质教育, 2017,3(16):7-10.
② 王志强.德国高等教育改革及新变化[J].世界教育信息,2015,28(18):24-28,33.

2）发达国家高等教育改革的主要特点

（1）多元化

为了实现改革的愿景,高校应当顺应教学改革的趋势,努力建立一个具有多样性的人才培养体制(凌凯,2019)[①]。近年来,随着大学教育改革的深入,一些大学的教育改革取得了一定的成果,并逐步引起了人们的关注。同时,许多地方高校也改变了以往一味追求高水平发展的做法,将其定位为更有特色的院校。当今社会对大学人才的要求是多种多样的,因此,大学在制订教学改革目标时,一定要把提高学生的综合素质作为自己的职责,建立起复合型人才的培养模式,对学生的就业能力和核心能力进行全面的优化。

（2）实践化

实践教学是人才培养的一个重要环节,所以越来越多的学校开始重视这一环节,大量院校都采取了实践和理论并重的教学方式,并在实践平台、实验室等实践基地的建设上进行强化,最大程度地提高学生的实践水平和创新能力(王东,2020)[②]。实践化趋势在高等职业技术教学过程中发挥的作用更为关键,这不仅要求教师在教学过程中依据岗位职业的需求针对实际设置课程进行教学,还对学生实践能力以及知识转化能力要求较高,双方合作使教学面向生产实践。高校更要将自己的实践属性融入改革理论,全方位提升人才的实践能力,向社会输出既具备实际应用能力,又具备专业知识的高素质人才,从而真正提升高校的人才培养质量(凌凯,2019)[③]。

（3）信息化

现在已经进入到一个信息化的时代,在社会的各个领域中,计算机及信息技术已经被广泛地运用起来,高等教学信息化的意思就是,通过高科技手段,可以更快、更多、更新地获取相关的信息,并且随着获取信息的技术、方式的不断

---

①　凌凯.试论高校教学改革的现状及趋势[J].青春岁月,2019(9):65.
②　王东.探讨高校教学改革的现状及趋势[J].中国多媒体与网络教学学报(上旬刊),2020(2):99-100.
③　同①.

发展,对高等教育的教学思想、教学模式、教学内容、教学手段和教学管理等方面所产生的变革(杨德广,2007)①。信息技术的应用可以有效地促进学生的自主学习和资源共享,并有助于学生打破传统的研究性学习。高等教育信息化不仅能够使得教学模式更为多元化、教学手段和教学管理更加现代化和科学化,还能丰富教学内容,将最新科研成果、最新动向等信息渗透到教学过程中去。

(4)全民化

1990年3月,以《世界全民教育宣言——满足基本学习需要》为标志,全球范围内出现了一股"全民教育浪潮"。《德里宣言》提出:"只有通过确保本国全体人民接受教育,国家的理想和发展目标才能实现。"普及教育是我国教育改革的终极任务,是社会所期待的,也是社会所肩负的重任。技术推动教育空间扩展到全社会,确立教育新的时空观。随着很多领域知识的发展和淘汰越来越快,社会的职业概念将发生很大变化,就业将更加不稳定或者说变成一种动态的稳定。为了适应不断变更的职业和工作内容,适应由于技术进步带来的人们劳动时间减少、业余时间增加的现状,人们有条件也必须不断学习。不以获得文凭为目的,而是以学习知识技能为目的的教育,在我国也出现了大量的需求,这种终身教育发展的趋势为大学在一个更广阔的范围内提供了发展的空间。

3)发达国家高等教学改革的发展趋势

(1)课程综合化推动教学创新

当代科学技术的发展与生产力水平的提高,最根本的特点就是"综合化",在高校中典型的表现为课程综合化,基础教育与专门教育、应用研究与基础研究的相互渗透必然成为趋势(李晓慧,2007)②。

课程是人才培养的核心影响因素。合理的课程设置能真正使人才培养质量得到坚实保障。课程的综合化目的在于帮助学生获得适应社会发展的解决实际问题的能力。当今社会,高等教育课程综合化已经被大部分国家重视,改

---

① 杨德广.浅议高等教育改革的动因、历程、原则、内容及趋势[J].大学教育科学,2007(5):19-25.
② 李晓慧.知识社会对高等教育的影响及对策[J].黑龙江高教研究,2007,25(1):13-15.

革成效显著。综合课程进一步打破传统课程的学科界限,实现跨学科思维与综合研究,创设新型的综合课程,推动新兴的边缘综合课程的产生,突破了传统狭窄专业领域的范畴。科技的进步,全球化的发展,促进了教学进度的灵活化和个性化。从学校出发,改变人才培养模式、管理模式,融入创新自主的精神,使新世纪的学生成为未来社会具有国际竞争力的公民。增强高校核心竞争力,适应科技时代、知识经济时代。

(2)个性化培养促进全面发展

帮助学生实现潜能的开发、个性的全面发展和自主创造性的提升,适应社会的不断变化,保证自身的持续健康发展是各国高校改革的主要职责。关注学生的独立规划、思考创新的能力。在国际教学中,应按照机会均等原则构建通往终身教育的课程体系,注重综合实践与探究式学习,强调学生的人格发展,使之成为有特色的创新型人才,凸显各国家的人才竞争力。

(3)教育普及加速数字化转型

越来越多国家的高等教育毛入学率达到50%以上,高等教育正在从大众化快速迈向普及化。在高等教育大众化的大背景下,全球高校在生源质量、数量、人才培养、科技创新、治理现代化、社会服务等方面的竞争日趋激烈,迫切需要加速高校向数字化转型。世界经济格局演化出现了新趋势,数字经济在 GDP中所占的比重不断提高,这给未来的人才需求带来了新的变化,也推动了新兴学科专业的快速发展。与此同时,基础学科专业也将面对更大的挑战,更有必要对其进行适应的转型,以适应数字经济与智慧社会的发展(王运武 等,2022)[①]。

(4)国际化共识丰富教学体系

教育的国际化随着经济全球化日益成为世界各国教育改革中的重要议题,代表着世界教育发展的一种潮流趋势。通过教师、学生、教材和学术项目的国

---

① 王运武,李袁爽,姜松雪,等.疫情背景下高等教育数字化转型趋势:美国《2022 地平线报告(教与学版)》解读与启示[J].中国教育信息化,2022,28(5):13-20.

际合作培养具备国际视野和专业能力的学习者,实现高等教育的国际化(杨弘 等,2014)[①]。这种教育改革模式与世界政治经济发展以及各国的社会、经济和文化发展需求密切相关。对发达国家来说,推进教育国际化改革,既可以通过向世界输出教育服务获取经济效益,也可以吸引世界各地的优秀人才,从而在世界范围内扩大自己的文化、政治和经济影响力。发展中国家鼓励教育国际化的原因,一方面是为了满足社会经济和文化发展对国际化人才的要求;另一方面也是推动本国发展在经济、文化等方面与国际体系融合(项贤明,2005)[②]。

1.2.2　我国高等教学改革的现状及问题

1)我国高等教学改革的内容

(1)教学空间延伸:线上教学与线下教学呈趋向融合之势

工业 4.0 时代高等教育的教学空间正在从相对单一的线下空间向线上线下相融合的空间扩展(刘旭 等,2022)[③]。在终身教育理念的指导下,远程教育技术的发展引发了学习方式的变革,从而导致了教育结构的转变。远程教育是一种基于网络教育的教育形式,在网络空间中进行,超越了时间和空间的限制,旨在提高学习者的自我发展能力和专业技能。远程教育的应用加速了当今社会向学习型社会的转变过程。它打破了时空界限,使学习者更容易获取知识信息,同时也使教师能够以多种形式自由地向学习者提供最新的知识信息。

(2)教学目标改革:培养适应社会发展的职业化人才

为了适应劳动力市场需求的变化,一方面高等教育呈现课程的职业化趋势;另一方面发展"职业化"高等学校,创办各种形式的高等职业技术教育(张连

---

① 杨弘,刘宇会,于善波.新形势下地方高校应用型人才培养模式创新研究[J].经济研究导刊,2014(14):124-125,171.

② 项贤明.当前国际教育改革主题与我国教育改革走向探析[J].北京师范大学学报(社会科学版),2005(4):5-14.

③ 刘旭,赵敏.工业 4.0 时代高等教育课程与教学改革的趋势及应对[J].临沂大学学报,2022,44(1):33-41.

生 等,2004)①。国内外综合性大学都在改变过分强调理论、忽视技术教育和实践能力培养的状况,加强培养目标的职业化,使学校培养出来的人才在职业能力方面能更好地适应社会的需要;普通教育渗入职业教育的内容,使学生在接受普通教育的同时,能够获得一定的职业教育,以便于今后在职业社会多一些回旋的余地,这是教学改革进程中使高等教育走出经院式的象牙塔而迈向实践生活的关键一战。

(3)课程体系优化:教学内容创新性方向发展

目前,我国高校在人才培养目标上,已经逐步朝着多元化方向发展。随着各高校对人才培养模式的不断优化,这也就意味着,社会对于教学内容和课程改革有了新的要求。这就要求各高校对课程体系展开进一步的改革,而改革的突破口,就是要以培养学生的创新能力和综合素质为核心,不断完善课程体系(王东,2020)②。在大学阶段的教学中,面向大学生的教学内容除了要具有理论知识外,还要具有一定的实用性、前沿性和创新性,能够将最新的研究成果与教材相结合,让学生能够及时地了解科学发展的前沿与方向。

(4)课程类型变革:慕课应用普及,专业设置和课程结构的综合化

慕课的全称是"大规模开放式在线课程"(徐蓉,2014)③。在这种情况下,对于作为课程提供者的教师而言,"开放"意味着竞争。优质的慕课提供者在竞争中脱颖而出,其教学资料可被其他教师使用。因此,那些经验不足的教师也可以借助这些资源来进行高质量的课程教学。对于作为教育消费者的学生而言,"开放"意味着无论学生身份和所在地,都可以使用高质量的慕课资源,在线授课或慕课等方式自主学习所需内容。理论研究和实验研究将分别通过"大众开放在线研究课程"(MOOR)和"大规模开放在线实验室"(MOOL)进行共享

---

① 张连生,丁德全.当前高等教育课程和教学内容改革的发展趋势[J].辽宁教育研究,2004(2):75-77.
② 王东.探讨高校教学改革的现状及趋势[J].中国多媒体与网络教学学报(上旬刊),2020(2):99-100.
③ 徐蓉.慕课与思想政治理论课教学生态的优化[J].思想理论教育,2014(5):58-62.

（陈建文，2017）①。

目前，我国高校的专业设置、课程体系向综合性方向发展，已成为我国高校教学改革的一大趋势（张连生 等，2004）②。在学科高度分化的前提下，以学科为主体的综合性发展，是现代科学发展的一个重要特点。随着交叉学科、边缘学科和横向学科的广泛发展，学科之间的综合整合对于高等教育课程变得越来越重要。高等教育课程结构的综合化主要包括两个方面的内容。一方面，将基础科学与工程科学、技术科学有机地结合起来，将基础与专业知识有机地结合起来，从而提升学生的基础文化素质，改进他们的理论性思考方法，以及培养他们的创新学习能力。另一方面，坚持人文科学、社会科学、自然科学 3 个学科的交叉融合，强调就业导向与应用导向（万凤华 等，2006）③。

2）我国高等教学改革的趋势

（1）高等教学改革趋势

我国教学改革，大体可以分为 3 个主要阶段，见表 1-3。

表 1-3　我国教学逻辑创新过程

阶段	教学改革任务	教学改革成效
第一阶段	2016 年资源共享平台建设	解决全场景、全时段教学问题
第二阶段	2017 年工程教育认证	解决教学内容创新问题
	2018 年构建新型教学体系	解决教学方法、跟踪与评价创新问题
	2019 年构建新型教学模式	解决教学低效运转问题
第三阶段	2020 年国家级教学改革	解决课程建设、课程示范推广问题
	2021 年加强课程思政	解决思政元素融入问题

注：作者根据相关资料整理。

---

① 陈建文.后 MOOC 时代教师传道、授业、解惑职能的思考[J].工业和信息化教育,2017(1):12-16,32.
② 张连生,丁德全.当前高等教育课程和教学内容改革的发展趋势[J].辽宁教育研究,2004(2):75-77.
③ 万凤华,何畏.构建 21 世纪土建人才培养方案[J].高等建筑教育,2006(4):44-46.

人才培养模式与目标趋向多元化。在我国,创新人才的培养方式普遍重视借鉴国际上高等教育的发展经验,将通识教育放在首位,实施宽泛的专业培养,重视多学科交叉(谭金娥,2018)①。例如,北京大学生命科学学院就提出了"加强基础、淡化专业、因材施教、分流培养"的方针,对本科教育体制的改革取得了成功,已经初步构建出了创新型科学基础人才的培养体系,并将对学生的科研能力的培养作为重点(袁本涛,2006)②。

体系改革成为新时代人才培养的重点工程。长期以来,中国教学以重在向学生灌输学科知识为教学目的,强调知识的完整与系统性学习,但随着我国人才质量观的转变——人才培养目标的多元化和人才培养模式的转化,教学更为重视学生基本素养和综合能力的培养,这就要求教学内容作出相应改变,以提升学生的综合素质和创新能力为突破,加强课程体系建设;与此同时,还必须强调创新性、前沿性和实用性。在教学内容改革中,一个重要的方面就是要及时地将最新的科学研究成果充实到教材中,让学生能够及时地掌握各个学科的最新发展趋势和前沿(袁本涛,2006)③。

政府加大对高校的投入与支持。经过几年的调整和深化改革,高等教育事业正处于快速发展的关键时期,这离不开政府的大力投入与支持。在城镇和经济发达的区域,高中教育已经越来越普遍,对高等教育的社会要求也越来越高,高等教育的规模也将不断扩展,功能和使命都将得到增强;并且通过政府和高校的一系列改革措施,将形成由不同水平、不同种类的学校所组成的一个错综复杂的教育体系;未来社会将构建起终身学习的模式,保持不断发展及发生变化的需要。

课程资源成为一流大学的吸引焦点。课程资源指的是课程要素的来源,以及实施课程的必要条件,课程资源的结构具体可以分为两部分:一部分是校内

---

① 谭金娥.试论高校教学改革的现状及趋势[J].黑龙江教育学院学报,2018,37(12):41-43.
② 袁本涛.中国高校教学改革的现状与趋势分析:来自 2005 年国家级教学成果奖的报告[J].大学教育科学,2006(2):44-51.
③ 同②.

课程资源,另一部分是校外课程资源。在校内的课程资源中,除了教科书外,教师和学生本身的经验、生活经历、学习方式和教学策略也是非常宝贵且直接的资源。此外,学校内的各种专用教室和校内活动也是重要的课程资源。而在校外的课程资源主要包括校外图书馆、科技馆、博物馆、网络资源、当地资源和家庭资源(谢克娜,2011)[①]。对课程资源的重新定位和理解,有利于我们清晰理论探讨和行动实践的方向,对课程资源的利用与开发,不仅是新课程改革的重要内容之一,还是实现新课改的必要条件。课程资源成为一流大学的吸引力所在,例如,哈佛大学每年开设课程 7 000 门次,平均每个本科生 0.5 门次;斯坦福大学开设 5 700 门次,平均每个本科生 0.86 门次;浙江大学 23 000 本科生,8 250 门次课程/年,0.36 门次/学生;复旦大学 14 000 本科生,5 100 门次课程/年,0.35 门次/学生;华东师大 14 000 名科生,5 200 门次课程/年,0.35 门次/学生[②]。

(2)旅游高等教育学趋势

教育形式的新转变。2020 年,新冠疫情的暴发给全球教育带来了前所未有的挑战。中国的大学纷纷制订了在线教学计划,并成功地从线下教学转向在线教学。依靠教学平台、直播、视频会议和大数据分析等信息技术,一些大学甚至实现了在线和现场教学几乎相同的效果。经此一疫,在线教育创造了一个未来教育模式和组织的愿景,以学生为中心和以学习为逻辑起点。未来的教学和学习应该以学生和学习为中心,从封闭的课堂讲授转向开放的、多层面的、互动的学习形式。围绕学生和学习的多种服务方式将在线上和线下进行,混合在课堂内外,整合材料和实践,并渗透到学校和社会中,为每个学生的学习和发展提供教学服务的组织将完全超越现代教育的限制性课堂组织。教育形式正在悄然发生变化,在线教学和网络教学的结合正在成为一项重大的教育改革。

人才培养的新要求。新冠疫情在全球的蔓延对全球经济产生了深远影响,

---

① 谢克娜.教师课程意识视野下我国高校本科教学改革[D].长沙:湖南师范大学,2011.
② 楼程富. 教学评价与教学模式改革[EB/OL].(2023-08-08)[2023-09-25].豆丁网.

旅游是受到影响最大的行业之一。中国的抗疫工作取得了举世瞩目的成效,旅游经济面临新的产业调整,进而导致我国旅游人才市场供需矛盾加剧。新时期,旅游管理专业应当以社会需求为导向,以学生个人发展为目标,通过创新的教育体系和模式,培养学生的个人能力、专业知识。引导学生以批判性和创新性的方式看待和管理问题,提高他们的思维和创造力,争取有效提升学生就业率,实现学生的全面发展。

3）我国高等教学改革的成就

（1）高等教育规模不断扩大

2022 年,教育部高等教育司司长吴岩在"教育这十年"发布会提出"我国已经建成世界上最大规模的高等教育体系"[①]。近年来,我国高等教育规模不断扩大,高等教育毛入学率和校均生(全国高校总人数／全国高校数)规模逐年增加,如图 1-3 所示。

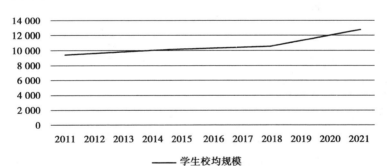

图 1-3　本科高校学生校均规模

资料来源:中国教育统计年鉴。

2023 年我国全等高校数量为 3 072 所,其中,普通高等学校 2 820 所,含本科院校 1 275 所、高职(专科)院校 1 545 所;成人高等学校 252 所。我国接受高

---

① 曹建.我国建成世界规模最大的高等教育体系[EB/OL].(2023-05-10)[2023-09-25].中国教育报.

等教育的人口达到 2.4 亿①,毛入学率已经从 2012 年的 30% 增加到 2021 年的 57.8%(图 1-4),中国已成为全球高等教育普及化和接受高等教育人口最多的国家之一。

图 1-4　高等教育毛入学率

资料来源:中国教育统计年鉴。

(2)高等教学质量实现飞跃

我国研究型大学的发展源自 20 世纪 90 年代。1993 年《中国教育改革和发展纲要》、1995 年《211 工程总体规划建设》及 1998 年《面向 21 世纪教育振兴行动》等一系列推动高校建设的政府文件发布奠定了我国高水平大学建设的基础。进入新世纪,我国高等教育建设不断深化发展,高校对教育质量和学生发展的关注进一步增强,人才培养模式不断变革。从"教师、教材、考试中心"到"学生中心",从单一教学方式到混合式教学、体验式教学,从灌输式到启发式,我国高等教育的针对性和有效性充分发挥,教学质量全面提升。2022 年我国高校在中国科学院 JCR 一区期刊发表的科研论文数量为 161 973 篇,增幅为 75%②,高等院校已成为基础研究的主力军。此外,我国高等教育的国际化也在不断发展,高等教育开放程度日益提升,仅 2022 年下半年我国就批准了 51 个高校对外合作项目。2017 年提出的"新工科、新医科、新农科、新文科"的"四

---

① 曹建.我国建成世界规模最大的高等教育体系[EB/OL].(2023-05-10)[2023-09-25].中国教育报.
② LetPub.2022 年中国高校发表 SCI 论文综合排名报告[EB/OL].(2023-02-08)[2023-09-25].LetPub.

新"理念,成为国家高等教育发展的重要战略,高校以"四新"为指导,不断探索、持续奋进、接续发展,正在构建中国式现代化标准下高等教育的中国范式。以新工科建设为例,2018 年我国工科本科毕业生占世界总数的 38%,是我国成为"第一制造大国"的坚实力量①。新工科建设更加注重需求导向,强调跨界融合,支持传统工科升级改造,新工科专业是未来工科领域的优秀人才和领军人才培养的基石。

(3)教学创新成为能力培养的主战场

知识经济时代,创新是发展的重要驱动力,高素质创新人才是推动经济发展和社会进步的关键因素,因此高校对学生创新创业的能力培养至关重要。近年来,我国高校创新教育和发展取得□□□□进展,□□校创新平台体系越来越完善,2012—2022 年的 10 年间,高校牵□□□□□以上的学科类国家重点实验室,30%的国际工程技术研究中心,□□□□□□的科研平台体系②。高校创新资源日益雄厚,10 年间高校科研□□□□□116□□%。高校跨国际的科技学术交流日益频繁,近年高校派出进行□□□□□□人次达 174 万人次③。中国高等学校创新创业教育位于全球高等教育的领先水平。我国高校毕业生创业率已超出 3%,高于发达国家平均水平。由我国教育部举办的"互联网+"创新创业比赛每一届都吸引大量国内外高校大学生参加,2022 年包括哈佛大学、牛津大学、剑桥大学在内的世界百强高校报名项目 2 873 个,增长 86.1%④,"互联网+"创新创业比赛已成为世界大学生创新创业能力展示的国际化平台。

(4)高等教学整体结构更加优化

经过近 30 年的建设发展,我国高校区域差距逐步缩小,西部高校内部更加协调,通过优势学科建设和与东部高校的交流合作,以及国家在政策上对中西

---

① 　吴岩.中国式现代化与高等教育改革创新发展[J].中国高教研究,2022(11):21-29.
② 　教育部科学技术与信息化司.十年来高校科技创新综合实力实现跃升[EB/OL].(2023-02-19)[2023-09-25].中华人民共和国教育部.
③ 　同②.
④ 　同①.

部高校的资源倾斜和国家出台的各项振兴西部教育的文件,中西部高等教育协同发展按下快进键。我国高等教育形式结构不断完善。在层次上,我国硕士、博士的培养规模越来越大,为高层次人才和精英人才的培养奠定了基础;类型上,高等教育类型不断扩增,兼顾了理论型人才的培养和实用型人才的培养,见表1-4。

表1-4　2021年我国学历教育结构

	毕业生数 Graduates	招生数 Entrants	在校生数 Enrolment
1.研究生 Postgraduates	7 722 671	1 176 526	3 332 373
博士 Doctor's Dgree	72 019	125 823	509 453
硕士 Master's Dgree	700 742	1 050 703	2 822 920
2.普通本科 Undergraduates	4 280 970	4 445 969	18 931 044
3.职业本专科 Vocational Graduates	3 984 094	5 567 182	16 030 263
本科 Normal Courses	0	41 381	129 297
专科 Short-cycle Courses	3 984 094	5 525 801	15 900 966
4.成人本专科 Undergraduate in Adult HEIs	2 779 485	3 785 288	8 326 521
本科 Normal Courses	1 420 887	2 042 982	4 591 098
专科 Short-cycle Courses	1 358 598	1 742 306	3 735 423
5.网络本专科生	2 590 593	2 839 192	8 739 006
本科 Normal Courses	898 773	1 186 772	3 328 548
专科 Short-cycle Courses	1 691 820	1 652 420	5 410 458

数据来源:教育部2021年教育统计数据。

高校学科结构持续转型。十余年来,我国普通高校专业布点总数每年调整幅度将近 5%,新增专业 286 种其中包括"交叉工程"专业①。此外,高校的基础学科、新兴学科、交叉学科专业建设不断改革和发展,高等教育培养的人才更契合国家战略和社会需求。

4)我国高等教学改革的问题

人才是当今中国的战略性稀缺资源,我国的人才目前远远无法满足社会经济发展的需要,故而,中国高等教育需要进行变革,而在全球化背景下,这种变革不应是全盘西化,而是教育理念的转变,适合学生发展和学术交流的条件被创造,全面的人性化的教学制度体系被建立。目前,中国大学的传统教学模式已经不足以满足国际竞争的需求,难以培养出所需人才(张文磊,2013)②。

因此,大学的课程设置更应体现出以学生为主体,但目前就业难反映了大学课程设置具有或多或少的问题。中国青年报社会调查中心的调查显示,超过65%的学生家长担心他们的孩子在社会中会感到不适应。在求职的流程中,43.1%的人会最优选择国企,而在求职的地域上,47.9%的人会最优选择省会城市。此外,在求职的流程中,超过 45.9%的人会选择成为一名优秀的领袖和高级管理人员。据毕业生反馈,"见习和实际阶段远远不够"(42%)、"课程不适用或陈旧"(16%)、"提高主动学习能力不足"(13%)3 个方面是应当在大学教育中加以重视和完善的(朱玲 等,2010)③。

(1)中国高等教育教学评价系统不完善

进入新发展阶段,我国的主要社会矛盾已经转化为人民日益增长的美好生活需要和不平衡不充分的发展之间的矛盾。我国已进入创新型国家行列,经济发展从"量"转变为"质",即科技创新成为我国经济发展的重要推动力。高等教育发展几十年来,已经培养了数以亿计的优秀人才,保障我国经济快速发展

---

① 曹建.聚焦人才培养,服务国家需求:高校学科专业迈向分类发展特色发展[EB/OL].(2023-05-10)[2023-09-25].人民日报.
② 张文磊.我国高校教育改革所面临的问题及对策分析[J].教育教学论坛,2013(37):157-158.
③ 朱玲,罗惠文,朱梦,等.武汉近两成学子认为大学课程知识陈旧[N].楚天都市报,2010-08-02(20).

进入高收入国家水平,但新的发展阶段,我国急需具有综合性知识、创造能力的精英人才。评价机制和评价体系一定程度上决定着高校教育的发展方向,现阶段我国高等教育的评价机制不能引导高等学校的人才培养契合新阶段的发展需要。高等院校评价体系仍关注学生扎实基础知识的培养,关于培养学生创新创造能力评价机制缺乏。高等教育形成了"均值高,方差小"的格局,人才培养整体质量较高,但顶尖学生严重缺乏[①]。

(2)"学评教"作为普适工具却饱受诟病

"学评教"是当前许多高校评价教学质量的重要工具,所谓"学生评教"是指学校组织学生评判教学效果的活动。通常在每门课结束时,要求学生对教师本学期授课情况进行打分,依据分数形成优秀(90分以上)、良好(75~90)、合格(60~75)、不合格(60分以下)等若干等级,以此作为评价教学的重要标准。从学校的角度而言,便于进行行政教学管理,有利于通过学生的反馈有效监管课堂质量;从教师的角度而言,改变了教师为中心的教学思路,促进教师及时思考和调整自己的教学方式,推动教学改革和质量提升;从学生的角度,能够总结自己的学习收获,形成与老师的良好对话。然而,貌似易于操作、易于量化且对各课堂参与方均有利的教学评价方式,却从诞生之日起就一直饱受诟病。第一,关注指标的科学性,忽视过程的科学性。不少评价管理部门认为,指标合理结论就应该合理,而忽视作为一种工具在不同的过程及环境中,会产生不同的影响和效果。相关数据表明,超过2/3的学生会不同程度的依据该课成绩高低及难易程度进行打分,1/2的学生表示自己的评价受到周边人日常议论的影响(包括该老师的严格程度、与学生的日常关系、职称职务、外貌长相、传闻事件、社会关系等),并非真正基于本门课程(韦巧燕,2007)[②]。30%的学生承认有请人代评的经历;60%的学生因为上课次数少及与老师课下沟通不足而印象模糊

① 吴岩.中国式现代化与高等教育改革创新发展[J].中国高教研究,2022(11):21-29.
② 韦巧燕.高校学生评教探析[J].高教论坛,2007(2):149-150,174.

（王丽萍,2007）①。第二,依据学生的诉求,缺乏对诉求的正确引导。教育不是迎合"市场",而需要"立德树人",进行知识传递和价值引领。在今天的竞争压力下,学生相对功利性看待考试,"高分、容易、轻松、有趣"成为一门"理想课程"的标准,而在"学评教"的尺度导向之下,要求严格、维护公平、客观公正、规范严谨的课程必然是低评的对象。第三,关注课程的分值,忽视结果的分析。不少高校将"分值"作为教师考核、绩效、评定等的唯一工具,甚至作为教师关系中的人际裹挟工具。教师往往只知道所得分数,而不知道失分原因,更缺乏教学提升的方案及建议。特别是某些学校推行所谓"末位制",以学院为单位对分数排名后 10%教师进行警示。同一学校老师由于在不同学院,95 分与 60 分的老师得到同等评判的现象令人啼笑皆非。

　　学评教的目的在于教学反思和教学改进,获得分析数据不是目标,提升教学效果才是根本。学评教如何科学发挥其课程评价的作用值得反思,如果长期流于"方便"的行政性工具,必将严重挫伤老师的教学热情,危害学生竞争的公平性,形成功利性教学空间,严重制约我国高等教学长足发展。

（3）教学理念与素质教育要求尚有差距

　　科学技术的发展对学科的发展起到了积极的推动作用,同时,自然科学和人文科学的融合也促使高校在人才培养方式、教学内容、课程体系上发生了巨大的变化。每一所大学都以树立素质教育观、培养全面发展的高素质人才为目的。在我国高等教育的现状中,一些大学缺少实践经验的教育,在大学中普遍存在着功利性的"职业至上论",对功利性教育进行了过度地强调,因为传统的、落后的教育观念,导致了一些短期的、急功近利的行为,使得大学教育中出现了对专业知识的重视,而对学生的实际应用能力却很轻视的现象,这就导致了我们培养出来的学生,不能得到全面的发展。同时,由于高校思想品德教育的缺失,制约着高校理论课教学的深入开展（张文磊,2013）②。这种刻板的应试教

①　王丽萍.关于网上学生评教机制建设的几点思考[J].现代远距离教育,2007(6):32-34.
②　张文磊.我国高校教育改革所面临的问题及对策分析[J].教育教学论坛,2013(37):157-158.

育、片面的专业教育等,给大学生带来严重的心理问题,为高校教育起到了示警作用。

(4)传统教学体制急需变革以适应现代教育发展

传统教学采用学年制,这种制度随着社会经济的不断发展,已逐渐失去了它的优势。由于课程安排的固化,学生们只有在满足指定的学习要求的情况下,才有资格获得毕业资格,而且,任何人想要超越期望的毕业,都将面临严格的审查和约束。由此,学生无法充分考虑到自身的特点,无法制订出合理的学习计划,也无法充分了解他们的喜好,从而影响了他们的学习成果,阻碍了他们的个人成长[1]。除了传统的学期制存在的问题,一些大学的管理方式没有考虑到人的需求,忽略了对学生主体的沟通和人性化。以强制手段控制违纪情况,用强制方法对违纪行为进行控制,过于注重制度和纪律的建立,学生们甚至不能对处理结果提出申诉,缺乏人文关怀,这与以人为本的教育理念相违背。

(5)区域化现象较为严重,院校间教学交流缺乏

随着全球一体化进程,发达国家优秀高等院校学术氛围相较国内更为活跃,思想的交流碰撞和创新能够促进高校教育质量的提高,奠定长期人才培养的根基,但是国内大学之间的学术交流相对来说比较缺乏,也不够灵活,很多大学都将重点放在了一个特定的领域或学科上,而忽视了其他学校的研讨交流,极少去学习其他大学的理念,这样的封闭对大学的学术水平的提升产生了不利的影响,可持续性发展受到严重的威胁,无法有效地培育出具有综合能力的优秀学生,阻碍了我国大学的发展[2]。

(6)改革未能触及结构性问题影响改革成效

由于我国的高等教育改革缺少一个范式,因此很难对改革中真正的问题进行有效的识别,往往会让人们对改革中的重要问题失去兴趣,而陷入与某些不相干的问题的纠缠中,很难将精力集中在这些问题上,从而使这些问题的解决

---

[1] 张文磊.我国高校教育改革所面临的问题及对策分析[J].教育教学论坛,2013(37):157-158.
[2] 同①.

过程常常被打断(刘磊 等,2022)①。在我国高等教育管理体制改革的过程中,教育行政体制改革和高校内部管理体制改革相互交织并推进。然而,改革的主题经常发生变化,政策供给的稳定性不足。从人事制度改革到后勤社会化,从现代大学制度的建立到综合改革,每次改革都尚未明显显示出成效,就要适应新出现的改革变化(陈权,2017)②。表述方式是一种范式,目前我国高教变革中的价值观表述方式还存在着一些问题。例如,我国多数改革目标都是在"加强""鼓励""重视"等方面进行定义,但对其定义的范围及度量方式却没有给出明确的规定。由于我国高教改革范式的缺失,改革家们往往会站在另一种范式上、"习性"上、经验上、学科上,以一种纯粹的主观角度来看改革,对改革的理论与实践进行了不断的争辩与纠缠,从而使改革的智慧与动力被消磨殆尽(刘磊 等,2022)③。

① 刘磊,潘大东.我国高等教育改革范式分析与反思研究:基于 1985 年以来国家政策文本的视角[J].关东学刊,2022(3):51-67.
② 陈权.我国高等教育管理体制改革:回顾、反思与建议[J].长春大学学报,2017,27(2):38-42.
③ 同①.

第 2 章　新时期旅游行业发展及人才培养要求

2.1　新时期旅游行业发展趋势

2.1.1　从业内融合到跨界融合

旅游业的产业融合剂作用在其产业结构转型升级中提供了强大的助推力，它不仅推动了新的运作模式的出现，而且还吸收了先进的经营理念，并获得了大量的资金支持；此外，它还为其他行业提供了更加开放的市场环境，开辟出全新的发展道路，并且延长了产业的生命周期。

旅游业的融合，包含产业内部和产业间的融合，是其打破"羊毛出在羊身上"的传统盈利模式，创新"羊毛出在牛身上"新盈利模式的根本原因。但是，目前在我国，跨境整合的驱动因素以市场驱动为主，而非政府的推动力，各级旅游管理机构的政策措施在促进跨境整合方面的实际效果十分有限。由此可以看到，旅游系统内部的改革空间非常有限，政府让权于市场是改革的关键。改革不仅仅局限于旅游行政主管部门的改革，更重要的是与旅游业密切相关的系统外部门的放权。

2.1.2 从技术渗透到技术人本

近些年,技术创新与产业发展的结合成为旅游业发展的新现象,其中发展较为迅速的是互联网技术与旅游业的深度融合。全新的消费者是技术推动旅游业全新模式产生的重要原因,"90 后""00 后"消费者的内在需求和禀赋变迁是企业创新和旅游业变革发展的根本动力。不过,技术的渗透并不能构成完整的智慧旅游,真正的智慧旅游需要技术的智慧和人的智慧相结合才能实现。因此,认识新常态下的消费者,了解他们对产品和服务的要求是政府和企业必须牢记的,否则,企业会在新常态下失去生命力。

2.1.3 从内部创新到外部创新

创新包含内部创新和外部创新两种类型,一般而言,企业通过自身的努力实现的创新被称为内部创新,而企业依赖于外部环境的改善才能实现的创新被称为外部创新。旅游发展包括开发创新、配套创新、组织管理创新和制度创新等不同类型的创新。这些创新在不同发展阶段具有不同的创新核心,它们彼此之间具有交替性、迭代性、继起性等特点。

中国旅游业的创新在过去主要表现为:以景点开发为主导的发展创新,以传统的六大要素为基础的支持创新,以体制制约为基础的企业自主创新。随着我国经济体制的不断完善,旅游产业也将迎来一个新的发展阶段。在大力推进对社会资本的全面开放、加强全社会法律意识,把带薪年休假问题列入劳动监督、保护员工合法权益的重点工作中,改革和完善旅游业用地管理体制。可以预见,在今后的发展中,旅游业的体制改革还将继续深入。

2.1.4 从带病增长到内生增长

当前,仍存在市场需求不足、以领导意志为核心形成的旅游供给,这些供给的改革方向、方式、方法,以及面向市场的问题是现阶段要深入研究的。尤其要关注以下 3 个方面。从政府主导到市场主导的旅游供给的重建及转型;以政府投资拉动的旅游收入增长;其他产业调整对旅游业发展产生的影响。旧常态向新常态的转向,这些旅游经济增长的重要助推力也在快速退出。现阶段,急需寻找新的可持续支撑旅游业发展的战略性势力和经营模式,以取代目前逐渐衰落的战术性手段。

2.1.5　从碎片市场到系统市场

市场迭代完成,消费需求升级,Z 世代(“90 后”“00 后”)逐渐引领市场,追求品质、体验、个性,偏爱祖国自然风光、消费新国潮、打卡“好看·好玩·好新奇”。旅游产业从 1.0 观光到 2.0 休闲,正向 3.0 度假体验时代演变,旅游目的地强势崛起,文化、景观与业态并重,旅游产品开始向沉浸式、个性化深耕挖掘,更加注重旅游度假的生活品质。

旅游企业发展需要处理好深化改革与“实现自主知识产权”“做大做强民族品牌”的关系。当前,中国许多旅游企业是中国改革开放、经济快速发展带来的巨大市场造就的,国有大型旅游企业多是政策造就的。随着经济发展的升级转型、政策性保护和垄断快速退出市场,市场回归到商业的本来面目,时代和机会成就的旅游企业能否持续发展和创收,需要打上问号。

当然,不能否认,在市场经济的浪潮中,很多大型的旅游企业已经走上了市场化的道路。但在过去的 30 多年里,价格战一直是中国很多公司(包括旅行社)的一种主要竞争方式,他们的资源分配、策略开发都是围绕着如何在低价的情况下获得利润来展开的。在消费者转型、市场竞争愈发激烈的背景下,企业要实现可持续发展,必须调整“以低工资来保持低成本,以低成本来维持低价格,以低价格来获得竞争优势”的发展思路,在学习能力、创新能力、质量管控、品牌化等方面提升,需要培养除价格战之外的核心竞争能力。

借鉴生态群落理念,旅游经济产业的发展要用“互助共赢”的共同演进理念代替传统的"你死我活"的双输思路,构建一个具有良好发展前景的旅游产业生态系统,使企业能够在这个充满活力、互利互惠的环境中实现持续发展。

2.1.6　从点线发展到全域旅游

推动旅游产品向观光、休闲、度假 3 个方面发展是一种旅游产品发展思路,其目的是适应多元化、多层次的游客需求,对点式的旅游模式进行调整。"全域旅游"将成为未来旅游业发展的一个重要方向。"全域旅游"在关注"核心体验"的同时,更关注"全域旅游"的建设。新常态下,全域旅游发展要求从体验层次、体验地点、体验客体 3 个方面进行深入研究。这要求构建一个旅游产品生态圈,不仅包含独一无二的景观,还把在以前旅游业发展过程中被忽略的自然环境、社会环境以及空气质量等因素考虑在内(厉新建,2017)[①]。

创新经济具有新业态、新产业、新技术、新模式等特点,创新经济的发展是中国旅游发展的重要推手。旅游业创新要达成创造消费者旅游需求,引领旅游者消费潮流等目标。

2.2　新时期的旅游就业

2.2.1　新冠疫情对旅游业的影响

新冠疫情使国际游大幅度降低,各地防控措施竞相收紧,居民出游结构发生根本性变化(图 2-1),外出心态更趋谨慎。2022 年全国旅游经济运行综合指数(CTA-TEP)位于临界值以下,1~4 季度指数值分别为 95.60,97.82,85.59 和 99.32,季度均值为 94.58,较 2021 年低 8.64。其中,居民出游意愿均值为 86.73,与上年基本持平,而企业家信心指数则连续 3 个季度低于临界值。

① 厉新建.新常态下旅游业新发展[N].中国青年报,2017-11-7(11).

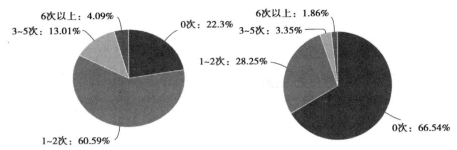

图 2-1　疫情前后游客旅游状况对比

数据来源:问卷星调查,$N=269$。

2022 年全球旅游总人次(含国内旅游人次和国际旅游人次)达到 95.7 亿人次,同比增长 18.9%,全球旅游总人次恢复至疫情前 2019 年的 66.1%;全球旅游总收入(含国内旅游收入和国际旅游收入)达到 4.6 万亿美元,同比增长 21.1%,全球旅游总收入恢复至疫情前 2019 年的 79.6%。对国内度假市场而言,中产阶级群体和年轻一代消费力量成为主体,"短度假、轻休闲、高频次、慢生活、旅居式",多元化的旅游生活方式呈上升趋势。景区管理机制建设、景区流量管理、网上提前预约平台和预约制度、错峰分时段游览等景区智慧化等管理手段日益提升,如图 2-2 所示。

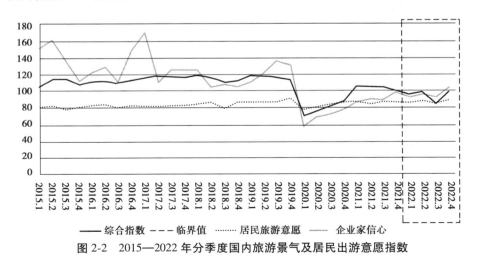

图 2-2　2015—2022 年分季度国内旅游景气及居民出游意愿指数

资料来源:旅游经济文化和旅游部重点实验室。

新时期,旅游业积极进行相关政策的调整(表 2-1),迎来了发展的战略转折点。2023 年党的二十大精神贯彻到实处,用中国式现代化来全面推进中华民族伟大复兴,同时,以文塑旅、以旅彰文,促进文化与旅游的深入融合和发展。终结萧条、走向繁荣,管控预期、释放潜力、提振信心、扩大投资,不断满足广大游客品质化和多样性的旅游需求,重构旅游业高质量发展新格局,将是全年旅游工作的主基调。

表 2-1　新冠疫情 3 年主要的旅游政策导向

时间	主要政策导向
2020 年	稳市场主体,免征增值税、税费优惠、旅游服务质量保证金、住房公积金、担保、贷款、失业保险、复产、金融服务等,以及针对旅行社、在线旅行商(OTA)实施退费免税等政策,帮助企业"活下去"。
2021 年	保就业,政策关键词包括稳岗扩岗、社会保险、人员培训、个人所得税、住房公积金、增值税、免征税等。
2022 年	重点扩消费,关键词包括消费券、消费业态、营销宣传、零售、产业链、科技赋能等。

资料来源:根据相关政策文件整理。

1）旅游行业的深刻变革

一场突发公共卫生事件对旅游业会产生一场变革性的影响,它不仅对人们的生活习惯、心理思维方式产生了较大的影响,对于依靠游客流量、消费和服务同时进行的旅游业,其发展格局也将会进行一个全方位的整合,不仅是在三大旅游市场方面,还有旅游供给侧需求方,旅游市场以及游客需求的恢复,这些都需要一个过程,如图 2-3 所示。

面对供给侧结构化变革语境下的游客供应错配、需求结构失调、重复不合理投入等难题,出现了"去不合理资源、调品种架构、提增长品质"的缓冲期,如何把风险转变为机遇,根据游客多元化、个性化的现代观光和娱乐需要构建合理的游客供应结构。原有的旅游行业生态链进行了一次全方位的大洗牌,传统旅行社生存空间进一步缩小,各大文旅、旅投坐拥景区、酒店、房产等实体资源或许会成为未来旅游行业真正的明星。

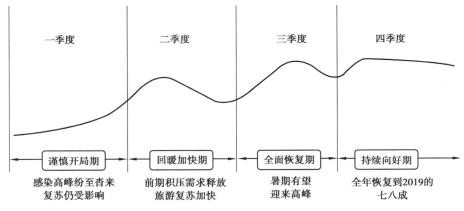

一季度　　　　二季度　　　　三季度　　　　四季度

| 谨慎开局期 | 回暖加快期 | 全面恢复期 | 持续向好期 |

感染高峰纷至沓来　　前期积压需求释放　　暑期有望　　　全年恢复到2019的
复苏仍受影响　　　　旅游复苏加快　　　　迎来高峰　　　七八成

图 2-3　2023 年旅游业整体预测复苏态势

图片来源:中厚明德集团.2023 中国旅游全力以"复"［EB/OL］.(2023-01-07)［2023-09-25］.网易.

第一,国内旅游市场恢复最快,入境旅游恢复最慢。新冠疫情对三大旅游市场都不能产生长时间、持久的负面效应,三个市场恢复的时间阶段不同。在新冠疫情常态化时期,面临众多的感染人数,人们会处于一个谨慎观察期,是否可以立刻出去旅游,大部分人会存在犹豫不决或在感染期间无法出行的情况;第一波感染高峰过去之后,人们开始报复性消费和旅游,旅游业呈现一个"回暖加快期";随着新冠疫情得到有效控制,旅游业会进入"全面恢复期";随后,旅游恢复和发展进入"持续向好期"。国际旅游的恢复相对缓慢,世界旅游组织称,2019 年世界各国旅行人数近 15 万亿,而中国旅行研究院初步统计国内的旅行人数为 1.6 万亿,占世界的旅行总人数的 10%,由此,全球旅游市场格局和发展态势将会产生巨大变化。

第二,小型旅游企业会面临破产倒闭,大型旅游企业不断壮大。在对旅游供给侧影响方面,由需求侧到供应侧,它对旅游业所造成的影响都是整体性的,大型旅游企业会不断扩大,小型旅游企业会破产倒闭,人们的旅游需求也更加个性化和多元化。在疫情过后,综合性旅游企业将在我国出现,大型旅游企业会通过资本运作方式壮大,丰富旅游产业链,强化面对突发事件的反应机制,跨界整合、兼并和重组一些优质旅游资源;而小型旅游企业可能会面临被迫停业、倒闭的情况;旅行社将面临倒闭、并购的风险。疫情对游客供应单侧市场造成最直接的冲击,由于第一季度旅游公司损失惨重,面临巨大生存风险,特别是经营能力较弱的中小企业,资金链断裂和倒闭的可能性加大。受新冠疫情的冲击,游客的消费心理、倾向和体验均会产生变化。

第三,消费者旅游需求更加多元化、个性化。短途、康养旅游热度上升,长途、团队旅游热度下降,旅游业跨界融合吸引游客。对于精神需求和社会文化方面的体验需求更加丰富,大体趋势是从观光游向度假休闲游转变。而旅游业对于游客的旅游体验感研究程度不深,可能无法及时满足游客的个性化体验需求,旅游产品结构不均衡,供给和需求错误的搭配情况较多。旅游市场会进一步细分不同旅游类型,满足游客个性化和差异化的需求。在国家有序恢复中国公民出境旅游后,出境旅游的热度将实现暴涨;家庭散客自驾本地旅行、乡村旅行、康养旅游、夜间旅游、短途旅行会有明显的热度上升趋势,而商务旅行、团队旅行、长途旅行、旅游专列的热度会下降,恢复较慢。旅游进一步与文化、教育、娱乐、体育等进行跨界融合,吸引游客,这是旅游业转型升级的主要增长点。当传统旅游企业逐步恢复之后,为更好地适应多样化的现代旅游要求,这部分因处于经济困境中被"错杀"或"搁浅"的传统优质企业有望尽快得到盘活收购,而部分其他的存量资产则或有望借助跨界整合、品牌引进等手段重获活力,由此使得中国旅游业的供给侧结构性变革得以更加迅速,如图2-4、图2-5所示。

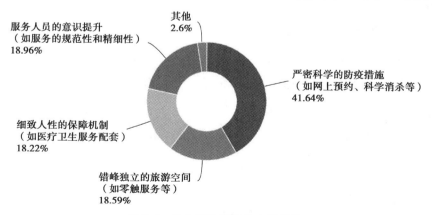

图 2-4　企业最让游客放心的举措

数据来源:问卷星调查,$N=269$。

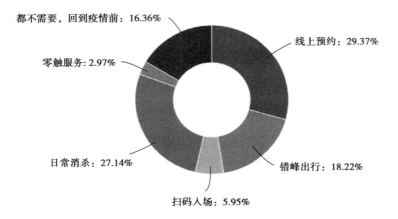

都不需要，回到疫情前：16.36%
线上预约：29.37%
零触服务：2.97%
日常消杀：27.14%
扫码入场：5.95%
错峰出行：18.22%

图 2-5　社会面全面放开后希望保留的举措

数据来源：问卷星调查，$N=269$。

2）各国政府的政策调整

许多国家都针对性地制定了针对新冠疫情的政策来刺激经济复苏，各个国家主要聚焦于在政策方面给予支持、提供资金援助和补贴、大力进行公共基础设施的建设、创造更多的就业机会和环境、为居民提供工作技能的训练和提高等。

美国纽约市政府主要围绕经济增长、公共基础设施建设、政策支持企业家精神、促进有包容性的产业部门增长、提高市民的职业技能和工作质量、增加就业岗位等举措进行经济复苏。从图 2-6 可以看出，在新冠疫情发生期间，美国失业率急速上升，超出 14.0%。因此，美国纽约在 2022 年 3 月 10 日，公布了该市复苏经济的主题："Rebuild, Renew, Reinvent A Blueprint for New York City's Economic Recovery"（重建、更新和重塑，纽约市经济复苏蓝图）。蓝图中还重点描述了 70 多个具体复苏活动。例如，开展了"纽约市公平和经济发展战略（SEED）基金"项目，努力创造更多的就业机会和岗位，把城市资源投资到需要的岗位上面，促进资源的有效利用。致力于将纽约市建造为数字化中心，在纽约许多大学开展数字游戏相关的开发教育课程，培养该领域的优秀人才，建立当地的人才渠道,进行人力资源方面的培训,最大限度引进人才。加强对中小型企业的重视,为中小型企业提供免费报税、促进他们的数字化转型,并开始启动小企业的机会基金,最大限度满足当地企业的需要和融资需求。纽约市后疫情时代经济复苏对未来有着长远目光,有利于在维持社会普惠和公平的前提下,提高中小企业和人才的互相吸引力和竞争力,大力促进经济复苏。

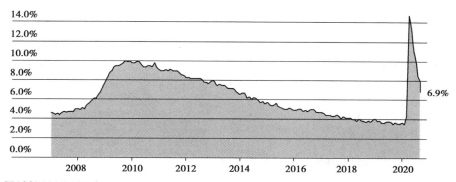

SEASONALLY ADJUSTED FIGURES. HIGHLIGHTED DATE RANGES INDICATE RECESSION
CHART: LANCE LAMBERT. SOURCE: U.S. DEPARTMENT OF LABOR

FORTUNE

图 2-6　美国失业率走势

图片来源:LAMBERT L.美国经济已完全复苏? 8 张图表了解全貌[EB/OL].(2020-11-8)[2023-09-25].财富中文网.

英国伦敦政府主要围绕政策支持、财政补贴、培养就业技能、提供就业机会、促进合作等方式促进经济复苏。英国伦敦颁发了《伦敦经济复苏框架》,主要目的是建造多元化、全球化的平等繁荣城市,聚焦于缩小贫富差距,注重平等和经济的可持续发展。在良好就业方面,伦敦为了解决劳动力市场结构性不平等的问题,推出了"Mayor's Academies Program",即市长学院项目,跟劳动力短缺的企业进行合作,培养求职者的职业技能,提供给求职者就业机会,该项目有着丰厚的薪酬奖励和工作环境,可以为企业和求职者均提供稳定的保障。在促进商业多元化方面,伦敦也致力于支持中小企业的发展,开展小型企业网络计划,为资源匮乏的企业提供咨询和服务,并且伦敦还注重与全球其他国家如法

国、美国的合作。在繁荣邻里方面,伦敦为居民提供了经济优惠的租住房服务,
解决了疫情后住房短缺的问题。伦敦市拨款 700 万英镑来复苏伦敦的旅游经
济,并与 London & Partners 公司进行合作,在 VisitLondon 频道向游客推广自己
的城市,吸引国际游客和商务合作,同时积极开展节日活动和贸易展会,促进人
才、企业、国际投资和旅游的全面恢复,如图 2-7 所示。

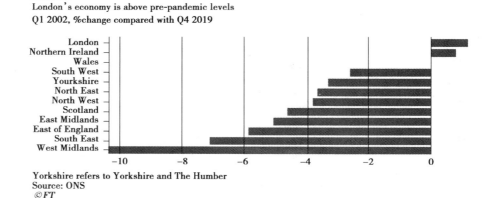

图 2-7　伦敦疫情前经济发展与疫情后比率以及与其他国家对比

英国国家统计局(ONS)发布的数据显示(图 2-7),2022 年前 3 个月,首都
的经济产出与前一季度相比增长了 1.2%,是英国所有地区中最高的,超过全国
平均水平的 0.8%。伦敦疫后经济已经超出疫前水平,并且超过英国其他地区,
其他很多地区比如威尔士比率都是负数,可见伦敦的《经济复苏框架》还是很有
成效。国家统计局的数字表明,伦敦受益于其集中的高生产力的服务工作,这
使得大多数员工在各种封锁期间可以继续在家工作。在疫情限制的高峰期,伦
敦的产出下降幅度低于大多数地区,并逐步稳定地恢复。

法国政府主要聚焦于本国文化产业的恢复,对疫情后文化遗产进行修复和
提供资金支持来促进经济复苏。例如,凡尔赛宫、卢浮宫等文化遗产设施经历
疫情后游客流量下降了 40%~80%,政府决定拨动资金,支撑这些文化遗产企业
根据防疫措施来举办文艺类公共活动,恢复客流量和经营力。对于不同类型企
业进行资金的援助,如会为一些小型演艺场所提供应急资金支持、资金补偿机

制和定向补贴。与此同时,法国政府依托教育、培训、绿色数字等行业的投资有力地推动了旅游经济更强劲、更具弹性的经济复苏。如图 2-8 所示,法国经济在 2020 年疫情期间降到了最低谷,在实施经济复苏后快速回升和反弹。

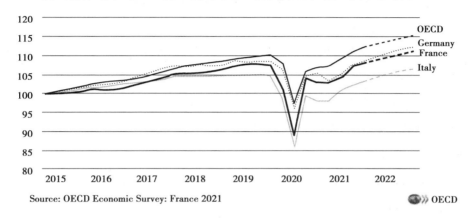

图 2-8　法国疫后经济快速回升

图片来源:中央广电总台央视新闻客户端.经合组织:法国经济复苏计划推动法国经济迅速复苏[EB/OL].(2021-11-19)[2023-09-25].中国台湾网.

可见,居民个人发展、工作技能的提升、重视中小型企业、解决小型企业短期的困境、激发小企业的创新潜能、满足中小企业的个性化需求,是许多国家疫情后主要重视的问题。

我国疫情后旅游发展工作主要围绕三点:一是尽快消除人民对于新型冠状病毒的恐惧,平缓和稳定大众心态;二是要以中央精神为基础,解决一些人员打着“抗疫”的名号来干扰和阻碍中国社会经济复苏的问题;三是要做好准备,预防重症。一系列相关政策包含综合和谨慎地考虑,要找到平衡复苏的社会环境。解决疫情后的“就业政策”也是燃眉之急,有秩序地放开人流和物流,大力恢复旅游业、康养业,针对性地找到刺激经济增长的回流,例如,改建景区,刺激大众的旅游欲望,促进旅游经济的回暖,降低旅游行业、餐饮、酒店行业、中小型企业的税收,促进服务质量的提高,积极提高居民的就业率。

3）旅游企业的积极应对

国内外旅游企业在新冠疫情期间针对游客消费、旅游需求、旅游倾向，进行了迎合性的改革和建设，并且加强了互联网在旅游企业中的存在感，采取线上与线下相结合的形式促进旅游企业的恢复。

第一，更加注重游客的多样化、个性化需求和旅游体验感。例如，针对游客在疫情后产生的新的需求和倾向，国外维也纳酒店业推出"亲身体验你的首都"项目，以优惠的价格引导当地人到已经客满为患的豪华旅馆体验式消费。在法国，除一定的旅游收入用于转投防疫用品购买的业务之外，旅馆和公寓也积极地降低价格以吸引自驾游客。英国餐饮店根据疫情常态防控下欧洲人的新旅游消费倾向，陆续把桌椅移到室外，变身开放式餐馆。为减少消费者恐慌，英国饭店服务业也加强了保护措施，比如安装电子隔离屏幕、使用非接触式支付、维持社交距离、网上订餐服务和控制用餐数量等。

第二，线上线下相结合，加强游客健康保障。疫情后的大多数旅游企业都会加强互联网建设，支付和运营都能做到线上线下的灵活转换。自助服务终端会采用全自动的方法为旅游者排忧解难，从而缩短了导游与旅游配套行业工作人员的协调时间，方便了旅游者的订票选票等业务，并且会根据旅游者新的旅游需求来进行企业运营模式、旅游产品的调适。

一方面，随着旅游业"报复性"消费和反弹，我国人民的心理也会产生变化。同时，我国人民的生活水平越来越高，可支配收入增加，市场将有超前消费的可能性。另一方面，疫情的持续时间较长，国民对于突发性公共卫生事件的时间抵抗力较弱。根据不完全统计，当疫情放开后，58%的人会谨慎持观望态度，不会立刻或在短时间内旅游，9%的人会选择待在家里。可见疫情对我国人民的消费心理产生了较大的冲击和影响，即使选择了出去旅行，大部分人也不会选择长途旅行，而是周边旅游。我国旅游企业要积极有效利用和整合资源，积极把握机遇，勇于面对竞争激烈的市场挑战，调整产业结构。

2.2.2　新时期我国旅游业的困境及韧性

1）我国旅游业的困境

疫情放开初期,旅游游客量和旅游需求激增,大众对旅游的认知发生了重大变化,人们的外出旅游考虑的因素也日益复杂,如图2-9所示。

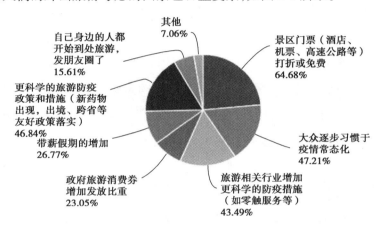

图2-9　疫情后能够刺激大众出行的因素

注:1.数据来源问卷星;2.说明:(1)多选题选项百分比＝该选项被选择次数÷有效答卷份数;(2)含义为选择该选项的人次在所有填写人数中所占的比例,所以对于多选题百分比相加可能超过百分之一百。

旅游业存在的困境一,措施设施的惯性。迅速复苏的旅游市场让旅游产业难以有效采取及时的调整措施,产业接待的恢复有一个过程。例如,人满为患景区的旅游体验感和游客滞留。突然激增的游客流量,势必会引起景区的拥挤。一些景区疏于限流,旅游接待质量下降。例如,湖南某景区在2023年大年初三一天,游客接待量超过了6万人次,由于人数太多,旅游厕所不够用,要上洗手间的人们排起了很长的队伍,甚至成千上万的游客夜晚和凌晨被困在山上,影响了游客的爬山体验感。面对增长的游客数量,一些旅游景区没有做到及时应对,没有意识到游客激增对于景区环境和游客体验造成的不良后果,对处理措施略显生疏。

旅游业存在的困境二,一心求利润进行哄抬高价和宰客的行为。旅游业萧条三年,想趁机抓住这个恢复旅游业生机的好机会,使得劲过大,甚至存在一心为了营业额和营业利润,欺骗游客,故意提高旅游景区和旅游产品价钱,使得新增长的游客量在短暂回升后又开始下降。例如,激增的游客量让旅游酒店供不应求,一些旅游酒店趁此涨价,挫伤游客旅游积极性。一些天价房费出现,甚至"已经预订的酒店却无法入住"这种虚空订单的情况也层出不穷。在2023年春节期间,西双版纳不少快捷酒店一晚的最低价格已经突破千元,而在之前的旅游淡季,这些酒店的价格一晚上仅仅需要100~200元,2023年春节假期期间房价上涨了10倍,甚至20倍。此外宰客现象也卷土重来,一些黑心商家一次性牟取利润行为对旅游行业发展不利。

旅游业存在的困境三,旅游业供给与游客需求的不平衡。游客新增长的需求和旅游倾向、路线,以及旅游消费者越来越理性化,更加看重旅游体验感、品质、价格等,对于旅游行业的服务要求越来越高,旅游业可能无法与游客需求相协调和匹配,无法想出创新和新颖的方法来吸引游客目光。旅游消费逐渐升级,品质时代逐渐到来,如何提升游客的个性化、体验感、舒适感、高质量感,是旅游企业需要深思熟虑的。例如,湖北地区旅游部门推出景区+民宿组合,既符合旅游景区的主题化,又符合游客住宿的个性化、舒适化,避免游览景区后奔向酒店的长途跋涉,给游客一个舒适、高品质的住宿环境。

旅游业面临的困境四,资源供应不匹配和运营风险导致旅游业难以稳定运营。在新时期面临严峻的市场竞争,旅游市场的饱和度越来越高,越来越多的旅游企业加入旅游市场,导致资源的过度集中和供应量的过剩,导致旅游行业利润率降低,旅游企业的发展更加艰难;旅游企业在管理运营中面临着风险控制、旅游产品质量的难以把握、人员专业性和技术问题,企业很难保持稳定的经营状况。

旅游业面临的困境五,如何平衡旅游业发展和环境问题、文化遗产问题。

在旅游业发展和旅游经济增长的同时，还需要考虑对于自然环境和文化遗产的保护和损失。在发展旅游业的同时，不可避免地会对环境和自然、人文遗产造成伤害，如何平衡旅游企业经济发展和环境、遗产的保护协调发展，是旅游企业面临的重要问题。

2）我国旅游业的韧性

在新时期，旅游业面临一些困境的同时，也存在着春芽般的韧性和增长点。国家鼓励旅游业发展的同时，旅游市场重组，游客消费需求韧性大，一些新晋旅游方式热度不断上升。

旅游业面临的韧性一，游客旅游需求增加，消费和旅游需求韧性十足。人们的旅游热情在短期内恢复非常显著，旅游需求量和旅游客流量直线上升。新冠疫情经历了三年多的政策管控，让原本繁荣、蓬勃发展的旅游业没有过渡阶段就迈入冷冻阶段，游客量直线下滑，旅游业几乎要停摆，这堪称文化代际的跨越。而在 2023 年的春节，这个真正意义上疫情全面放开、可以自由出行的春节，根据文化和旅游部官方公布的数据，春节七天假，我国境内游 3.08 亿人次，已经恢复到了 2019 年春节假期同期的 88.6%，国内旅游收入 3 758.43 亿元，恢复到了 2019 年春节假期同期的 73.1%，恢复力度极大，火车票的订购量增长28%，热门长线高铁票基本售罄，1 月 26 日至 31 日的机票预订量比去年 2022 年增长 33%，同时超过了 2019 年同期①。人们积攒已久的想要旅游、追求自由的心态一触即发，旅游业迎来了"触底反弹"式的繁荣上升，仿佛点亮了复苏之火。

旅游业面临的韧性二，拖家带口的亲子携老游和康养疗愈游成为热点。亲子旅游依然是刚需，但会更加偏向于亲子酒店和更小组团的亲子主题游。从飞猪数据来看，2023 年春节前 10 天，亲子型、携老型旅游产品的订购量同比增长

---

① 李晓霞.2023 春节假期文化和旅游市场情况［EB/OL］.（2023-01-27）［2023-09-25］.文化和旅游部政府门户网站.

超过一倍①,可见亲子游和带老人旅游形式越来越受欢迎。"康养疗愈游"受到关注,重在用自然美景疗愈心灵、缓解情绪。并且不论是青少年、中年还是老年人,大家对于生态游、户外游的喜爱度提升,关乎生态游、户外游的旅游目的地、旅游项目和旅行方式会备受青睐。但是青年人将成为旅游的主力军,在新冠疫情防控常态化后,青年人的身体素质和年龄更占优势,恢复力度更快。

旅游业面临的韧性三,出境游热度上升。2023 年 1 月 8 日,我国有序恢复了中国公民的出境游,也燃起了很多人对环游世界、出国旅行的热情和梦想。从飞猪数据来看,春节假期间的出境旅游订单量达到近三年的高峰,亚洲旅游目的地预订量占比超过五成,尤其是泰国的订单量增长了大约 20 倍,反弹力度也很大。

旅游业面临的韧性四,国家政策大力支持发展旅游业。在新时期常态化下,国家为了鼓励和支持旅游业的发展,采取了一系列有效措施进行调整。包括:政府放宽游客营业税收政策,减轻旅游企业的税收负担,并且降低了游客的消费成本;政府对旅游企业进行补贴政策和投资,来缓解旅游企业的经营困境;政府合理划分旅游资源,规范旅游业经营,努力抓住时机提升旅游行业的竞争力。

旅游业面临的韧性五,旅游企业有着改革和发展的新机遇。在新时期常态化下,旅游市场进行了重组,旅游企业可以针对自己的优势项目和产品进行发展,努力突出优势,优化经营结构,努力减少开支;积极参与市场竞争,通过给游客提供优质精准的旅游服务,扩大市场份额;加强产业融合,创新产业发展模式,给游客带来创新性的旅游体验。

旅游业面临的韧性六,旅游新体验和业态加速出现和发展。例如,数字化体验,以及线上预订、云旅游等,沉浸式旅游、网络数字化的体验、云旅游平台、智慧旅游公共服务、旅游大数据等会快速发展。同时,旅游跨界融合,"旅游+"与体育、文化、娱乐、健康等进行结合并协同发展,深受大众喜爱。旅游消费者的消

---

① 飞猪.2023 年春节出游风向标[EB/OL].(2023-01-12)[2023-09-25].扬子晚报.

费习惯和旅游偏好是一直在不断变化的,因此旅游业如果继续按照以往的运营模式进行运营,显然是不够的,无法满足当下消费者新的需求和兴奋点,旅游企业需要推出更加细分化、个性化、高品质的旅游产品来满足游客需求,制订高端、高定的旅游服务,努力让旅游产品与游客的心灵和精神产生共鸣,一些游客认为,去哪里游览不重要,重要的是能不能遇到有趣的人和物、特殊的旅游景点和活动来放松心情,给游客构成独家记忆。并且现在的消费者在消费模式上逐渐回到理性状态,逐渐对旅游产品和景点的花销进行精打细算,有特色和卖点的旅游产品会成为旅游行业新的竞争力,旅游行业也会从粗放式的阶段转变到专业精细的运营阶段。

2.2.3　新时期旅游业劳动吸纳格局变化

1）对劳动吸纳供给侧的影响

在后疫情时代,旅游行业的格局会通过与旅游平台进行多方面合作来提高流量和热度、旅游新兴职业的出现、旅游企业招聘需求和灵活用工比例增加、深掘公司特色 IP 等方面快速发展和展开,呈现多元化、广泛化、流量化、灵活化的特征。前瞻产业研究院《2023 中国重新开放对全球旅游业的影响分析》报告指出,在 2022—2032 年全球旅游业新增岗位分布情况中,亚太地区占比 64.8%,位居第一;中国占比 25.5%,位居第一,可见中国 2022—2032 年新增岗位数量较多,就业机会增大。

第一,高素质旅游人才外流,人员素质提升工程迫切。旅游业在发展过程中,旅游人才的需求量不断增加,但是高素质旅游人才都愿意外出寻找更好的发展机会。一方面,国内旅游人才市场规模庞大,但是业内从业人员普遍缺乏旅游管理专业相关知识积累和实践经验,导致旅游行业服务质量参差不齐,影响了旅游行业的发展和形象。这就需要在人员素质提升工程上重视和发力,提升旅游从业人员的专业能力、责任心和服务质量,以满足消费者不断提高的旅游需求。另一方面,目前国内旅游教育并没有完全跟上市场需求的步伐。很多高素质旅游人才开始向海外市场寻求更好的发展机会,导致人才流失而降低国内旅游业的竞争力。并且网络的高速发展使得旅游市场更为开放和透明,旅游企业需要具备良好的创新能力和高端人才支持。高素质旅游人才的缺失可能会影响企业的业务模式、营销策略和用户体验,影响企业的竞争力和发展速度。所以旅游行业应积极采取措施,提高从业人员素质,制订标准化培训计划、加强实践教学、鼓励教育、企业和政府合作引进高素质外籍旅游人才等。

第二,旅游人才需求格局调整,新业态新职业需求缺口大。伴随着旅游消费者的个性化、精细化、专属定制需求的上升,除了旅游电商人才,调研显示,48.2%的受访从业者表示自己所在企业正在招聘旅游主播、民宿经营、旅游定制师[①]。

第三,餐饮、旅游业招聘需求增加,招聘岗位增多。大数据显示,春节后开工第一周,酒店与餐饮,娱乐、体育与休闲,旅游与度假等"假日不打烊"行业招聘职位数快速反弹。其中,酒店与餐饮招聘职位数同比增长 40%,排名各行业之首。娱乐、体育与休闲,旅游与度假招聘职位数同比增长分别为 15.4%、1.7%。受防疫优化调整影响,叠加春节消费需求释放,上述行业业务量迅速上涨,带动招聘需求快速上升[②]。

第四,旅游企业深耕特色 IP,形成特色产业链。比如携程,是中国最大的互联网企业,它深耕供应链,注重品质服务的复苏,并且海外市场的复苏显著;飞猪加速抢占供给、提升服务,快速转向酒店、景区、租车业务,增强供给和服务能力,同时继续放大大促、新品打造、目的地 IP 营销等老牌服务,借助阿里巴巴旗下多流量入口形成矩阵式格局来获得游客流量,通过建立会员体系来留住顾客,增强用户黏性,尤其是它的"第二官网"、旅游囤货等产品较好地吻合疫情结束后旅游业向连锁化模式转变的思路;美团借助外卖优势,向除了本地生活的其他领域渗透,比如酒店和景区门票的预订方面;希尔顿酒店集团积极与飞猪

① 工人日报.市场回暖催生新岗位,旅游业招工需求量大[DB/OL].(2023-03-04)[2023-09-25].中国网新闻中心.

② 南方 Plus.春节后第一周,广州招聘需求增长位列全国前三[DB/OL].(2023-02-07)[2023-09-25]南方日报.

平台进行联合,形成连锁式发展,多渠道获得更多游客流量。北京环球度假区借助 IP 和数字化背景来吸引游客,带给游客疫情后的沉浸式体验。因此,旅游企业急需创新型人才来绘制新颖 IP。

第五,旅游就业空间进一步拓展,灵活多产业就业成为趋势。旅游业在新时期面临转型升级,出现了很多与旅游业相关的新职业类型和就业方式,旅游就业空间进一步拓展。首先,IT、电子、通信等技术类专业的人才在旅游行业的就业需求越来越高;其次,由于旅游与其他多行业,如文化、体育、教育进行融合发展,也带来了更多的就业岗位和机会;最后,新兴的在线旅游平台不仅创造了新的灵活就业方式,还提供了创业机会,许多年轻人甚至可以自主创业,自行创立开放线路、旅游攻略、民宿项目等,创造自己的品牌和商业模式。

第六,旅游企业开始有序复苏,但劳动力成本控制是重点。由于新时期政策的开放和游客们压抑许久的旅游需求,旅游行业开始有序恢复发展,但在发展初期,旅游业的经营成本较低,在招聘新员工和绩效管理时,对劳动力进行一个有效的成本控制,有利于旅游企业和旅游劳动力双方的收支平衡,一起度过旅游企业复苏初期,后期快速发展。

2）对劳动吸纳需求侧的影响

从旅游业劳动吸纳需求侧看,继续从事旅游业和转行从事旅游业的人数会增加,喜欢灵活工作的大学生人数也在增加,旅游企业的求职会出现一个理想的热度。

第一,旅游相关行业求职热情增加,求职潜力增大。旅游工作者们对于疫情过后,中国旅游业的复苏,一直持有两种截然对立的态度。一种较为乐观,期望在疫情结束之后,尽快释放需求,出现"报复性反应";一种较为悲观,认为在全球经济下行的背景下,政府陷于窘境,引发下岗潮,使许多人成为"报复性员工"和进行"报复性存钱"。无论如何,相关数据显示,很多旅游从业者已经在做出境游的预热工作并在海外市场对业务对接、关注手续和航班情况等方面开展工作,也会计划去海外旅游目的地进行实地考察和业务重启,这无疑对旅游从业者来说是一个很好的机会。很多之前跳槽的旅游从业人员也会重返旅游公司进行旅游方面的工作,这会给旅游就业者带来商机。

第二,大学生灵活用工占比增加。从大学毕业生的视角出发,灵活性使用将给他们带来更灵活多样的工作机会,青年人的比例更大。中国国内灵活使用毕业生中以青年人居多,聚集于高中或以上的年龄,高中及大学同等学历或以上的毕业生占比超过80%,大学硕士或以上的占比仅1.7%。一方面,由于青年人普遍向往大自然,更偏爱自由的工作、自己感兴趣的事情;另一方面,由于目前灵活用工所涉及的职业类型正从基本辅助类职位逐渐向专门技术类职位延伸,对毕业生的要求也越来越多,因此目前灵活用工毕业生主要聚集于较年轻化的具有相应学历背景的群体。

2.2.4　新时期旅游人才需求的新趋势

第一,会更加注重寻找能及时、稳定地应对突发事件、能随机应变的人才。根据危机管理理论,突发公共卫生事件随时会发生,不知何时会发生,因此旅游企业招聘能及时帮忙处理解决企业危机、沉着冷静想方法的旅游人才。公共卫生事件是人类历史发展中面对的难题,这就需要旅游企业寻找能及时制动、短时间内指挥、进行旅游企业的决策、能面对突发性事件并冷静应对的旅游型人才,能很好地对旅游企业进行危机管理和风险管理,这对于旅游行业人才需求提出新的挑战。

第二,会一直注重寻找专业能力强的应用人才。根据素质模型理论,要想个人取得更高的绩效,公司获得更高的利润,需要求职人员具备专业的技巧、知识和能力,这就意味着旅游企业要寻找的是能把旅游管理专业的理论知识与旅游实践互相融合,有着丰厚的旅游管理相关的理论基础,并且在旅游岗位上掌握着实际的工作技能,成为旅游景区、酒店餐饮住宿、旅行社、航空等旅游企业的一线工作人员,熟练进行工作操作、良好地服务游客,这样才能符合人岗匹配理论的实际意义,达到员工、公司双赢局面,形成长期稳定的人岗匹配关系。

第三,喜爱具备综合性知识的旅游型人才。旅游企业不是一个独立的行业,旅游与其他行业融合、协同发展的趋势越来越明显,这种"旅游+"行业越来越多,与之相对应的,需要具备综合性知识的人才,除了对旅游专业的理论知识精通,还需要了解和具备其他部分行业的相关知识,比如品牌的建立和维护、法律方面、地理和地域文化、运营和管理等,以及具备其他更高阶的操作技术,比如运用计算机技术的能力、团队协作能力、不同思维处理工作的能力等,有较强的学习能力和研究能力。

第四,对于新兴领域的人才的需求渴望。我国旅游业出现了不少新兴领域,例如,数字化技术领域、云旅游领域、旅游大数据领域、沉浸式旅游规划领域、休闲度假领域,这些都需要一些高新和独特人才来进行旅游业和新型旅游产品的营销策划,并去切合不同时期的旅游者的口味和需求,不同领域都需要"术业有专攻"的人才来进行独特策划。

2.3　新时期旅游人才供给状况

中国已经成为世界上最重要的旅游市场之一,伴随越来越多的旅游活动,对旅游消费的需求巨大。疫情虽然对世界旅游造成严重影响,但从国内旅游的发展态势来看,仍然实现了平稳的恢复,如图 2-10 所示。

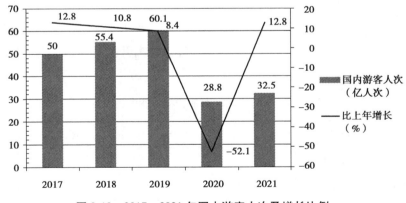

图 2-10　2017—2021 年国内游客人次及增长比例

我国 2020 年第七次人口普查显示,许多大型、中型城市社会步入了中等程度的老龄化,年龄大于 60 岁的人口比例超过 20%。劳动力整体数量下降,已经从 2012 年 9.22 亿降低到 2018 年 8.97 亿人,如图 2-11 所示。

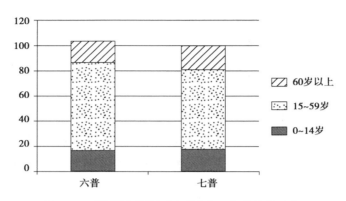

图 2-11　我国"六普"与"七普"人口年龄结构对比

图片来源:作者依据相关数据绘制。

在劳动力供给普遍不足的情况下,旅游就业岗位的多层次性及社会认可度不高,行业劳动力供给将进一步减少。其中的一个显著趋势就是由传统的实践型模式逐渐向以学习为主导的知识型模式转变,唯有提升旅游劳动力的整体素养,驱动产业知识和科技创新,依托人才质量提升弥补数量供给的减少。

文化和旅游部 2022 年 5 月发布的《2021 年度全国旅行社统计调查报告》,国家旅游业网将其与 2019 年的数据进行对比发现,到 2021 年底仅旅行社从业人员就减少了 13.7 万人,至 2022 年上半年,预计离开的从业者超过 14 万人①,具体详见表 2-2。

表 2-2　2019—2021 年旅行社从业人员流失

年份	旅行社数量	从业人员人数	大专以上学历人数	签订劳动合同导游数
2019 年	38 943	415 941	282 214	121 710
2021 年	42 432	278 772	192 628	94 332
变化	+13 489	−1 137 169	−189 586	−127 378

数据来源:文化和旅游部。

①　中国旅游报社.2021 年度全国旅行社统计调查报告[EB/OL].(2022-05-11)[2023-09-25].文化和旅游部市场管理司.

2.3.1　旅游行业人才供给的问题

市场竞争实际是人才的竞争,旅游教育如何面向世界,培养立足本土又具有世界眼光和战略思想、熟悉国际规则和惯例、懂得现代化惯例、精通本土文化内涵的高级管理人才是当前旅游教育的重要命题。

1）从业人员数量不足，结构不合理

中国统计年鉴数据相关数据显示,2021 年我国的旅游相关机构有 56 197 家,星级饭店数量有 8 771 所,旅行社数量有 42 432 个,AAAAA 级景区数量为 245 家;2021 年我国旅游行业从业人员共 3 855 915 人[①]。从人才供需结构来看,现阶段旅游新业态的不断涌现,急需具有专业知识、创新能力、营销能力、规划能力等方面的人才。我国旅游饭店和旅游景区人才合计占全行业人才总数的 60% 以上,人才仍主要集中在传统旅游接待服务业中,新型旅游业态人才缺乏;旅游从业人员中,中低端操作者占有较大比重,学术性人才和管理人才相对缺乏,接受研究生教育的旅游从业者具有缺口,不能满足当今旅游产业对高素质高层次人才的需求。

一是旅游从业人员总量不足。以贵州省为例,2021 年直接从业人员仅 7 万余人,与全省建设世界级旅游目的地战略要求严重不符(表 2-3)。二是疫情加剧旅游行业的"用工荒"。酒店、旅行社、景区等旅游相关行业"缺人是日常,流失是常态""不愿来,留不住"的痛点突出。

---

① 国家统计局.2021 中国统计年鉴［EB/OL］.（2022-09-10）［2023-09-25］.国家统计局.

表 2-3 贵州省星级饭店从业人员统计

市（州）	五星级饭店数量（家）	开业数（家）	从业人数（人）	四星级饭店数量（家）	开业数（家）	从业人数（人）	三星级及以下饭店数量（家）	开业数（家）	从业人数（人）	合计（饭店数量/家）	合计（开业数/家）	合计（从业人数/人）
贵阳市	3	3	679	27	25	2 324	17	15	830	47	43	3 833
六盘水市	1	1	260	3	2	157	11	11	173	15	14	590
遵义市	1	1	373	12	10	876	19	15	382	32	26	1 631
安顺市	／	／	／	3	3	120	11	9	159	14	12	279
毕节市	／	／	／	7	7	574	8	6	214	15	13	788
铜仁市	／	／	／	8	7	655	17	15	531	25	22	1 186
黔西南	2	2	480	3	3	320	8	5	575	13	10	1 375
黔东南	／	／	／	11	11	689	37	32	1 023	48	43	1 712
黔南	／	／	／	5	5	160	33	20	260	38	25	420
贵州省	7	7	1 792	79	73	5 875	161	128	4 147	247	208	11 814

数据来源：贵州省文旅厅，数据截至 2022 年 10 月。

2）从业人员素质不能满足产业需要

从业人员的职业化和专业化水平整体偏低。现有旅游从业人员整体服务技能不高,吃青春饭现象明显,专业技能、工作方法以及职业精神等十分欠缺。直接对客人员服务技能不足、职业道德有待提高,尤其是具有工匠精神的高技能技术服务人才较少。传统从业人员难以适应当前产业发展的要求,旅游一线从业人员的职业化和专业化水平整体偏低,旅游行业的从业者的专业素养和技能水平普遍较低,尤其是在提供定制、特色、短途、深度旅行服务方面,更是缺乏专业人才。

导游行业具有年轻从业人员占比较大、学历相对偏低的特征。以贵州为例,严重缺乏高级和专家型的导游,高级导游仅占比整体导游的 6%,近八成导游年龄在 30 岁以下。此外具有接待入境和出境旅游接待语言能力的导游仅有3%,其中大部分为英语语种,其他语种导游占比极小,存在语种结构不合理等问题。本科学历从业人员仅占 20%,中职、中专达 40%。

此外,三年新冠疫情加剧了旅游人才流失。2022 年 5 月 10 日,文化和旅游部发布了《2021 年度全国旅行社统计调查报告》,国家旅业网将其与两年前文旅部发布的 2019 年度数据对比后发现,截至 2021 年底,旅行社的工作人员总量大幅下降,达 13.7 万,其中,高学历人才流失尤其严重,见表 2-4。

表 2-4 2019—2021 年旅行社从业人员流失情况

年份	从业人员人数	大专以上学历人数	签订劳动合同导游数
2019 年	415 941	282 214	121 710
2021 年	278 772	192 628	94 332
变化	减 137 169	减 89 586	减 27 378

数据来源:中华人民共和国文化和旅游部。

3）从业人员分布不均,流动性过大

一是从区域来看,旅游从业人员分布呈现省会集中的特点,如贵阳市拥有导游 11 503 名,其他市州的导游总和不到贵阳市的 1/4,酒店从业人员也相对

集中在贵阳、遵义、黔西南等市州。二是从城乡来看,旅游从业人员分布呈现典型城乡二元,乡村旅游专业人员匮乏,村民旅游意识不足,乡村旅游发展后劲不足的特点。三是旅游从业人员多集中在酒店和乡村旅游业等传统产业中,新兴产业从业人员数量少,旅游从业人员部门分布不合理。2022 年贵州省导游基本情况见表 2-5。

表 2-5　2022 年贵州省导游基本情况　　　　　　　　单位:人

序号	地区		至 2021 年底	至 2022 年 8 月中旬	2022 年 8 月中旬新增	2022 年 8 月中旬至 2022 年底拟新增数量
1	贵阳市	导游总数	11 246	11 509	263	800
		高级导游数量	28	29	1	2
2	遵义市	导游总数	405	363	−42	40
		高级导游数量	1	1	0	/
3	六盘水市	导游总数	108	119	11	20
		高级导游数量	6	5	−1	/
4	安顺市	导游总数	70	65	−5	10
		高级导游数量	2	2	0	/
5	毕节市	导游总数	13	14	1	5
		高级导游数量	0	0	0	/
6	铜仁市	导游总数	141	156	15	10
		高级导游数量	0	0	0	/
7	黔东南州	导游总数	952	946	−6	30
		高级导游数量	3	5	2	/
8	黔南州	导游总数	1 135	1 135	0	40
		高级导游数量	3	3	0	1
9	黔西南州	导游总数	140	150	10	5
		高级导游数量	0	0	0	/
	总计	导游总数	14 210	14 457	247	960
		高级导游总数	43	45	2	3

数据来源:贵州省文旅厅,数据截至 2022 年 10 月。

4）持续提升人员素质相关机制缺乏

旅游从业人员整体社会认可度及自我认可度较差,严重制约地方旅游服务质量提升。课题组曾经对 5 个 3~5 星级酒店一线服务员进行问卷调查(表 2-6),主要呈现以下问题。一是旅游企业关注经营成本,缺乏可持续的人才培育制度。员工工作压力大,职业安全感弱,薪酬制度不合理,福利制度不健全,忽视企业文化建设,员工没有归属感。二是从业人员系统专业教育培训少,旅游服务质量意识薄弱。旅游业行业准入门槛较低,从业人员学历水平偏低,旅游专业人员占比低,缺乏奉献精神,职业素养不高。

表 2-6　酒店服务员对自我工作的认知情况

问题	原因	比例(%)
你为什么要到酒店当服务员	福利好	0
	薪酬高	0
	爱好	19
	暂时找份工作	43
	比以前工作条件好	14
	随便打份工	24
你认为酒店服务员是一份什么工作	是一份高尚的工作	4.8
	是一份很好的工作	0
	是一份过得去的工作	23.8
	是一份下等的工作	4.7
	是一份辛苦的工作	66.7
作为酒店服务员,你感觉	很自豪	0
	有点自豪	4.8
	无感觉	71.4
	有点自卑	19
	很自卑	4.8

注:$N=203$。

2.3.2 旅游行业人才需求的特点

一个合格的旅游管理人才应该具有综合性、实用性、适应性和国际性的特征,就目前产业发展情况来看,综合性应是旅游人才最重要的特征,实用性、适用性依次为第二、第三特征,国际性居于旅游人才特征的最后。虽然目前我国旅游人才管理体系已形成相对完整的系统,但是与日益快速发展的旅游产业相比,旅游管理人才的竞争力仍有欠缺,其根本原因是旅游管理人才的培养模式存在不能与产业匹配、不适应市场需求等严重的问题。因此,如何提升旅游管理人才的实用性,使培养的旅游管理人才更贴合市场,更好地应对当今竞争日益激烈的社会,是值得我们研究和探索的问题。

1)企业用人诉求渐趋多元化

市场经济条件下,内部人员决策水平的竞争和人才综合素质的竞争决定着企业间的竞争,企业实现高速、稳定、可持续发展需要人才,因此选好人,用好人,使人的主观能动性得到充分发挥,激发人的积极性和创造性是企业在市场经济背景下持续前行、不断壮大的关键。将"旅游教育"定位为产业,有一定的合理性;培育的专业人才就可以理解为"产品",用人单位则可以理解为"消费者"。因此,今天的教育不能再"闭门造车",而需要"打开大门",按照用人单位的诉求"量身定制"。本书通过对贵州省 25 家旅游企业(涉及酒店、旅行社及景区等相关企业)的访谈及调查,通过调查结果的梳理,能够为教学改革提供一定的方向指引。

(1)岗位需求

旅游行业用人量较大的是一线服务人员,包括酒店服务人员、旅行社导游员、景区讲解员,同时,随着行业竞争的加剧,对旅游营销人员的需求在不断地加大,另外需要一部分管理人员,一般的从业人员都应从基层做起,逐步上升到管理层,这是旅游行业实践性较强的特点所决定的,见表 2-7、表 2-8、表 2-9。

表 2-7　酒店及相关行业为旅游管理专业学生提供工作岗位

岗位名称	客房、餐饮、前厅服务员	基层督导	饭店营销	部门经理	一般文员	其他
百分比(%)	50	15	15	6	8	6

表 2-8　旅行社及相关行业为旅游管理专业学生提供工作岗位

岗位名称	导游员	计调	旅游营销	接待咨询	一般文员	其他
百分比(%)	70	10	10	10	0	0

表 2-9　景区及相关行业为旅游管理专业学生提供工作岗位

岗位名称	景区讲解员	景区售票员	景区管理人员	一般文员	其他
百分比(%)	50	8	20	10	12

(2) 能力要求

在新常态下,人才的竞争对于旅游业的发展至关重要,它不仅能够帮助旅游产业取得新的突破,而且还能够满足经济发展方式的转变所带来的对第三产业结构的需求(范德华 等,2016)①。旅游企业对员工的能力要求更加多元和整合,对语言表达能力、沟通能力、应变能力、服务能力、终身学习能力提出较高要求。

这一结论,与旅游相关行业服务性特点有很大关系。企业对旅游专业人才素质要求为:爱岗敬业、吃苦精神、身体素质、团队协作。企业对所需的人才除了专业能力和专业知识的要求外,更为看重的是学生的敬业精神和吃苦精神,排在了各种能力和素质的首位,说明了当今企业所需的是坚韧不拔、勇于挑战、不断学习的综合型人才,见表 2-10、表 2-11。

---

① 范德华,赵明.经济发展方式转变对现代旅游业人才需求的影响研究[J].现代商业,2016(13):50-52.

表 2-10　用人单位认为本专业人才所需的能力结构

序号	能力要求	需要程度	课程培养	校内实训培养	企业顶岗实习培养
1	语言表达能力	100%高	45%	55%	/
2	计算机应用能力	85%高,15%中	25%	75%	/
3	沟通能力	100%高	19%	31%	50%
4	合作能力	86%高,14%中	/	55%	45%
5	应变能力	100%高	/	45%	55%
6	酒店服务能力	100%高	30%	30%	40%
7	写作能力	72%高,28%中	34%	36%	30%
8	创新能力	75%高,25%中	/	42%	58%
9	组织协调能力	92%高,8%中	/	46%	54%
10	管理能力	82%高,18%中	30%	28%	42%
11	信息收集处理能力	86%高,14%中	25%	35%	40%
12	终身学习的能力	100%高	25%	30%	45%

表 2-11　用人单位看重的素质要求

序号	素质要求	非常需要	需要	不需要
1	吃苦精神、服务意识	92%	8%	/
2	团队协作	80%	20%	/
3	爱岗敬业、忠于企业	100%	/	/
4	身体素质	88%	12%	/

2）职位体现和人才规格定位

在旅游企业，对职位管理人才的要求分别为：高阶、中阶、低阶，其要求分别为 10%、20% 和 70%；作业岗位 75% 为高级作业工，20% 为中级作业工，5% 为初级作业工；市场营销人员中，高层次人员占 50%，中层次人员占 40%，低层次人员占 20%。从总体上看，目前我国旅游企业的人才需求表现出如下特征。第一，旅游业的发展，对管理和高级技能人才的需求不断增长。第二，旅游企业间的激烈竞争，使营销团队在行业内的地位更加重要，对于这一领域专业人才的需要越来越大。因此，旅游专业的教育不能以取得行业资格证书为满足，应该在训练学生技能水平的同时，提高学生理论水平，立足于市场，培养综合型人才。

经调查发现，在旅游企业中，以技术为导向的旅游人才约有 60%，以战略为导向的人才约有 10%，以商务为导向的人才约有 30%。旅游行业是一种服务性企业，它所提供的产品是一种即时的消费性产品，消费者对旅游行业从业人员的服务进行了直接的消费，因此在面对面服务的情况下，服务的体验感和品质会对消费者的满意度产生直接的影响。所以，旅游企业的员工必须具有高素质的服务水平，这要求旅游专业学生具有娴熟的操作技能和丰富的操作知识。这也就要求高校注重培养学生的服务技能与意识，但同时为满足旅游人才市场需要，也要致力于将学生培养为一专多能的高素质旅游业专业人才。

3）国际化及培养目标具体化

旅游业国际竞争要求旅游教育必须按照国际水准来办学，以适应国际客源市场的需要。目前，很多高校的旅游管理专业教学正通过双语教学、国际交流及国际联合办学等方式推进人才培养与国际接轨。在西方各国的旅游教育中，以美国和瑞士的学校最负盛名，他们都以培养具有较高的理论水平和较强的实际工作能力的企业经营管理人才为目标，以使企业在国际市场上的竞争中处于有利地位，见表 2-12。

表 2-12 世界著名旅游院校培养宗旨与目标对比

学校名称	培养宗旨与目标
美国康奈尔大学（Cornell University）	为全球培养 21 世纪接待业的领袖
密歇根大学（University of Michigan）	凭借教学、科研和服务的实力，做接待业教育事业的带头人
休斯顿大学（University of Houston）	为酒店和餐饮业培养本科和研究生层次的掌舵任务
瑞士诺桑酒店管理学院（Ecole hôtelière de Lausanne）	为国际接待业培养高层次管理者
瑞士酒店管理学院（Swiss Hotel Management School）	以高质量的教育培养学生各种技能，使他们在激烈的酒店行业中脱颖而出
瑞士国际旅游管理学院（Internation Hotel and Tourism College）	训练学生成为国际旅游业管理层的专才

对比国内外同类院校，课程设置这一焦点存在着显著的差异，欧洲更加强调职业化教育，而美国则更加注重学科培养，他们各自拥有近 20 门独属于某一专业的课程（黎云莺，2005）[1]。在学科设置上的灵活性，打破了传统学科门类和体系，没有受到太多"基础"和"必修"课程的限制，专业程度与理论深度高度融合。

---

[1] 黎云莺.论高等旅游教育的人才培养[J].科技资讯,2005(26):59-60.

2.4　新时期旅游管理专业毕业生就业的挑战及对策

2.4.1　背景

1）人才是新时期旅游高质量发展的基础和源泉

旅游高质量人才可以强有力地支撑旅游业的高质量发展。2022年,我国文化和旅游部召开了全国文化和旅游人才工作电视电话会议,强调要不断创新工作机制,全方面和多层次对人才进行培养、引进、使用,为社会主义文化强国的建设和旅游业的高质量发展,提供坚实的人才支持(杨倩,2022)①。新时期,旅游人才这支队伍面临着新的挑战和要求,需要不断加强旅游专业方面理论学习、技能学习和实践训练,保证旅游产业的发展与社会公共安全相协调。在三大旅游市场和旅游供给侧需求变革的影响下,时代和社会也对旅游人才提出了新的要求和需求。旅游人才需要更精准地服务于旅游企业和行业,旅游市场服务质量的提升,需要更加专业、有技能、复合型、高质量的旅游人才。旅游人才是新时代人才培养和建设的重要组成部分。党的十八大以来,实施"三区"人才支持计划文化工作者专项、实施乡村文化和旅游带头人支持项目、实施订单式人才援助项目等,都足以体现国家对于旅游人才的重视。

2）提高就业质量推动高等教育改革是时代的必然要求

高校毕业生的就业质量是衡量一所学校的学生质量、师资力量、各方面软硬实力的重要指标,促进各大高校的毕业生高质量就业也是高校进行人才培养的重要意义。大中专毕业生作为国家重要的、不可或缺的人力资源,他们是否能够顺利进入就业市场、是否顺利就业、是否高质量就业,不仅关系着他们个人

---

① 杨倩,全国文化和旅游人才工作电视电话会议召开[EB/OL].(2022-04-15)[2023-09-25].文化和旅游部政府门户网站.

的前途,也关乎着国家和社会的人才稳定和长久发展。对于社会而言,就业质量的提高可以为其提供稳定和充足的劳动力供给,促使劳动力与生产资料有机结合,创造出社会所需的精神和物质财富;可以健全人力资源市场,完善就业服务系统,促进社会和人才的高质量发展和实现他们自己的社会价值;可以保障我国社会的长治久安和稳定,有利于我国国家政权的巩固和社会主义和谐社会目标的实现。对于劳动者个人而言,就业质量的提高可以为他们提供稳定的收入来源以保障日常生活开支,可以促进社会劳动力的不断生产;还能丰富劳动者的精神生活,促进人的全面发展,因此保障就业也就是保障民生。对于劳动者来说,就业是民生之本;对于社会来说,就业是安国之策。

2.4.2 文献综述

1)高校就业相关研究

(1)国外相关研究

外国在 20 世纪 70 年代开始了就业质量方面的相关研究,虽然对于此概念的研究比较晚,但进展比较迅速。美国先是提出"工作生活质量"概念,认为人的因素与工作技术同样重要,只有人和工作技术相统一、相匹配,工作生活质量才能得到有效提升;法国接着在 2000 年提出"工作质量"这一概念,认为工作质量是指被雇佣者自身的劳动特点和社会的大方面的工作环境;欧盟在 2003 年对"工作质量"这概念进行了补充和完善,它认为就业质量不仅仅是在岗时的一些工资报酬,还有离职后的一些退休保障等;后期国外主要研究高质量就业和就业质量指数等,就业质量这个概念和内涵被国外逐渐完善和丰富。Beaston(2000)在衡量就业质量标准的研究中,表明可以借劳动和回报关系的经济契约内容以及雇佣主的心理关系来衡量就业质量,即薪酬福利、工作保障、公司待遇、工作时间等外部特征和工作内容、强度、同事关系等内部特征[①]。这是通过

---

① BEASTON M. Job quality and job security[J]. Labour Market Trends, 2000(3): 231-233.

多维度的分析来衡量就业质量的高低,而不只是这一个指标,国外还会用在岗工资福利、对工作的满意度、就业质量指数来衡量就业质量的高低。新加坡财政部门公布的《新加坡就业质量(1983—1996)》显示,可以根据雇员的平均薪酬评估就业人群的工作特点和质量(张抗私,2015)①。

对于人才培养质量和产业发展质量研究方面,美国的校企契约模式更加精准地按照企业的需求来培养职业型的学生,在课程设置上几乎没有通识课,而主要是专业实践课和职业教育课,通过学校和企业合作的方式,来针对性地培养学生(高玮,2009)②。英国新兴大学采取"工学交替"模式,在大学前两年主要进行理论知识和专业课技能的学习,第三年进入与学校专业相协调的企业进行实践实习,这种人才培养模式可以自然地让大学专业教育与公司企业实践紧密地结合在一起培养出针对性的、符合企业需求的人才(惠玉 等,2017)③。York、Knight(2004)研究提出了 USEM 模型,即 Understanding——对社会体系的认知,Skillful practices——技术性的工作实践,Efficacy beliefs——个体的态度和信仰,Metacognition——自我的认知,他们认为高校应该将这四种能力纳入到专业人才培养模式中,这样才能与企业的招人需求相衔接,并且提高大学生的可雇佣能力和就业率④。WAldebaran Baron(2004)表明大学应该明确企业在人才招聘和工作技术方面的需求,并根据企业的要求进行人才培养模式的调整,促进学生技术的有效提高⑤。Kumar(2022)提出的 SOAR 原则可以解释高校人才培养与企业雇主需求的内涵,即可雇佣性的内涵——个性,机遇,壮志,结果⑥。

① 张抗私,李善乐.我国就业质量评价研究:基于2000—2012年辽宁宏观数据的分析[J].人口与经济,2015(6):62-72.

② 高玮.美国法学职业化教育对我国高职教育的启示[J].山东理工大学学报(社会科学版),2009,25(5):103-105.

③ 惠玉,王淼.国外校企合作应用型人才培养模式及其启示[J].北京城市学院学报,2017(6):77-80.

④ YORKE M, KNIGHT P T. Embedding Employability into the Curriculum[M]. York：HEA, 2004.

⑤ BARON W. Need of qualification surface technology：Enterprises, universities, universities of applied technology[J].Vakuum in Forschung und Praxis, 2004(1)：11-15.

⑥ KUMAR A. Personal, Academic and Career Development in Higher Education-SOARing to Success[M]. London：Routledge, 2022.

Juba Kettunen（2011）通过研究表明应该在创新教学法的概念上将教育与工作实践相结合①。Artist O. Salon 和 Carina Savander-Ranne（2015）认为不同专业领域的教师资源信息共享以及培养教师的互动性，有利于应用型学生的培养发展②。可见国外一些国家对于校企结合、高校人才培养与企业发展需求相协调等理论研究较为成熟，并且已经有国家进行实践，效果显著。

（2）国内相关研究

在高校就业质量研究方面，经过整理和总结，发现我国对于就业质量这个概念的研究开始时间比较晚，并且不同学者对就业质量这个概念有不同的理解。与国外不同，我国的学者把就业质量分类为广义和狭义两类进行研究和分析。广义的研究表明，影响就业质量的因素包含劳动力市场、退休工资福利以及主要的工作时的工资薪酬待遇、劳动资本关系等；而狭义的就业质量主要聚焦于岗位本身。现如今，我国就业质量的研究发展已经较为成熟和丰富，面对日趋严峻的大学生就业难的困境问题，大学生就业质量这一方面的研究和影响因素显得非常重要。孟大虎（2005）表明高校的专业人才培养计划会对大学生未来的就业质量产生一定的影响，不同的专业也会对未来大学生的就业质量高低产生影响③。张桂宁（2007）表明，专业能力、技术、知识不强，职业意识、态度和道德较弱是造成大学生就业质量低下的原因④。周少斌（2008）通过研究分析高职院校毕业生的就业质量影响因素，发现学校的实力、专业人才培养计划、大学生自身的能力和素质对高职毕业生的就业质量高低产生影响⑤。黄炜、方玖胜（2010）在分析问卷调查后表明大学毕业生的就业期望、就业环境、就业能

① KETTUNEN J. Innovation pedagogy for universities of applied technology[J]. Creative Education, 2011, 2 (1): 56-62.
② SALONEN A O, SAVANDER-RANNE C. Teachers' shared expertise at a multidisciplinary university of applied sciences[J]. Sage Open, 2015, 5(3): 1-11.
③ 孟大虎.拥有专业选择权对大学生就业质量的影响[J].现代大学教育,2005,21(5):94-97.
④ 张桂宁.基于就业质量的职业意识教育探析[J].广西民族大学学报(哲社版),2007(9):138-140.
⑤ 周少斌.影响高职毕业生就业质量的因素分析[J].职业教育研究,2008(2):64-65.

力、个人的就业特点倾向对大学生就业质量高低产生主要影响①。黄敬宝(2008)通过研究分析北京 18 所高校的毕业生,认为人力资本对大学生就业质量产生了积极影响②。秦建国(2007)认为大学生的就业质量在微观上指大学生的就业率,在宏观上指大学生通过工作的客观条件而对工作岗位的满意度③。曾向昌(2009)认为大学生就业质量包括大学生对其就业岗位的满意度、与之前就业倾向的符合程度、毕业高校的培养目标与规划的符合程度等④。

在人才培养与产业发展质量相关研究方面,陈岩(2004)表明师资力量落后于高校的发展速度,导致师资与学校发展不匹配,对大学生的专业人才培养模式存在质量与数量方面的矛盾问题⑤。崔晋宏(2006)认为高校人才培养必须与企业发展相符合,与时俱进,高校制订的人才培养目标也应该具有针对性和准确性,注重培养应用型人才⑥。黄嫦娇(2020)认为大学的人才培养是与企业的人才需求紧密结合的,需要深度的产教融合,但实现并不容易⑦。因此,高校的专业人才培养需要与企业的发展需求相协调、相适应,学校要重视人才培养模式的调整,并将更多的精力放在培养具有实际技能的人才上,这样招聘方和被招聘方才能和谐共生、互相成就。

2)旅游管理专业就业相关研究

(1)国外相关研究

在旅游管理专业毕业生就业现状上,国外学者针对某个地区某个大学的旅游管理专业学生进行问卷调查分析,主要研究哪些就业因素影响着这些旅游专业毕业生的就业决策,比如职业的选择、职业地区的选择、就业满意度、转换工

① 黄炜,方玖胜.基于层次分析法大学生就业质量影响因素评价研究[J].湖南文理学院学报(自然科学版),2010(2):29-31,36.

② 黄敬宝.就业能力与大学生就业:人力资本理论的视角[M].北京:经济管理出版社,2008.

③ 秦建国.大学生就业质量评价体系探析[J].中国青年研究,2007(3):71-74.

④ 曾向昌.构建大学生就业质量系统的探讨[J].广东工业大学学报(社会科学版),2009(3):18-21.

⑤ 陈岩.科学人才观与高校人才的培养[J].中国地质教育,2004(4):38-40.

⑥ 崔晋宏.高校人才培养与企业发展[J].山西财经大学学报(高等教育版),2006(4):27-28.

⑦ 黄嫦娇.应用型高校产教对接的新模式:基于融合主体动力视角[J].西部素质教育,2020,6(9):1-3.

作率。Sinead O'Leary 和 Jim Deegan(2005)在研究调查爱尔兰一高校旅游管理专业毕业生的就业状况时发现，在爱尔兰该专业毕业生有比较高的行业流动率，尤其是女毕业生，并且工资与工作时长的不匹配以及工作条件和环境是造成爱尔兰旅游管理专业毕业生有着较高行业流动率的主要原因①。对于大学旅游管理专业学生就业因素影响的因素方面，占金(Jenkins,2001)分别选择荷兰和英国两所大学旅游管理专业的学生为研究和调查对象，调查了他们毕业后从事旅游管理行业的概率、他们喜欢的工作类型、想去的地点以及毕业初期和中后期想拼搏到的工作职位②。经过占金(2001)的研究发现，荷兰和英国两所大学该专业的毕业生的就业倾向和选择得出大部分毕业生都有较高甚至不切实际的就业期望，并且随着毕业后对社会的接触时长，他们对旅游业的就业热情和信心会越来越低③。在学习旅游管理专业的学生对本专业认同度上，Swickert(1997)在研究中表明旅游管理专业学生对旅游专业认同度是受就业前景和学习氛围环境的影响的④。Logue 等(2007)表明学生对旅游管理专业的满意度与其学习投入水平密切相关，其投入水平越高，越对这个专业满意；反过来亦然，其对专业满意度越高，其投入程度越高⑤。可见，当掌握了越多的旅游知识，拥有适宜的专业学习环境，并且学生得知该专业毕业后就业率可观时，他对旅游管理专业的兴趣度就越高，它的专业满意度就越高。在旅游人才供给方面，Kellley-patterson 和 George(2001)通过研究表明旅游管理专业的毕业生在求职时主要看重薪酬待遇、工作环境和条件等，而旅游企业主要看重毕业生的就业

① O'LEARY S, DEEGAN J. Career progression of Irish tourism and hosoitality management guaduates[J]. International Journal of Contemporary Hospitality Management, 2005, 17(5): 421-432.
② JENKINS A K. Making a career of it? Hospitality students' futureperpectives: An Anglo-Dutch study[J]. International Journal of Contemporary Hospitality Management, 2001, 13(1): 13-20.
③ 同②.
④ SWICKERT M L. Perceptions Regarding the Professional Identity of Counselor Educatio Doctoral Graduates in Private Practice: A Qualitative Study[J]. Counselor Education and Supervision, 1997, 36(4): 332-340.
⑤ LOGUE C T, LOUNSBURY J W, GUPTA A, et al. Vocational Interest Themes and Personality Traits in Relation to College Major Satisfaction of Business Students[J]. Journal of Career Development, 2007, 33(3): 269-295.

发展前景①。Raybould 等(2005)认为企业发出的就业和求职信息与高校旅游管理专业学生就业信息不对称,高校培养旅游管理专业的学生侧重于专业技能的培训,而企业需要的是集理论知识、专业技能、人际交往能于一体的高质量就业人才这种偏差导致学校培养的学生无法真正适应和符合企业的真实和核心需求②。LiLia 和 Jianyao Li(2012)研究分析了中国华南理工大学旅游管理专业毕业生就业因素,从而扩展到中国整体高校的旅游管理专业学生就业,分析企业招聘和学生求职的供给方和需求方失衡的原因③。TRY S(2005)选择澳门旅游管理专业的学生研究,了解旅游相关企业对毕业生就业人才的需要和标准,发现这些企业对旅游管理专业学生的英语水平要求较高④。Goodenough 和 Page(1993)认为高校在针对旅游管理行业教育模式的改革和创新时,应充分考虑旅游企业对于旅游方面毕业生就业人才的需要和标准,按照这个标准去有针对性地改革和推进旅游专业就业生的就业率。通过国外学者对旅游企业和旅游求职者不同需求的对比和分析,可见双方存在着需求的严重不匹配,旅游管理专业学生就业率低下的原因之一,便是不符合旅游公司的人才需求,所以应有针对性地根据旅游企业需求来培养适应性人才⑤。

(2)国内相关研究

对于大学旅游管理专业学生就业影响因素,国内学者认为不科学的就业期望影响着学生找工作的积极性,并针对特定学生群体分析其就业影响因素。蒋

① KELLEY-PATTERSON D, GEORGE C. Securing graduate commitment: An exploration of the comparative expectations of placement students, recruits and human resource managers within the hospitality, leisure and tourism industries[J]. International Journal of Hospitality Management, 2001, 2(4): 311-323.

② RAYBOULD M, WILKINS H. Over qualified and under experienced: Turning graduates into hospitality managers[J]. International Journal of Contemporary Hospitality Management, 2005(17): 203-216.

③ LILIA, JIAN YAO L. The analysis of self-employment Level over the life-cycle[J]. The Quarterly Review of economics and Finance, 2012(10): 89-92.

④ TRY S. The use of job search strategies among university graduates[J]. The Journal of Socio-Economics. 2005(34): 223-243.

⑤ GOODENOUGH R A, PAGE S J. Planning for tourism education and training in the 1990s: Bridging the gap between industry[J]. Journal of Geography in Higher Education, 1993, 17(1): 57-72.

翠(2017)认为学生的职业定位缺少科学性和专业性、学生对旅游管理方面的工作和企业信心不足、大学培养旅游管理专业人才的模式落后、缺乏创新性等是影响旅游专业大学生就业的主要原因,并且认为应该进行专业培养模式的创新和改革、给该专业学生提供更多的就业机会、改善就业风气等①。方雪(2018)认为目前大部分高校的旅游管理专业课教学中,缺乏理论与实践的结合,实践课程太少或开设了实践课程也不会去认真实践,对学生专业能力的提升产生了不好的影响②。郭田田(2012)表明旅游管理专业大学生有时候对自己的就业期望过高,与现实不匹配而导致产生心理落差,在理论融入实践方面还有待加强③。因此,影响大学生就业问题的不仅仅有大学生主观的就业意愿、倾向、过度期望,还有客观方面的高校对于大学生的培养模式、旅游企业供需两方面不均衡等因素。徐秀玉和张春霞(2016)在分析和研究高职学校旅游管理专业学生的就业倾向和意愿的基础上,展开研究个人的规划与发展、学校的专业培养教育和企业用人需求和支持政策这三方面,并且针对性地提出大学生就业的促进和改善建议④。张隽殊(2017)认为专注提高学生的创新实践能力是非常有必要的⑤。王旭丽(2013)通过问卷调查的方式分析了内蒙古化工职业学院六届旅游管理专业毕业生的就业意愿、喜好、想法,并对高校的旅游管理专业学生的人才培养模式提出了对策⑥。在旅游人才供需方面,王迎结(2017)认为旅游企业招聘的旅游人才供需不平衡,供给小于需求,并且高校在培养旅游方面的

---

① 蒋翠.高职旅游管理专业毕业生就业问题探讨[J].中国新通信,2017,19(16):130.
② 方雪.高职院校旅游管理专业实践教学体系研究[J].度假旅游,2018(10):72,75.
③ 郭田田.基于就业态势的高校旅游管理专业应用型人才创新培养模式探讨[J].中国市场,2012,(15):145-147.
④ 徐秀玉,张春霞.高职旅游管理专业学生就业倾向分析[J].职业教育研究,2016(1):45-50.
⑤ 张隽殊.高职院校旅游管理专业的创新创业教育初探[J].赤子(上中旬),2017(7):125.
⑥ 王旭丽.高职院校旅游管理专业毕业生就业方向探讨:以内蒙古化工职业学院为例[J].才智,2013(26):35-36.

人才的模式上不够创新、不够专业,缺乏实践,并且教师团队不够专业[1]。吴巧新和黄震方(2005)在对江苏某高校旅游管理专业毕业生就业调查与分析中,研究旅游人才供需错位的原因,并从企业和学生两方提出促进旅游人才供需平衡的针对性建议。国内学者与国外学者得出的结论一致,旅游企业和旅游人才供需不匹配,需求错位,想要提高旅游专业学生的就业率,在保证自身培养目标的前提下,最大限度地顺应企业对于旅游人才的需求是必要的[2]。

3)研究评述

对高校就业质量研究评价:就业质量可以在主观上被概括为工作条件、工作时间、薪酬待遇和福利等,在客观上被概括为职业生涯规划、就业前景、个人满意度等;大学生的就业质量可以概括为大学生对于专业技能、操作能力、工作条件和薪酬奖励、就业前景和职业生涯规划的满意度。国外大部分高校已经实行人才培养与企业发展需求相结合模式,而中国目前只是停留在理论成果的研究,实践成果较少,较常见的是部分高校的校企合作项目。

对于旅游管理专业就业研究评价:国外对旅游管理专业毕业生就业的系统性研究较少,而主要在旅游人才供给、旅游管理专业毕业生的就业影响因素和就业现状等方面有大量研究;国内主要在高校旅游管理专业毕业生就业影响因素和人才供需方面有大量研究。

目前,国内外在高校旅游管理专业学生的就业质量、影响因素和校企培养相协调方面研究已比较成熟,理论比较丰富,但是仍存在以下不足。第一,国外虽对就业质量的研究有了一定的理论成果,却缺乏对高校的就业质量研究;第二,对于旅游就业供给双方关系认知有待深入,这不仅仅是旅游企业和旅游者

---

[1]　王迎结.高职院校旅游管理专业就业问题及对策分析[J].郑州铁路职业技术学院学报,2017,32(1):77-79,94.

[2]　吴巧新,黄震方.高校旅游人才供需失衡分析:以江苏为例[J].南京师大学报(自然科学版),2005(1):122-126.

的关系,还有旅游企业作为招聘方和旅管专业毕业生作为的求职需求方;第三,该如何快速调整和适应,达到相对的供给平衡,以保持旅游供需平衡和就业的稳定;第四,目前文献主要研究的群体是中高职学生,而高校大学生的就业需求可能与中高职学生有所不同,研究对象和群体不具有全面性。在新时期分析旅游管理专业学生的就业困境,想出及时的应对性政策,改革企业招聘模式、高校人才培养模式,注重培养旅游企业应用型人才,提出更有针对性的改革措施。

2.4.3 旅游管理专业学生就业意愿:来自 G 校的调研

1)G 校旅游管理专业基本情况

G 校旅游管理专业隶属于旅游与文化产业学院,分为普通旅游管理专业和中外合作旅游管理专业招生,教学模式较为国际化,为毕业学生提供了不同的攻读硕士或就业之路,有很多同学本科毕业后决定考研、出国留学攻读硕士或者就业,毕业后升学、就业渠道较为多样化。该校旅游管理专业致力于培养具备现代管理科学理论素养和旅游管理专业知识的学生。这些学生还具备强大的适应能力和实践能力,能够在各级旅游行政管理部门、旅游企事业单位从事旅游管理工作。同时,他们也是复合型、应用型高级专门人才,可以在高职高专等大中专院校从事旅游管理专业教学和科研工作。

2)调查样本选择及调查方法

本调查采用问卷调查法,为确保调查问卷的精准性、普遍性,选取 G 校旅游管理专业 2019 级(毕业年级)、2020 级、2021 级、2022 级 4 个年级不同阶段旅游管理专业共 219 名学生对旅游管理专业认知、课程认知和就业意愿进行调查问卷收集和数据分析,从四个不同年级分析本专业学生对于旅游管理专业的喜爱程度和未来就业方向,并就毕业年级和大一、大二、大三年级进行对比,进行就业意愿和倾向分析。

3）调查分析

（1）图表分析

在大一到大三年级中,选择原因为"调剂或勉强录取,先读着看看"的人数和比例较大,选择这一选项的人数在大四较少,大四年级主要选择了前两项原因,"就业前景不错"和"热爱旅游"。在竞争激烈的新时期,很多刚高考完的学生并不清楚自己以后想要学习什么专业,想要从事什么,即对于自己的职业规划不清晰,所以可能凑合选择了理想大学中的随便一个专业,不知道自己究竟想不想要读,学生个人对于自己的专业和职业规划不清楚;此外,学生在大一新生刚入学时没有做好专业的清晰讲解和职业定位规划,所以选择"调剂或勉强录取,先读着看看"这一比例在大一年级占比尤其多,而经过了大学四年的学习和沉淀,大四年级大部分学生都对自己的方向稍有认识,但也有极个别还是不清晰。对于大四学生,更多比例聚集在就业前景和对旅游专业的喜欢,认为是调剂或者勉强录取的在大四降低至最少。由此可见,大四学生相比其他3个年级尤其是大一学生,开始对于自己未来的就业有了思考和规划,对自己攻读的旅游管理专业更加包容,而不是像大一大部分学生认为"先凑合读,以后再说",如图2-12所示。

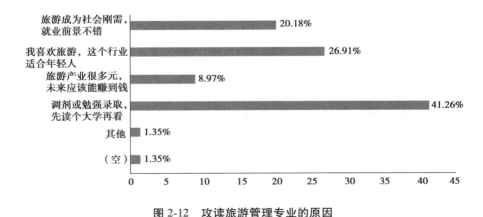

图 2-12　攻读旅游管理专业的原因

数据来源:问卷星调查,$N=269$。

对于该专业学生今后是否会从事旅游管理专业,大一年级有87%的人表示可能会从事旅游相关行业,大二年级有94%表示可能会从事旅游相关行业,大三大四同样在"可能会从事旅游相关行业"占比最多,而完全肯定自己一定会从事或一定不从事旅游相关行业的占极少数。由此可见,该专业学生对于自己今后是否肯定从事旅游管理专业不确定,需要根据旅游行业在不同时期的发展状况来决定,大家对于是否从事该行业持谨慎观望态度,但也不是完全不考虑,如图2-13所示。

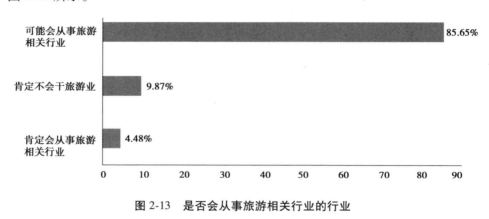

图 2-13 是否会从事旅游相关行业的行业

数据来源:问卷星调查,$N = 269$。

该专业整体学生最想从事的旅游相关的行业是旅游规划师,占比23%。其次便是旅游行政官员和文化创客等自主创业,以及酒店职业经理等较为体面的职业岗位,不在一线服务行业的旅游工作人员,人们更倾向于规划旅游,而不是做像导游这种劳动工作(4%),想从事旅游研究学者、民宿管家、景区管理者的也占比较中等,分别是11%,9%,9%。导游虽然日收入比较可观,但很多人不喜欢从事导游行业,一是因为导游需要从事一线服务工作,需要直面客人的情绪,身体和心理都会比较累;二是因为旅游产品购物店的压力,所以大部分人喜欢在非直接对客工作,如进行旅游方面的规划、策划工作;三是因为导游面临的风险大,收入不稳定,如图2-14所示。

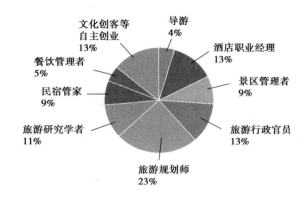

图 2-14　G 校旅游管理专业学生意向从事各个行业比重

数据来源：问卷星调查，$N = 269$。

学生对于旅游管理专业的困惑方面，4 个年级均主要聚集在不知道这个专业未来能干什么、不知道怎么学习这个专业、不知道自己今后能否适应这个专业的工作这 3 个方面，其中大一年级学生对于旅游管理专业的认知更迷茫，不知道这个专业的好处和以后能从事什么职业，而大二、大三、大四主要考虑的是不知道自己今后能否很好地适应旅游相关的工作。这就需要学校加强对于每个年级不同的引导、鼓励、辅助职业规划的工作，对于大一年级学生进行旅游管理专业的认知讲解、兴趣开拓工作，帮助大一新生建立对旅游管理专业的兴趣，为大二、大三的专业课学习打下基础；对大四年级学生进行就业方面的鼓励和支持工作，帮助他们查找近期的就业形势和岗位资料，鼓励大学生积极寻找工作。

（2）描述性分析

从表 2-13 中可以看出，在对于"你认为旅游管理是一个什么样的专业"的频数分析中，选择 2"后现代产业，未来有希望"的频数最高，其次便是选项"朝阳产业，前景不错"，可见该校旅游管理专业学生普遍认为旅游管理专业的前景较好；在对于"攻读旅游管理专业的原因"的频数分析中，选择选项"调剂或勉强录取，先读个大学看看"的频数最高，可见有不少该专业学生对于旅游管理专业的认知不清晰,对其方向感到迷茫。

表 2-13 专业认知和攻读原因频数分析

名称	选项	频数	百分比(%)	累计百分比(%)
你认为旅游管理是一个什么样的专业	朝阳产业,前景不错	58	26.484	26.484
	后现代产业,未来有希望	93	42.466	68.95
	专业要求高,专业性强	23	10.502	79.452
	没有专业性,什么人都能干	34	15.525	94.977
	不知道,没概念	11	5.023	100
你攻读旅游管理专业的原因是	未选	3	1.37	1.37
	旅游成为社会刚需,就业前景不错	44	20.091	21.461
	我喜欢旅游,这个行业适合年轻人	60	27.397	48.858
	旅游产业很多元,未来应该能赚到钱	20	9.132	57.991
	调剂或勉强录取,先读个大学看看	89	40.639	98.63
	其他	3	1.37	100
合计		219	100.000	100.000

表 2-14 和表 2-15 对于变量 X: {11(导游),11(酒店职业经理),11(景区管理者),11(旅游行政官员),11(旅游规划师),11(旅游研究学者),11(民宿管家),11(餐饮管理者),11(文化创客等自主创业)}分别进行了频数分析和描述性统计,可以明显看出对于旅游规划师选择 1"希望成为"的频数最高,为 115,对于旅游规划师的平均值最高,为 0.525,中位数为 1,可见有一半多人都趋向于

选择选项 1，即希望成为旅游规划师。此描述性统计更加验证和明确了之前的结论"该专业整体学生最想从事的旅游相关的行业是旅游规划师，人们更倾向于规划旅游，而不是做像导游这种劳动工作"。

表 2-14　对旅游相关行业职位的频数分析表

名称	选项	频数	百分比（%）	累计百分比（%）
11（导游）	未选	198	90.411	90.411
	选择	21	9.589	100
11（酒店职业经理）	未选	155	70.776	70.776
	选择	64	29.224	100
11（景区管理者）	未选	173	78.995	78.995
	选择	46	21.005	100
11（旅游行政官员）	未选	153	69.863	69.863
	选择	66	30.137	100
11（旅游规划师）	未选	104	47.489	47.489
	选择	115	52.511	100
11（旅游研究学者）	未选	163	74.429	74.429
	选择	56	25.571	100
11（民宿管家）	未选	177	80.822	80.822
	选择	42	19.178	100
11（餐饮管理者）	未选	194	88.584	88.584
	选择	25	11.416	100
11（文化创客等自主创业）	未选	153	69.863	69.863
	选择	66	30.137	100
合计		219	100.000	100.000

表 2-15 对旅游行业相关职位的描述性统计

变量名	样本量	最大值	最小值	平均值	标准差	中位数	方差	峰度	偏度	变异系数(CV)
11(导游)	219	1(选择)	0(未选)	0.096	0.295	0	0.087	5.691	2.764	3.077 632 492 066 82
11(酒店职业经理)	219	1(选择)	0(未选)	0.292	0.456	0	0.208	-1.164	0.92	1.559 802 717 765 495
11(景区管理者)	219	1(选择)	0(未选)	0.21	0.408	0	0.167	0.055	1.433	1.943 738 989 800 503 7
11(旅游行政官员)	219	1(选择)	0(未选)	0.301	0.46	0	0.212	-1.252	0.872	1.526 045 765 936 628 4
11(旅游规划师)	219	1(选择)	0(未选)	0.525	0.501	1	0.251	-2.008	-0.101	0.953 150 675 712 025 7
11(旅游研究学者)	219	1(选择)	0(未选)	0.256	0.437	0	0.191	-0.735	1.128	1.709 990 112 868 338 1
11(民宿管家)	219	1(选择)	0(未选)	0.192	0.395	0	0.156	0.49	1.577	2.057 575 587 950 795 5
11(餐饮管理者)	219	1(选择)	0(未选)	0.114	0.319	0	0.102	4.007	2.443	2.792 059 514 099 803 7
11(文化创客等自主创业)	219	1(选择)	0(未选)	0.301	0.46	0	0.212	-1.252	0.872	1.526 045 765 936 628 4

从表 2-16 可以看出,在对"你攻读旅游管理专业的原因是"和"你希望今后从事行业"进行 Pearson 相关性分析后,双方互为 1% 的显著水平,说明存在着明显的相关性关系,攻读旅游管理专业的原因与希望今后从事的行业呈相关性,有着较强的关联。

表 2-16　"你攻读旅游管理专业的原因"和"你希望今后从事行业"相关性分析

	你攻读旅游管理专业的原因是	你希望今后从事的行业是
你攻读旅游管理专业的原因	$1(0.000^{***})$	$-0.224(0.001^{***})$
你希望今后从事行业	$-0.224(0.001^{***})$	$1(0.000^{***})$

注:***、**、* 分别代表 1%,5%,10% 的显著性水平。

从表 2-17 可以看出,在对"你攻读旅游管理专业的原因是"和希望从事的 9 个职业进行的 Pearson 相关性分析中,"攻读旅游管理专业的原因"与"希望成为旅游规划师"呈 10% 的显著水平,非常具有相关性,与其他职业均不呈现显著相关性,可见"攻读旅游管理专业的原因"与"希望成为旅游规划师"有着非常强的关联,一些同学想攻读旅游管理专业的原因很有可能就是以后想从事旅游规划方面的工作,为旅游规划方面的工作积累知识基础。

4)调查结论

(1)结论阐述及原因分析

第一,4 个年级大部分人在未来可能会从事旅游行业,对将来是否会从事旅游行业没有很确定会从事或很确定不从事,很确定的占少数。舒伯的生涯发展理论指出,15~24 岁的青少年处于开始探索的阶段,青少年们会对自己感兴趣的工作岗位进行摸索,职业倾向趋于一些特定的区域,导致这方面的原因一方面是学生个人在这个年龄阶段对自己未来的职业没有非常清晰、确定的规划,高校对于学生没有做好完整的专业认知的教学和培养,另一方面是时代背景,在新时期,旅游行业面临不确定的发展,面对突发公共卫生事件,旅游行业会面

表 2-17 "改读旅游管理专业的原因"和希望从事的 9 个职业相关性分析

	攻读原因	11（导游）	11（酒店职业经理）	11（景区管理者）	11（旅游行政官员）	11（旅游规划师）	11（旅游研究学者）	11（民宿管家）	11（餐饮管理者）	11（文化创客等自主创业）
11（导游）	-0.087 (0.201)	1 (0.000***)	0.166 (0.014**)	0.022 (0.741)	0.09 (0.183)	0.03 (0.657)	-0.049 (0.473)	-0.04 (0.551)	0.078 (0.249)	-0.113 (0.097*)
11（酒店职业经理）	0.082 (0.228)	0.166 (0.014**)	1 (0.000***)	0.137 (0.043**)	0.016 (0.819)	-0.213 (0.002***)	-0.1 (0.138)	-0.032 (0.633)	0.148 (0.028**)	-0.181 (0.007***)
11（景区管理者）	-0.006 (0.929)	0.022 (0.741)	0.137 (0.043**)	1 (0.000***)	-0.094 (0.164)	-0.003 (0.959)	0.083 (0.220)	0.119 (0.079*)	0.167 (0.013**)	-0.119 (0.079*)
11（旅游行政官员）	0.056 (0.411)	0.09 (0.183)	0.016 (0.819)	-0.094 (0.164)	1 (0.000***)	-0.073 (0.283)	0.117 (0.084*)	-0.143 (0.034**)	-0.017 (0.806)	-0.214 (0.001***)
11（旅游规划师）	-0.132 (0.051*)	0.03 (0.657)	-0.213 (0.002***)	-0.003 (0.959)	-0.073 (0.283)	1 (0.000***)	0.117 (0.083*)	0.022 (0.747)	-0.09 (0.185)	0.067 (0.327)
11（旅游研究学者）	-0.028 (0.677)	-0.049 (0.473)	-0.1 (0.138)	0.083 (0.220)	0.117 (0.084*)	0.117 (0.083*)	1 (0.000***)	0.034 (0.622)	-0.013 (0.849)	-0.088 (0.192)

11（民宿管家）	-0.017 (0.802)	-0.04 (0.551)	-0.032 (0.633)	0.119 (0.079*)	-0.143 (0.034**)	0.022 (0.747)	0.034 (0.622)	1 (0.000***)	0.19 (0.005***)	0.084 (0.213)
11（餐饮管理者）	0.008 (0.904)	0.078 (0.249)	0.148 (0.028**)	0.167 (0.013**)	-0.017 (0.806)	-0.09 (0.185)	-0.013 (0.849)	0.19 (0.005***)	1 (0.000***)	0.015 (0.830)
11（文化创客等自主创业）	0.033 (0.622)	-0.113 (0.097*)	-0.181 (0.007***)	-0.119 (0.079*)	-0.214 (0.001***)	0.067 (0.327)	-0.088 (0.192)	0.084 (0.213)	0.015 (0.830)	1 (0.000***)

注：***、**、* 分别代表 1%、5%、10% 的显著性水平。

临变革和转变,从而对于旅游企业和旅游求职方的职业想法会面临改变,或者担心从事旅游行业是否稳定,所以应根据危机管理理论,旅游行业应及时建立起危机管理模式,旅游求职者个人应具备求职突发状况应对能力,来及时处理和应对突发事件和不稳定情况。

第二,4 个年级均对"导游"这种一线工作的认可度较低。4 个年级均有很少的同学选择了该选项,导致这方面的原因一,该专业学生不喜欢这种体力活,到处跑的工作,并且不喜欢学历区分度不高的工作;原因二,对于职业的期望相对较高,较理想化;原因三,在新时期以及面临突发公共卫生事件时,导游作为旅游行业的职业较不稳定,游客多的时候收入多,游客少的时候收入少。

第三,4 个年级整体更偏向于在未来从事旅游规划师方面的工作。这是因为,旅游管理专业的学生在大学学习的专业知识和技能,主要是更深层次的关于旅游产业的管理、规划、营销等方面,具体的旅游景点介绍和讲解技巧只是学习中的一部分,并且太过于表面,没有深度;并且旅游规划师的职责包括对旅游目的地和旅游功能区进行规划和设计,需要学生具备一定的市场分析、战略规划和项目管理能力,这些能力正是旅游管理专业所学习的。根据素质模型理论,获得更好的职业岗位相应会取得更高的绩效,这就需要具备更高的素质能力、更高的知识技巧,因此学生们往往会追求更好的岗位来取得更好的绩效和薪酬,获得更好的提升。

第四,4 个年级均对旅游管理专业未来能干什么工作、是否能适应这个行业表示困惑。这不仅是因为高校没有对该专业学生做好清晰的职业讲解,帮助他们克服职业恐惧和困惑,还有学生个人对于旅游管理专业的理解不全面。

第五,攻读旅游管理专业的原因与希望今后从事的行业呈相关性。可见大家选择旅游管理专业的原因与以后的就业意愿和职业选择相关,学校可从培养学生对专业兴趣方面提高旅游管理专业毕业生的就业水平。霍兰德的类型论也提到,职业选择是人格的一种表现形式,人们的工作兴趣类型其实也就代表着他们的人格类型；当个体的职业兴趣与实际工作环境相符合，才能激发出最佳的工作状态和积极性。

（2）就业意愿及原因探讨

大一年级对于旅游管理专业的学习和未来的职业选择比较迷茫，选择太宽泛。从图表分析可得出，大部分大一学生认为学习旅游管理专业是因为调剂或勉强录取，且走且看，没有很喜欢或很想学，有种随机和走一步看一步的感觉；并且在多选题"希望从事的职业"中，很多大一学生对职业进行多选，没有形成一个清晰的职业认知。舒伯的生涯发展理论提到"自我概念"，它形成于一个人的青春期之前，在青春期时特征最为显著，并且成年后会被转化为职业生涯概念，是指个体对他们的兴趣、技能、价值观以及性格的了解和认知。所以大一阶段是形成特定的职业兴趣的最佳时期，大一学生应抓住此次机会来形成兴趣和初步规划自己的职业生涯。

大二年级选择该专业原因也主要聚焦于喜欢旅游和调剂。大三年级开始有更多人对于旅游产业的就业前景和能否赚钱进行思考。人岗匹配模型理论也指出，当求职者和招聘者均在聘用关系中受益时，才能形成长期的雇佣匹配关系。所以学生开始在大三思考毕业后入职于旅游企业是否能获得较好的薪酬、绩效，是否能给公司带来效益，使得双方形成一个长期的受益关系。

大四年级对于职业的规划和想法更加清晰和实际。很明显该高校旅游管理专业大四学生相比其他三个年级尤其是大一学生对于旅游管理专业的认知和未来就业方向更加清晰，也在大学四年学习旅游管理专业的过程中逐渐接受甚至喜欢上旅游管理专业；并且该专业学生更偏向于从事旅游规划师方面的脑力规划、策划工作，而不是导游一类的学历区分度不高、体力需透支过多的体力活；大四学生对于工作的选择更加偏向于实践和实际，较少的大四学生选择研究学者等理论性工作。

（3）年级就业意愿差异性及原因

第一，大四年级相对于前三个年级，尤其是相比于大一年级，对于职业的规划和想法更加清晰和实际。这是因为在四年的学习过程中,不断总结所学的专业知识和技能,想着如何运用于实践,自然会逐渐形成自己的职业生涯规划,而大一年级还没有对专业和职业想法形成一个系统的概念。舒伯的生涯理论提到,第二阶段叫探索阶段,15~24岁,这个阶段的年轻人正在上大学,他们开始寻找并尝试自己感兴趣的工作,找到自己的能力和适合的工作,他们的职业趋向于某些特殊的领域(庞诗琪,2018)[①],在25~44岁时才会稳定。因此学生个人和高校可以在此探索阶段帮助学生树立职业规划方向。

第二,大一年级学生对于旅游管理专业的认知更迷茫,不知道这个专业的好处和以后能从事什么职业,而大二、大三、大四主要考虑的是不知道自己今后能否很好地适应旅游相关的工作。这说明现如今从事旅游行业具有一定的挑战性,不仅需要专业的知识积累和技能,还需要在面对突发危机时能做到游刃有余,因为旅游行业的市场和供给注定要受到新时期政策的影响。危机管理理论提到面临极其严峻的紧急情况,人们面临着巨大的挑战和压力,需要迅速采取行动,制订重要的决策,采取有效的应对措施,并且企业危机具有紧迫性、突发性、破坏性、舆论的广泛关注性和难以预测性,这就会致使求职者对于该行业产生一定的不确定性和恐惧感,对于旅游行业望而却步。

5)行业用人要求对旅游管理专业学生就业的挑战

三年疫情我国的旅游业冲击较明显。在国家放宽新冠疫情防控政策,旅游业开始进入了修复期,总体将迎来恢复和繁荣的发展趋势,旅游需求在短时间内会大量增长,并且呈现一个长期繁荣的局面。在这种情况下,企业人才选拔对旅游管理专业高校毕业生提出了新的要求。

第一,旅游行业复苏需要时间而毕业生急于找到理想工作。在前三年的管控中,由于旅游行业受到较大冲击,旅游行业用人需求降低,一些企业甚至出现裁员情况,因此在新时期新冠疫情管控刚刚放开时,行业的复苏需要一定的时

---

① 庞诗琪.舒伯生涯发展理论评析及其启示[J].科数文汇(下旬刊),2018,11(2):33-34.

间和资本,在短时间内用人需求可能变化不大,而旅游管理专业学生在面临毕业之时会想要在较短时间内找到一份理想的、体面的旅游相关工作,高校学生对于工作职位和环境还是较为理想化。

第二,旅游行业需要寻找不同行业的旅游人才而大部分毕业生只愿意从事旅游规划等体面工作。多方面的旅游人才可以应对复杂的市场环境和不断变化的消费者需求,因此在旅游行业中,无论是导游职业还是规划师职业,都需要有人来担任和工作,并把它做好。而在上一节的问卷调查中,该高校四个年级旅游管理专业学生均对于导游行业有着偏见,不愿意从事该行业,更愿意从事旅游规划师等决策行业,这就意味着旅游决策行业竞争的激烈,必定会产生淘汰,被淘汰的落差可能对旅游专业的学生工作心理带来冲击,从而影响未来就业,因此毕业生可考虑转行从事导游等职业方面的工作。

第三,企业想要寻求灵活应对危机的人才与旅游管理专业毕业生害怕旅游行业在危机时不稳定。在面对突发事件时,旅游行业更倾向于能积极处理突发企业危机、公共卫生危机的高素质旅游人才,刚毕业的大学生职员对于企业危机、旅游行业的疫情危机感到恐惧,担心收入和效益不稳定影响工作,甚至可能会成为企业面对风险的裁员对象。

第四,旅游行业对于新兴领域的人才的需求和旅游管理专业学生知识领域未涉及。数字化技术领域、云旅游领域、旅游大数据领域等新型数字领域,旅游业在与其融合发展时,需要大量具备数字和计算机知识的专业型技术人才,而旅游管理专业学生在这些方面知识较浅,这很有可能会被其他专业如计算机专业学生代替,因为计算机专业学生专攻计算机方面的专业知识和理论,对于这方面的知识积累要比学习旅游管理专业的学生更深厚。所以旅游企业在招聘大数据和云旅游等方面人才时,可能会更多考虑计算机专业的学生,导致旅游管理专业学生竞争力不足,就业渠道变窄。

2.4.4 新时期旅游管理专业就业提升对策

1）政府层面

第一，加强宏观调控，落实政策。由于后疫情时代背景下的就业市场不稳定和不平衡，在疫情管控期间，大部分第三产业的从业人员处于未就业和待业状态，政府需要进行宏观调控，根据旅游市场和企业对于人才的多元化需求，合理化地配置和利用资源，助力后疫情时期旅游业就业稳定发展。《国务院办公厅关于应对新冠肺炎疫情影响强化稳就业举措的实施意见》强调落实相关政策来促进就业，颁布相应的政策来帮助企业恢复正常运营，完善自由创新的环境，支持经济衰退的第三产业，推动就业市场的全面复苏，确保高校旅游管理专业毕业生稳定就业。尤其是突发事件来临时，政府可适当扶持企业经济，帮助企业渡过难关。

第二，加强货币政策和财政政策对消费者的支撑和支持。在后疫情时代，生产复苏步伐是快于消费复苏步伐的，因此供需不平衡问题会出现，政府应出台相关政策，最大限度规避风险，避免挫伤生产者的积极性。

第三，大力扶持旅游管理专业毕业生的自主创业，给毕业生提供部分资金支持和补贴以及政策优惠。问卷调查显示，大四年级有部分人希望从事旅游方面自主创业的工作，因此政府应该激励创业，完善创业政策，为毕业生提供一个优良的创业环境，可以建立一些创业基地，充分利用闲置房等空置地为大学生解读创业知识，帮助大学生创业。

第四，对导游等一线旅游服务行业提供保障。问卷调查中显示，大部分旅游管理专业学生不愿意从事导游这样的体力活，而旅游行业又需要导游这样的旅游人才，同时人岗匹配模型理论也强调了政府在劳动力市场管理中的作用，因此政府应给予该行业以资金、政策支持和培训机会，帮助该行业旅游人才树立从业信心，完善就业能力和技能等，吸引更多的导游求职者。

2）企业层面

第一，充分利用好政策的红利和福利，提前策划合适的、顺应后疫情时代的旅游产品。针对不同年龄段旅游人群、旅游消费者个人的旅游喜好倾向、旅游业大环境趋势下的旅游类型进行路线和产品的策划营销。根据危机管理理论，危机发生前的预警、防范和事发后的妥善应急处置，只有当企业做好有效的危机管理，才能及时应对突发事件的发生，以获得最小的损失。所以企业的相关部门要积极开展应对突发事件的政策培训，完善企业自身的预警机制、危机处理机制，并做好对旅游从业和相关人员应急能力的培训和提升，在面对突发公共卫生事件时，可适当扩增招聘岗位，满足更多旅游管理专业毕业生的就业需求。

第二，优化内部体系，积极为旅游就业人才提供绿色就业岗位。旅游企业在给高校提供最新的企业研究成果和动态时，与高校进行人才联系与沟通，辅助高校对旅游专业人才进行学术和实践的培养，优化和增多岗位数量。调查问卷显示，大部分旅游管理专业毕业生更倾向于从事规划和研究方面的工作，而不太喜欢导游等一线工作，应适当优化考核标准，并不断完善企业内部自身的竞争能力、薪酬制度、工作环境。根据旅游行业新型人才和青少年人才的个性特点，让求职人才填写基于霍兰德类型论的职业偏好量表和自我导向搜索表，霍兰德的职业类型论可以帮助求职人员进行职业选择，提供方法引导，了解求职人员感兴趣的方面和工作类型，针对性地为旅游企业人员提供不同方面的机会和培训。人岗匹配模型理论强调对于旅游企业中的人力资源管理，为员工提供培训、绩效考核等可以激发他们自身的工作潜力，助力旅游企业人员进行学习和更高层次的深造。

第三，努力挖掘新型资源。旅游企业可以考虑将一部分资源向国外市场倾斜和投资，在获得国外市场的同时，可以挖掘出新型的人才需求，并且还需要最大限度地延长旅游产品的生命周期，来获得更有竞争性的人才招聘和人才支付能力。

3）教学层面

第一，履行立德树人的根本任务，培养学生对旅游管理专业的热爱。旅游管理专业本科教育的核心便是落实立德树人的根本要求，在传授和培养学生旅游管理专业的基本理论知识的同时，注重培养学生的旅游方面的实践能力，让学生理论与实践互相结合的同时，培养学生的责任感、社会感、爱国情怀、人文素养和对本专业的热情。注重学生的行业规范、应用能力、职业道德观，提高学生的创新能力和职业技能。

第二，从学生大一起帮助学生认识和了解旅游管理专业以及这个专业未来的职业走向，帮助大学生较早树立较为清晰的职业认识和方向。问卷调查结果显示，该校四个年级部分同学均对于旅游管理专业比较迷茫，觉得"调剂或勉强录取，所以来读读看看"。这种且走且看的随意状态，不是一个学习旅游管理专业的健康状态。高校可以通过了解学生的自我概念、生活观念和职业观念，制定辅导策略来帮助学生进行职业规划，帮助学生从大一开始克服对于"导游"等工作的偏见和恐惧。高校还应多开设旅游管理方面的知识、就业讲座，为学生灌输清晰的旅游管理知识，帮助学生消除对旅游管理专业的偏见，从大一培养职业方向。教师也应该做好对毕业生的职业生涯规划的辅导，帮助他们克服就业的心理恐惧，调查问卷显示50%的大四学生对于旅游管理专业的困惑是"不知道自己今后能否适应这个职业"，学校需要加强对于每个年级不同的引导、鼓励、辅助职业规划的工作，对于大一年级学生进行旅游管理专业的认知讲解、兴趣开拓工作，帮助大一新生建立对旅游管理专业的兴趣。为大二、大三的专业课学习打下铺垫；对大四年级学生进行就业方面的鼓励和支持工作，帮助他们查找近期的就业形势和岗位资料，鼓励大学生积极寻找工作。高校和教师应帮学生树立信心，帮助他们及时查找和顺应旅游企业的就业需求、用人规范，并针对性地对学生进行实践性的培训，增强学生的职业意识、职场竞争力和适应能力，有效地规避风险和解决危机，助力旅游企业的复苏和发展。

第三，进行校企合作等联合培养模式，灵活与旅游企业现存情况进行结合。

高校应该把目前拥有的优质教学资源与旅游相关企业进行结合,让旅游企业对高校的人才培养模式进行针对性的修改建议,高校根据旅游企业的实际人才需求和发展模式,对自己高校的课程设置和教学模式进行针对性的改善,学校和企业进行联合教育和培养,输送专业性的人才,这样还可以为学生提供专业对口的工作实习岗位,提高实践能力,加强旅游人才与企业的对接,最大限度消除旅游企业人才供需不平衡的鸿沟。高校可以在培养学生的过程中,将不同专业学科进行交叉融合教育,比如将旅游教育和文化、体育相融合,顺应后疫情时代旅游业融合产业协同发展的发展趋势,为旅游企业提供针对性人才。例如,高校可以专门与有大量导游职位的旅游企业进行合作,旅游企业为该特定方向的毕业生提供就业保障和较高薪酬奖励,高校为该方向毕业生提供良好的专业知识积累和就业平台。

第四,进行新兴领域方面的深度讲解和专业知识积累。旅游行业已经逐渐向计算机网络数字化等领域融合,二者变得越来越不可分割,因此该专业不仅要求学生学习旅游管理专业基础专业知识,还需要学习计算机等更深层次的知识,来做到全方面知识的储备和应对。

4)个体层面

第一,树立清晰和积极的就业态度,提高抗压能力和面对突发公共卫生事件的危机处理应对能力。从问卷调查中可以看出,很多旅游管理专业大一的学生对于自己专业的认知不清晰,职业规划不明白,如果抱着"先读着看看"的态度,很可能会浪费自己大学四年的宝贵青春,因此自己要尝试主动树立清晰的职业意识和专业学习观念。就业的主体是高校毕业生,而就业率的好坏、就业质量的高低,很大程度上受高校毕业生的就业态度的影响。同时,面对暂时的就业困境和压力,要学会化解压力,提高自己的抗压性,根据危机管理理论,要提高高校旅游管理专业毕业生的求职突发状况应对能力,主动解决和降低新时期就业困境对自己造成的不良影响,积极探索后疫情时代旅游企业对于人才的新要求,保持积极情绪,面对就业困境时不自暴自弃。

第二,多了解旅游行业的相关发展趋势和信息。有意识培养学生接触行业的习惯,主动搜索和了解旅游行业就业信息,提升自己对于旅游行业动态变化的基本掌握能力,了解旅游行业的最新进展和关键走向,以这些信息和目标作为自己学习和实践的主要导向,针对性地提升自己,提高自己的职业竞争力,积极应对未来的旅游行业的危机。一个企业和员工的供需平衡是很重要的,在考虑自身能力的同时,还应根据目前旅游劳动力市场的状况,及时应对职业状况的短期变动,做到与旅游企业的人才招聘需求相匹配。

第三,树立对每个旅游行业职位的悦纳和接纳性。从问卷调查能看出,大部分旅游管理专业学生不愿意从事导游相关行业,认为其不体面、待遇低、耗体力,而更喜欢从事规划、研究、自主创业等比较体面的工作。然而,每个职业都有闪光点,都有值得尊敬的地方。新时期,旅游岗位有一定结构性调整,旅游管理专业毕业生需要适应旅游产业发展新需求,有效拓展自身的就业视野和领域。

第四,提高自己的专业技能和综合素质。如果学生个人能够适应市场需求并具备相关技能和经验,他们就可以获得更多的就业机会,而企业也可以从中受益。想要获得更好的职业岗位、取得更高的绩效,需要具备相应更高的素质能力需求、更高的知识技巧和能力。因此,旅游管理专业学生应该注重提高自身的专业素养和实践能力,以更好地适应市场需求。

2.5 高等学校旅游管理专业教学情况调查:以 G 大学为例

2.5.1 研究样本

1992 年,G 大学旅游专业开始招收专科生。1999 年,开办省内唯一经教育部批准的旅游本科专业,2005 年在全省第一批获得了旅游专业硕士点,后来又开始招收高校教师旅游专业研究生。从 2003 年开始,相继接收法国、越南、老挝、泰国、新西兰等国家的留学生,并与法国、美国、澳大利亚等旅游发达国家建立了"3+1""3+1+1"等多种形式的国际教育项目,2019 年,荣膺教育部的认可,成为全省首个在本地区开展的一本批次的国内国际教育合作项目。

2.5.2　调查使用方法

1)关键词反馈法

"关键词"属于图书馆学范畴的词汇,指一种信息概括化和集中化的表现形式。"关键词"一词在网络搜索中的运用更为广泛,往往是指搜索引擎网页的核心和主要内容,或者是指在使用索引时,所使用到的词汇。该方法主要是让学生对某个教学内容或概念,用若干关键词进行描述和表达。通过对这些关键词的组织和分析,可以了解学情,这种方法具有评价的功能。关键词反馈法具有独特的优势,认知心理学的研究表明,人类的大脑主动参与信息存储和回忆,学习者所提取出的关键词句可反映出其对概念的认知程度。一般而言,提取关键词的操作简单且用时短,且学生提取关键词句的过程不易受暗示等影响,因而反馈结果可以较为客观地评定学生原有的基础和通过学习所掌握的情况。对于提高评价效度和信度而言,尤为重要。

2)问卷调查法

问卷调查法也称为问卷法,调查者使用统一设计的问卷向被选定的调查对象了解或征求意见的一种调查方法。研究人员将研究问题编制成问题表格,通过邮寄、面对面回答或跟踪访问的方式收集答案,以了解被试者对某种现象或问题的看法和意见。因此,它也被称为问题表格法。在使用问卷法时,重点在于如何编写问卷、如何选择被试对象以及如何对结果进行分析[1]。

---

① 　ROH A.问卷调查法[EB/OL].(2010-06-12)[2023-09-25].MBA 智库·百科.

3）访谈调查法

相较于实地观察法,该法对调查对象的信息获取能够更为深入、更具针对性、更全面,适用于调查对象差别大、样本小或场所不易靠近等复杂情况。包括个别、集体、电话等多种方式进行访谈,利用与学生的正式或非正式访谈、交流,对于修正调查问卷结论有着重要意义。但弊端在于,由于访谈标准的差异导致其结果难以进行定量研究,且访谈过程较耗时间、耗成本,受环境影响较大,难以适用于大规模调查。

4）教学实验法

实验教学是一种控制某种情况或创造某种情况,使受试者产生某种心理活动的教学方法。它基于一种在自然和社会中广泛存在的现象和现象之间的相互关系,即因果关系(孙亚男,2016)[①]。教育实验法根据某种教学理论假设,将其应用于教学实践,采取有效的控制措施,以改变研究对象,深入挖掘教学的因果规律(裴娣娜,1994)[②]。可预见性和可干预性是实验法最显著的两个特点。

2.5.3 调查结果分析

本研究对于现有教学效果认知的调查,主要选取即将面临毕业的大四学生作为调查对象;对于专业学习的需求及困境的研究,主要选取旅游管理专业学生为研究样本。为了很好地获取学生对相关问题的表达,问卷设计时以混合型和开放型回答为主,充分考虑学生细节上的诉求(见附录4和附录5)。

1）学生教学期望的调查

对大学的认知情况在一定情况下决定学生的学习状况。布鲁姆认为影响学习成绩的三个变量分别是:认知前提、情感前提和教学质量,如图2-15所示。

---

① 孙亚男.调查研究常用九大方法[J].新湘评论,2016(2):31-32.
② 裴娣娜.教育研究方法导论[M].合肥:安徽教育出版社,1994.

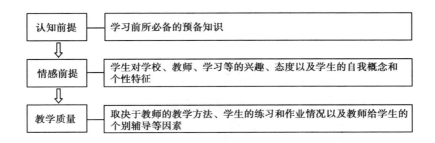

图 2-15　布鲁姆学习成绩影响因子

认知前提是学生在学习之前所必备的先修知识；情感前提涵盖了学生对学校、教师、学习等方面的兴趣、态度，以及学生的自我认知和个性特征。教学质量的好坏取决于教师的教学方法、学生练习和作业情况，以及教师对学生进行个别辅导等因素。这几个因素共同影响着学生的学习成绩和对所学专业的情感特征。在这些影响下，学习结果体现在三个方面：科目成绩的评估、学习进展以及情感状态。综上所述，布鲁姆（1956）认为卡洛尔模式中的几个影响学习的主要变量是可以被控制的。只要教学人员和学习环境能够满足不同学生的需求，大多数学生都能掌握所学内容，提高学习兴趣和自信心，实现学会学习的目标[①]。

为更好地了解学生在认知、情感及教学质量方面的感知，选择 G 校旅游管理专业学生进行调查，共获取有效问卷 269 份，其中一年级 94 份（占 42.34%）、二年级 36 份（占 16.22%）、三年级 62 份（占 27.93%）、四年级 77 份（占 13.51%），调查结论如下。

（1）对所在大学认同感正在形成

旅游管理专业学生有 88% 为省内学生，省外学生所占比例相对较低。这一方面容易形成一定的文化认同，增强同学之间的友谊；另一方面，文化多元性较差，不利于认知碰撞和创新性思维的培养。这既与高校的区位特点有关，也与

---

① BLOOM B S. Taxonomy of educational objectives：the classification of educational goals：Handbook 1：Cognitive domain[M].D. McKay，1956.

旅游管理自身专业吸引力有关(图 2-16)。

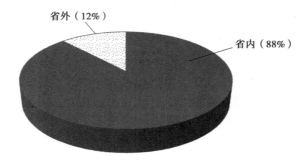

图 2-16　生源所在地分布

数据来源:问卷星调查,$N=269$。

　　G 校旅游管理的学生由于入学时基本为专业调剂考生,学生中只有 12% 为第一志愿报考,大多数学生的目标在于进入 211 院校,对于专业认知不足或者排斥,很难在短期内进入学习状态,"混文凭"心态尤其突出(图 2-17)。加之该校一年级按照专业大类进行通识课教学,旅游管理相关专业课程进入有限,同时不少学生抱着学习旅游管理专业只是未来有机会进入其他专业的想法。随着不少高校陆续进行的大学二年级学生可自由进行专业选择的培养改革方案推行,旅游管理专业正在面临严重的学生流失,对专业的发展构成极大的威胁。以 G 校 2021 级旅游管理专业学生为例,全班学生共 47 人,大学一年级通识课结束时,全班申请转专业学生 12 人,达 26%(表 2-18)。一方面固然与旅游业的就业认知及新冠疫情对旅游业带来的冲击有关,另一方面也与专业课进入较晚、学生专业意识培育不足有关。因此,如何在大学一年级让学生树立坚定的专业信念,不仅是某一门课程要努力完成的事情,更是整个学科发展需要致力的事情。

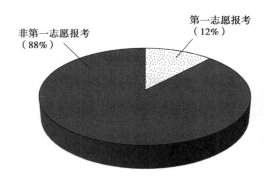

图 2-17 本专业是否第一志愿报考比例

数据来源：问卷星调查，$N = 269$。

表 2-18 G 校旅游管理 2021 级一年级结束申请转专业学生情况

姓名	专业排名	转入专业	转专业性质	申请原因
LW	1	法学	平转	疫情之下，旅游专业不好找工作，希望学一个好找工作的专业。
LJY	3	汉语言文学	平转	主要是就业考虑，学习汉语言文学，至少可以考个教师证，在中小学当老师。
ZYT	4	经济学	平转	一年级基本没有接触旅游管理的专业课，都是上通识课，这些课中自己只对经济学感兴趣，又有转专业的机会，就决定转了。
CJR	7	数据科学与大数据技术	降转	还是考虑专业前景，自己虽然喜欢旅游，但是要以旅游为职业，估计以后就业不太好，数据时代，还是选择应用性强些的专业好些。
GJR	8	自动化	降转	我是理科生，学习一年基本对文科的东西不感兴趣，还是想学一个理工类的专业，可能更适合自己。

续表

姓名	专业排名	转入专业	转专业性质	申请原因
LGY	11	法学	降转	家里有不少亲戚都是法律专业的,自己如果也能学习法学的相关专业,可能以后就业会好些。
JZG	12	软件工程	降转	旅游管理录取分数相对较低,只要过学校的录取线就能上,而软件工程类的专业录取线较高。当时进来时就做好打算,先学习旅游管理只是权宜之计,反正学校有相关政策,大不了自己多花一年也是划算的。
YN	14	动物医学	降转	从小就喜欢生物类的专业,希望牺牲一年的时间,能够学一个自己喜欢的专业。
WXY	17	应用数学	降转	其实我的数学也不好,只是觉得至少可以考个教师证,当个数学老师,怎么也是找得到工作的。
CLY	25	通信工程	降转	主要是考虑就业前景,还是想学一个应用性强的专业。大学学了一年的旅游管理,基本没有专业课,也搞不清这个专业以后能干什么,别人都说就是当导游,我就害怕了。
CC	27	汉语言文学	降转	父母都说旅游找不到工作,其他专业又不是很了解,自己学习汉语言文学,可能会感兴趣些。
LSF	29	财务管理	降转	没有考虑这么多,其实我对财务管理到底学什么也搞不清楚,只是家里人都说疫情好多导游失业、酒店关门,所以还是找个应用面广点的专业。

说明:1.学生姓名,以名字字母代替。2.平转及专业排名前5%的学生,可以不降级直接转专业;降转,需要进入选择专业,重新再读一年级。3.原因:为访谈资料收集整理。

随着 G 校双一流高校建设的推进,百年名校的社会认可度越来越高。学生之所以选择 G 大学,其知名度和离家较近是主要原因(图 2-18)。

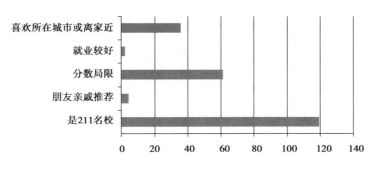

图 2-18　选择报考 G 大学的原因

注:N = 269。

G 大学的学生均为一本线录取,作为该省唯一的 211 院校,有自豪感的学生占 50% 左右,学生对该校的认同感较强;没有感觉及自卑的学生仅占 6% 左右,可见现有高考志愿报考机制,更好地实现了考分与录取学校的匹配性(图 2-19)。

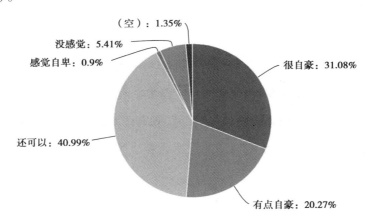

图 2-19　作为 G 大学学生的心情

注:N = 269。

对于目前的生活状态感到"满意"的占到 56.76%，"一般"的占到 39.64%（图 2-20）。

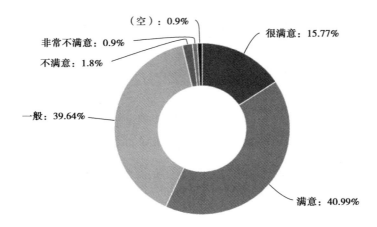

图 2-20　我对目前的大学生活满意状况

注：$N = 269$。

学生对学校最喜欢的对象分别是"校园环境"（70.72%）和"教室、图书馆等学校场所"（63.51%）（图 2-21）；"住宿条件"（39.6%）与"其他"（32.88%）因素是学生最不喜欢的对象（图 2-22）。值得注意的是，最喜欢"寝室生活"占比为 33.3%，"寝室"在最喜欢和最不喜欢对象中均占较高比重，结果看似矛盾，进一步调查后发现这两者其实并不矛盾。对"寝室生活"的喜欢，倾向于寝室的人际关系、自我空间的认知；对"寝室"的不满，侧重于水电使用、配套服务等方面。随着学生年级的提升，转型适应期的过渡及独立生活能力的增加，这种不满意会逐步降低。

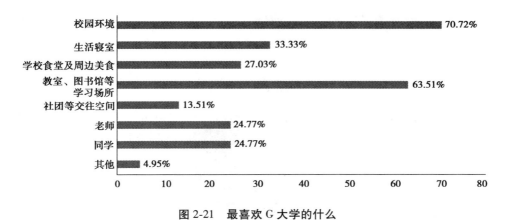

图 2-21　最喜欢 G 大学的什么

注:1.数据来源问卷星;2.说明:(1)多选题选项百分比=该选项被选择次数÷有效答卷份数;(2)含义为选择该选项的人次在所有填写人数中所占的比例,所以对于多选题百分比相加可能超过百分之一百。

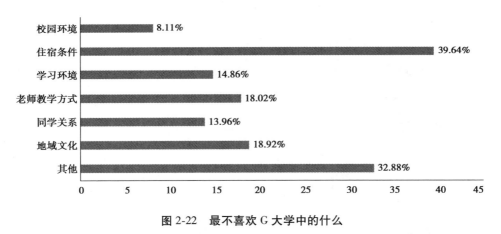

图 2-22　最不喜欢 G 大学中的什么

注:1.数据来源问卷星;2.说明:(1)多选题选项百分比=该选项被选择次数÷有效答卷份数;(2)含义为选择该选项的人次在所有填写人数中所占的比例,所以对于多选题百分比相加可能超过百分之一百。

(2)尊重选择,专业愿望"美好"

旅游已经成为当下人们生活的常态,随着各个地方对旅游产业的重视,虽然大部分学生是因调剂而选读了旅游管理专业,但整体而言"调剂心态"不严重,特别是进入高年级,随着专业课程的进入、专业意识的形塑,对专业的未来普遍充满希望,认为是"朝阳产业,前景不错"的占 26.13%,认为是"后现代产业,未来有希望"的占 42.79%,如图 2-23 所示。

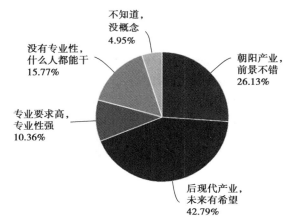

图 2-23　对旅游管理的专业认识

数据来源:问卷星调查,$N = 269$。

对选择原因的考虑,学生普遍认为学习这个专业调剂或勉强录取,但"可以到处玩,符合年轻人的爱好,应该会爱上这个专业",对专业充满热情,但是这样的认知显然是肤浅和偏颇的,如图 2-24 所示。

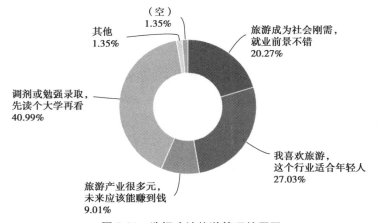

图 2-24　选择攻读旅游管理的原因

数据来源:问卷星调查,$N = 269$。

　　学生的专业认知状况给我们带来以下命题的思考:第一,如何在今后的课程设置中增加旅游技术性相关课程,加强学生专业技能的培训? 第二,当前旅游相关行业中,人才缺口最大的分别是高级酒店管理人才和高级导游,也就是说学生的诉求与市场需求是不匹配的,这必然会使我们的学生在今后的就业选择中"四处碰壁"。如何通过专业引导,开阔学生的就业眼界,正确客观地看待旅游相关职业,是整个专业教育中需要完成的重要使命(图 2-25、图 2-26)。

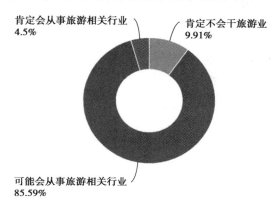

图 2-25　今后是否会从事旅游相关行业

数据来源:问卷星调查,$N=269$。

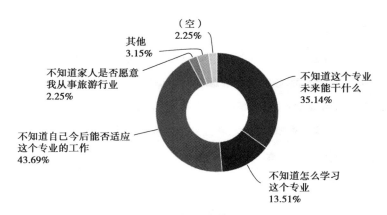

图 2-26　对你的专业最大的困惑是什么

数据来源:问卷星调查,$N=269$。

　　虽然是大学一年级学生,但是学生整体素质较高,学习务实性比较强,普遍注重学习中自己"解决问题能力的提高"和大学生活能"丰富多彩"。依托专业,实现学术能力和社会能力的提高,是大学培养中的重要使命。在这一点上,目标和愿望是一致的(图 2-27)。

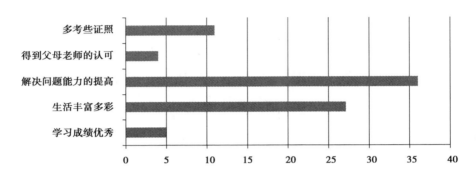

图 2-27　大学四年最看重的事物

数据来源:问卷星调查,$N=269$,相关数据为出现频数。

　　对于从事旅游行业最重要的具备条件,学生普遍认为"人际能力"和"专业的技能"是最重要的。这一点的认知比大四学生的认识更为科学,也从另一个侧面暴露出高年级专业培育中的问题(图 2-28)。

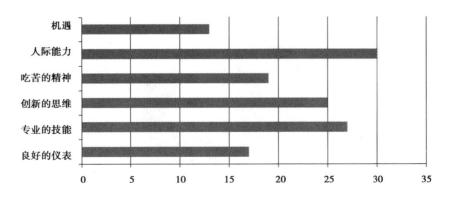

图 2-28　认为从事旅游行业最重要的要素

数据来源:问卷星调查,$N=269$,相关数据为出现频数。

（3）希望获得专业的指导和帮助

学生对专业最大的困惑是"不知道自己是否适合这个专业"，可以看出，虽然大部分学生属于调剂生源，但是有较强的努力去适应专业选择的愿望。只是由于整个大学一年级主要进行"通识教育"，没有"专业概念"的引入，也没有很好的专业认知途径和引导，因此对自己与相关专业的衔接性产生质疑（图2-29）。

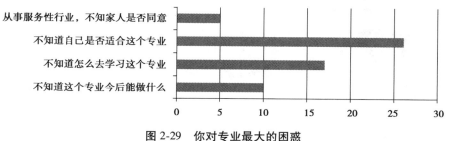

图2-29　你对专业最大的困惑

数据来源：问卷星调查，$N = 269$，相关数据为出现频数。

面对专业中的困惑，学生认为最能够解决他们现实困惑的人分别是"行业精英"和"专业老师"（图2-30）。"行业精英"不仅深谙行业发展趋势及能力诉求的把控，而且从某种角度看，也为学生未来的成长树立了榜样；"专业老师"作为学术上的精英，不同的知识构成对构建学生的专业知识体系起到重要作用。而结合目前的状况，在当前专业教育中，"行业精英对接无门"和"专业教师培养缺位"的现象十分典型，这也是很多学生对专业认知仍然存在较大偏差的重要原因。

（4）有较强的自学和实践的愿望

自主型的学习方式早已在我国的中小学教学中推行，"研讨教学""翻转课堂"已经成为中小学学习的常态，因此学生进入大学后，喜欢的教学方法是"课堂为辅，实践为主"，自己常常采用的学习方式也是以"查资料"和"自己看书"为主，学生的自主学习能力较强，以"讲授式"为主的大学教学方法已经受到严峻的挑战（图2-31、图2-32）。

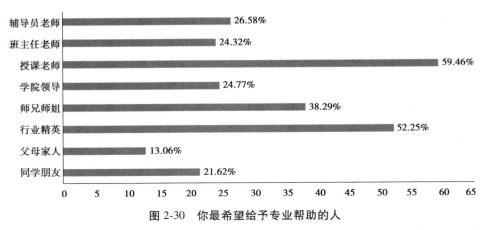

图 2-30　你最希望给予专业帮助的人

注:1.数据来源于问卷星;2.说明:(1)多选题选项百分比=该选项被选择次数÷有效答卷份数;(2)含义为
　　选择该选项的人次在所有填写人数中所占的比例,所以多选题选项百分比相加可能超过百分之一百。

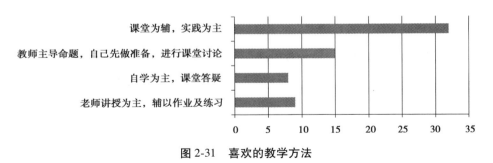

图 2-31　喜欢的教学方法

数据来源:问卷星调查,$N=269$,相关数据为出现频数。

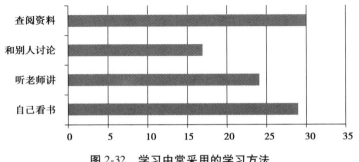

图 2-32　学习中常采用的学习方法

数据来源:问卷星调查,$N=269$,相关数据为出现频数。

2）现有教学效果的评定

为了很好地反映旅游管理专业学生对现有教学的态度和感知,本研究选择了刚进入大四的学生为研究样本,通过发放问卷的方式,进行深入调查。本次共发放问卷 87 份,回收有效问卷 50 份,占本次调查学生总数的 57%,主要涉及对大学生活的整体评价、对专业的认知、对教学环境的认知及对今后的发展在教学方面的建议等 4 个方面,主要获取学生经过 3 年的学术熏陶后的教学成效,反映出高年级学生有 5 个方面的"渴望":渴望推进课程变革,渴望推行研究性教学、渴望增进师生交流、渴望优化考试制度、渴望提供优质学习资源。具体调查结果如下。

（1）学习成就缺失,能力诉求强烈

教育评估的核心是通过对教育活动中的实际情况和可能的价值进行综合考量,以确定最佳的教学方案(王致和,1995)①。经过三年的系统专业学习,学生的专业意识基本成形,对自己学习环境的认知比较明确。通过对学生自身现有状况信息的获取,能够找到学生存在的现实困境。

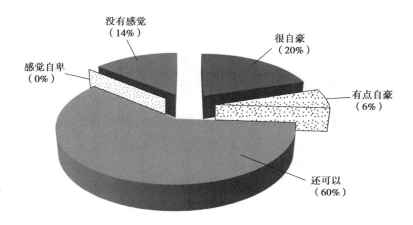

图 2-33　作为 G 校大学学生的心态

数据来源:问卷星调查,$N=269$,相关数据为出现频数。

---

① 王致和.高等学校教育评估[M].北京:北京师范大学出版社,1995.

G大学作为全省唯一的211院校,在省内有较大影响力,学生均为一本线录取,生源质量相对较高。但是基于G大学在全国同等院校中的地位,学生整体的自豪感一般,如图2-34所示。

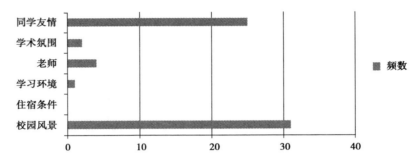

图 2-34　你的大学留给你印象最深的事物

数据来源:问卷星调查,$N=269$,相关数据为出现频数。

一个有百年历史的综合性大学,学生经过三年的学术熏陶,应该在自身的学业上能够有一定的专业自信和学术受益,但是作为刚进入大四的学生,深感受益最大的不是"学术氛围"和"教师"的影响力,而是"同学友情"和"校园风景"。结合学校情况,教师在这一方面有不可推卸的教育和教学方法方面的责任,但另一方面,它也与整个学校并没有形成"学习""学术"和"研究"为核心的校园氛围,学生学习压力不够,余闲生活丰满有极大关系,如图2-35所示。

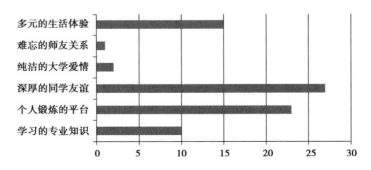

图 2-35　经过大学学习收获最大的事物

数据来源:问卷星调查,$N=269$,相关数据为出现频数。

图 2-35 反映出，虽然学生在教学方面给予了较低的认知，但是给予学生三年成长最大收获的分别是"深厚的同学友谊""个人锻炼的平台""多元的生活体验"和"学习的专业知识"，以上认可都或多或少是教学效果的表征。也就是说，教学在学生生活中仍然占据极大的地位。但是为什么会形成以上两图所示的出入呢？下表的调查给出了部分答案。

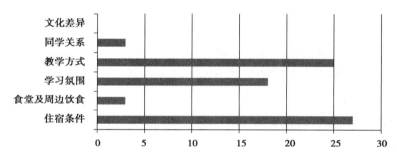

图 2-36　对 G 大学最不习惯的事物

数据来源：问卷星调查，$N=269$，相关数据为出现频数。

由图 2-36 可知，学生对"教学方式"的诉求是十分强烈的，传统的教学模式正在受到严重的挑战。而学生到底需要什么样的教学方式？随着学生渐趋成熟的心智和认知能力的成长，相当比例的学生均希望通过大学的学习，能够使自己"解决问题的能力得到提高"。社会需求才是最好的答案，也许当下学生并不能够很好地厘清学习要素的关系，但是这样关于能力的诉求，至少应该是实施教学改革的重要突破（图 2-37）。

（2）专业认知偏差，专业自信不足

随着旅游泛在化、整个产业的迅猛发展以及各级政府对旅游产业的重视和关注，学生普遍看好旅游业今后的发展。85%的学生认可旅游管理专业是朝阳产业，前景好，但 15%的学生提及旅游管理专业要求很高，不是一般人能做到的。

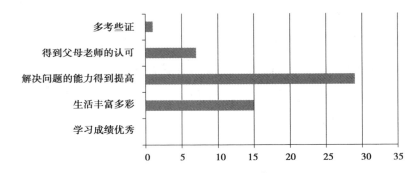

图 2-37　大学三年的学习自己觉得最重要的事物

数据来源:问卷星调查,$N=269$,相关数据为出现频数。

　　根据前面所做的调查发现,旅游企业最看重的能力依次是:语言表达能力、沟通能力、应变能力、服务能力、终身学习能力;而素质方面依次重视学生的爱岗敬业、吃苦精神、身体素质、团队协作等素质。而本专业的学生却把"良好的仪表"作为从事旅游行业的最重要因素,可见专业教师对学生的专业引导上存在较大的偏差。在访谈中还发现,部分专业老师也持同样的观点,可见在教师专业素养的提升上还有很大的空间(图 2-38)。

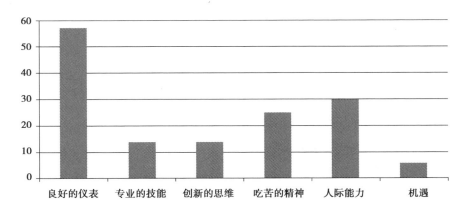

图 2-38　从事旅游行业最重要的因素

数据来源:问卷星调查,$N=269$,相关数据为出现频数。

旅游管理专业学生录取时,调剂所占的比例高达 95%,是我国该专业面临的普遍现象。这与旅游行业服务性特点、劳动强度大、工资收入水平低、社会职业认可度不高等因素有极大关系。所以抱着"凑合混个文凭"态度的学生占相当大的比重,但经过三年的专业熏陶,相当比重的学生认可旅游专业"就业前景好"和"会爱上这个行业"。这一方面与当前旅游发展的整体态势有关,也得益于对学生专业培育的效果(图 2-39)。

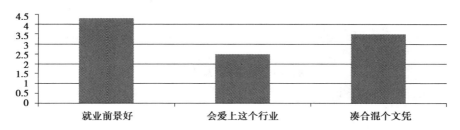

图 2-39　选择攻读旅游管理专业的目的

数据来源:问卷星调查,$N=269$,相关数据为出现频数。

由于整个旅游行业的社会认知及报酬失衡、学生相关专业引导课程的缺失,很多学生认为自己今后将会从事"与旅游行业无关"的职业。而愿意从事旅游相关行业中,排名靠前的依次是"旅游规划师""旅游专业学者""酒店职业经理"和"景区管理者"。可见,学生的个人意愿与社会需求在数量上也存在严重失衡(图 2-40)。

经过三年的学习,90%的学生认为自己成长了许多,但只有 7%的学生认为自己会爱上这个专业,还有 3%的学生深感没什么收获,是在浪费光阴。面对学习中的困惑,大部分学生认为"不知道怎么去学习这个专业",学习中的盲目性和困惑非常严重(图 2-41)。

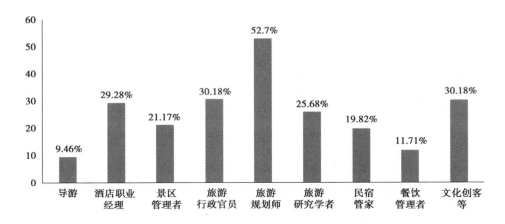

图 2-40　希望今后从事的工作

注:1.数据来源于问卷星;2.说明:(1)多选题选项百分比＝该选项被选择次数÷有效答卷份数;(2)含义为
　　选择该选项的人次在所有填写人数中所占的比例。所以多选题选项百分比相加可能超过百分之一百。

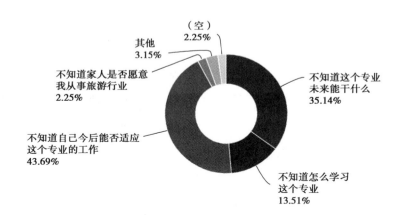

图 2-41　对你的专业最大的困惑是什么

注:1.数据来源于问卷星;2.说明:(1)多选题选项百分比＝该选项被选择次数÷有效答卷份数;(2)含义为
　　选择该选项的人次在所有填写人数中所占的比例。所以多选题选项百分比相加可能超过百分之一百。

　　面对困惑,学生认为最希望得到"专业老师"和"行业精英"的帮助,最想获得"社会能力"及"就业指导"方面的培训和帮助。所以,目前学生的社会就业压力巨大,学习的"现实功利性"非常强烈,而在这个过程中,"专业老师"的缺位和"行业精英"的不可触及,强化了学生在专业学习中的困惑和抵触心理(图 2-42、图 2-43)。

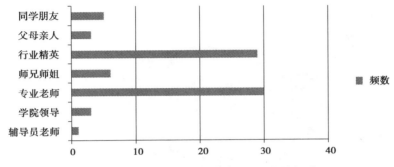

图 2-42　面对困惑最希望得到什么人的帮助

数据来源:问卷星调查,$N=269$,相关数据为出现频数。

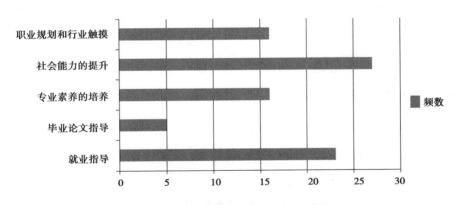

图 2-43　面对就业最希望得到哪方面的指导

数据来源:问卷星调查,$N=269$,相关数据为出现频数。

(3)师生沟通局限,互动创新乏力

高校课堂评价机制采用"以学评教",即通过与学生相关联的学习、生活与成长来评价教师的教学与管理工作。学生作为"以学评教"的主体,其学习目标、过程、成果、状态都作为"学"所涵盖的内容。随着高效课堂作为教育概念被提出,"以学评教"已经从教学延伸到生活、文化、团队等与教学联系的范畴,"评"的目的也并非甄别、打压、惩戒,而是激励和提升,进而改变师生之间的相处模式(图2-44)。

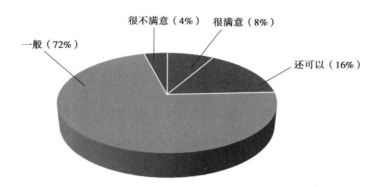

图 2-44　对目前教学质量的评定

数据来源:问卷星调查,$N=269$。

本专业大四学生对目前教学质量的评定认为"一般"的高达72%,整体属于既没有满意,也没有不满意的状况。也即"温和不革命"状态,老师和学生都没有较强的改进教学的"压力"和"动力",在这种状态下,推进教学改革是非常困难的(图2-44)。

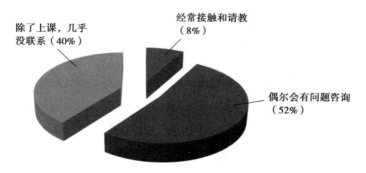

图 2-45　与专业老师的关系

数据来源:问卷星调查,$N=269$。

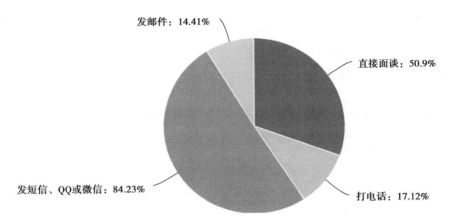

图 2-46　喜欢与专业老师联系的方式

注:1.数据来源于问卷星;2.说明:(1)多选题选项百分比=该选项被选择次数÷有效答卷份数;(2)含义为选择该选项的人次在所有填写人数中所占的比例,所以多选题选项百分比相加可能超过百分之一百。

　　信息沟通(Information Communication)是一种复杂的从发出者到接收者的交流方式,它涉及双方的思维、情感、观念和态度的交互,从而实现信息互换的一个过程。互联网和移动终端的普及让师生之间通过短信、微信等途径进行沟通,一方面增加了沟通的频率和有效性,但另一方面却对交流的情感空间进行了挤压。总体来说,积极使用信息手段,不仅增强了师生互动,还能够建立相互尊重、理解、信任、平等、和谐的师生关系,对专业教学大有裨益。

(4)社会实践无门,渴望实践机会

　　逃课是一种普遍存在的心理现象,仅仅依靠"堵"是无法解决问题的,因此,我们需要采取一种更有效的方法来疏导这种现象(张建宗 等,2015)①。要想有效地解决这一问题,我们必须从学生本身这一问题源头出发,进行有效的管理。调查中发现 91% 的学生偶尔会逃课,7% 的学生从不逃课,2% 的学生经常逃课。而逃课的原因中认为"老师讲的东西没有吸引力"及"做其他事"和"自习"比上

---

① 张建宗,李宝文,赵欣.浅析大学生逃课问题[J].考试周刊,2015(46):155-156.

课更有效是主要的因素。可以发现,传统的"教师讲,学生听"的教学模式已经受到挑战。现代教学不再是以学生记住多少知识为目的,而要以培养学生自学能力和终身学习的能力为目标(图2-47)。

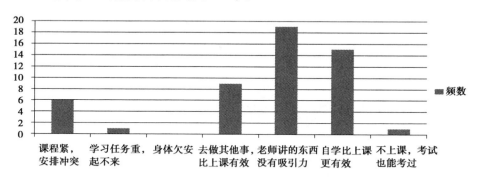

图 2-47　逃课的原因

注:数据来源于问卷星。

大学生逃课,从表面上来看,是学生对自己学习的一种态度。但是,在深入分析之后,我们会发现,这是学生个体、学校管理、教师教学等多种因素共同影响的结果(闫福全,2008)①。大部分同学都觉得老师的授课质量和授课方法对他们逃课有很大的影响。

如图2-48所示,对专业老师讲课内容的评定基本呈正态分布。有相当比例的学生认为,老师讲授的内容"没什么专业要点,很茫然",但几乎同样比例的学生觉得老师授课"专业理论知识扎实"。目前学生对教学最渴望的是"开展研究性、实践性教学",这样的渴望不仅是专业教师的责任,也是整个教学体系需要审视面对的诉求(图2-49)。

---

① 闫福全.当前高校大学生逃课现象剖析[J].内蒙古民族大学学报,2008,46(2):80-81.

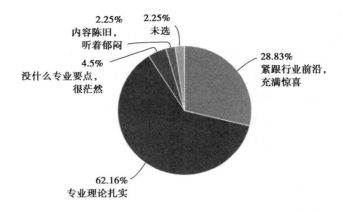

图 2-48　你觉得专业老师讲课的内容

注:1.数据来源于问卷星;2.说明:(1)多选题选项百分比=该选项被选择次数÷有效答卷份数;(2)含义为选择该选项的人次在所有填写人数中所占的比例,所以多选题选项百分比相加可能超过百分之一百。

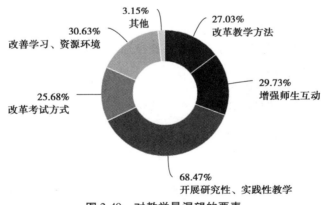

图 2-49　对教学最渴望的要素

注:1.数据来源于问卷星;2.说明:(1)多选题选项百分比=该选项被选择次数÷有效答卷份数;(2)含义为选择该选项的人次在所有填写人数中所占的比例,所以多选题选项百分比相加可能超过百分之一百。

如图 2-50 所示,对于学生认为目前老师讲课中最严重的问题是"上课东拉西扯,浪费课堂时间",这里需要有 3 个方面的思考:第一,专业培育应有的内容体系与学生认为"有用的东西"之间是否存在差距？第二,教师的教学能力是否需要提升？第三,教学监管部门该如何合理监管？

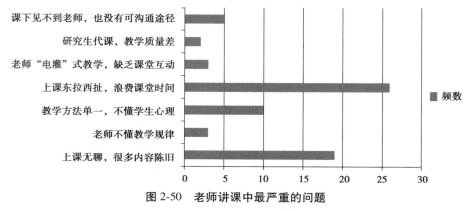

图 2-50　老师讲课中最严重的问题

注:数据来源于问卷星。

90%的学生表示喜欢课堂为辅、实践为主的教学方式,5%的学生喜欢以老师讲授为主,辅以作业及练习;5%的学生喜欢教师主导命题,自己先做准备,再进行课堂讨论。有一定比例的教师正在积极地尝试新的教学方法,学生经历过的课堂,有20%~40%的老师使用过研讨式教学,研讨式教学占整个课堂的40%左右,但是,这样的比例与当前教学改革的要求相比,显然是不够的。

目前,学生采用的学习方法主要是"自己看书"和"查阅资料"。无论是自学能力强还是为自己散漫寻找借口,至少对于大学阶段的学生而言,在自学的基础上,需要有专业老师及生活团队的帮助,才可能真正实现学习的提升(图 2-51)。

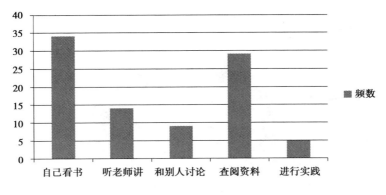

图 2-51　自己平时采用的学习方法

注:数据来源于问卷星。

图 2-52—图 2-61 为以上分析的补充配图。

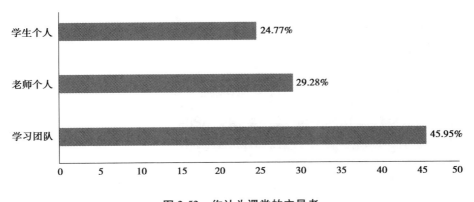

图 2-52　你认为课堂的主导者

注:1.数据来源于问卷星;2.说明:(1)多选题选项百分比 = 该选项被选择次数÷有效答卷份数;(2)含义为选择该选项的人次在所有填写人数中所占的比例,所以多选题选项百分比相加可能超过百分之一百。

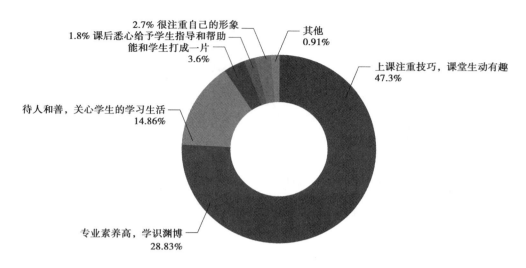

图 2-53　一位老师给我留下深刻印象的原因

注:数据来源:问卷星调查,*N*=269。

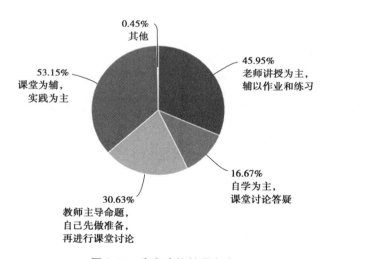

图 2-54　我喜欢的教学方式

注:1.数据来源问卷星;2.说明:(1)多选题选项百分比=该选项被选择次数÷有效答卷份数;(2)含义为选择该选项的人次在所有填写人数中所占的比例,所以对于多选题百分比相加可能超过百分之一百。

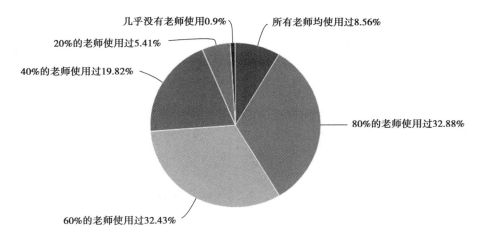

图 2-55　经历的课堂,老师使用研讨教学方式的比例

注:1.数据来源问卷星;2.说明:(1)多选题选项百分比＝该选项被选择次数÷有效答卷份数;(2)含义为
　　选择该选项的人次在所有填写人数中所占的比例,所以对于多选题百分比相加可能超过百分之
　　一百。

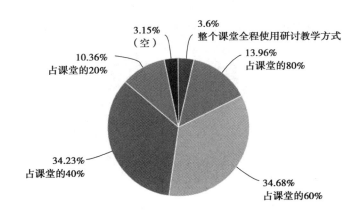

图 2-56　使用研讨教学的老师,研讨教学方式在课堂中占比

注:1.数据来源问卷星;2.说明:(1)多选题选项百分比＝该选项被选择次数÷有效答卷份数;(2)含义为
　　选择该选项的人次在所有填写人数中所占的比例,所以对于多选题百分比相加可能超过百分之
　　一百。

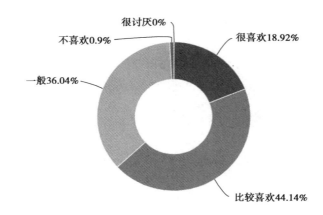

图 2-57 对研讨教学方式的态度

注:1.数据来源问卷星;2.说明:(1)多选题选项百分比=该选项被选择次数÷有效答卷份数;(2)含义为选择该选项的人次在所有填写人数中所占的比例,所以对于多选题百分比相加可能超过百分之一百。

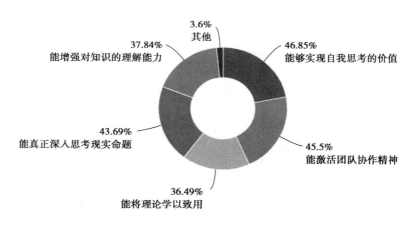

图 2-58 我喜欢研讨教学方式的原因

注:1.数据来源问卷星;2.说明:(1)多选题选项百分比=该选项被选择次数÷有效答卷份数;(2)含义为选择该选项的人次在所有填写人数中所占的比例,所以对于多选题百分比相加可能超过百分之一百。

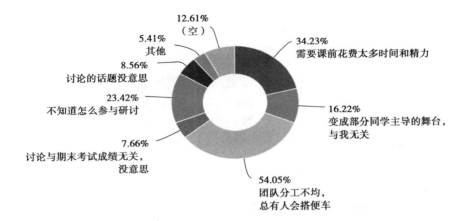

图 2-59　我不喜欢研讨教学方式的原因

注:1.数据来源问卷星;2.说明:(1)多选题选项百分比=该选项被选择次数÷有效答卷份数;(2)含义为
选择该选项的人次在所有填写人数中所占的比例,所以对于多选题百分比相加可能超过百分之
一百。

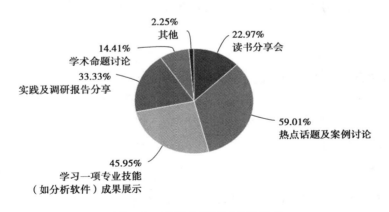

图 2-60　我喜欢的研讨教学方式

注:1.数据来源问卷星;2.说明:(1)多选题选项百分比=该选项被选择次数÷有效答卷份数;(2)含义为
选择该选项的人次在所有填写人数中所占的比例,所以对于多选题百分比相加可能超过百分之
一百。

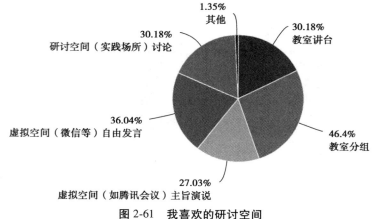

图 2-61 我喜欢的研讨空间

注:1.数据来源问卷星;2.说明:(1)多选题选项百分比=该选项被选择次数÷有效答卷份数;(2)含义为选择该选项的人次在所有填写人数中所占的比例,所以对于多选题百分比相加可能超过百分之一百。

2.6 新时期旅游管理专业人才培养要求

2.6.1 旅游人才培养原则

2022 年 4 月 25 日,习近平总书记在中国人民大学考察时强调,"为谁培养人、培养什么人、怎样培养人"始终是教育的根本问题[①]。旅游专业的人才培养应当契合旅游行业的发展。《"十四五"旅游业发展规划》提出,健全适合红色旅游、乡村旅游等发展特征和需要的从业人员培训机制,加大旅游业领军人才、急需紧缺人才和新技术、新业态人才培养力度,打造一支与旅游业发展相适应的高素质人才队伍[②]。

---

① 学而时习.习近平:走出一条建设中国特色世界一流大学的新路[EB/OL].(2022-04-25)[2023-09-25].求是网.

② 国务院.关于印发"十四五"旅游业发展规划的通知[EB/OL].(2021-12-22)[2023-09-25].中华人民共和国中央人民政府.

1）以现代化为方向

实现中国式现代化必须实现高质量发展,中国式现代化是"五大文明"协调发展的现代化,高质量发展是全面建设社会主义现代化国家的首要任务。伴随着复杂的社会进程,旅游发展面临巩固脱贫攻坚成果、提升产业能效、推动地方治理、缩小贫富差距等诸多难题,决定了必须将旅游人才培养放在更加重要的战略位置上,探索以中国式现代化引领旅游人才培养更高层级、更加全面、更加创新促进质量提升的机制及路径。

2）以实践性为指引

旅游发达国家已形成以院校职业教育为基础,执业资格认证为前提,工作后续培训为接续力,包含技能鉴定等的技能专业化、培养规范化的人才开发体系,其人才培养体系既具有宏观战略化特征,从企业角度出发也具有定制化、产品化和品牌化特征,在个人层面则呈现着职业培养的自主化、社会化和终身化特征。旅游管理专业的课程设置要与旅游发展的管理实践结合起来,其培养目标要对接旅游服务和管理实践对人才知识、技能、素质的要求,采取宏观管理能力和专业能力并重的培养模式以适应具有强关联性、广辐射面、复杂构成要素等特点的旅游业发展。以实践为导向,将课堂教学与实践教学结合起来,运用综合性的教学方法。通过课堂学习、教师讲授建立学生知识体系,同时通过实习、假期见习、现场案例,采用企业调研、案例撰写与分析等方法培养学生实践能力。

3）以高质量为标准

我国旅游高质量发展的战略和文旅融合发展结构对我国的旅游人才提出新的要求。魏小安提出:"旅游业,首先是一个领域,其下是无数的行业,有传统的、有新兴的、有潜在的、有未来的",旅游业发展的人才基础不仅包括前端服务人员和管理人员,也包括行业学科基础知识的研究人员,旅游业所需要的人才是多层次的。文旅融合发展催生了许多细分领域和新业态、新技术向旅游的渗透,以及外部环境(即旅游消费市场)对智慧化和个性化服务的需求扩大,都在促使旅游业发展变革。旅游与文化融合背景下,旅游产业的变革实现高质量发展,不仅需要更多旅游人才,也要求具有高水平综合能力的旅游人才(李婷,2021)[①]。吉芙蓉等(2022)通过旅游行业人才招聘数据分析得出,现阶段旅游业需求侧对人才职业素养、专业技术和综合能力等方面提出了更高的要求[②]。在高质量发展和文旅融合发展的背景下,未来旅游行业的人才体系应是由不同层次具有较高综合能力的复合型人才构成。

4)以创新性为基石

创新旅游知识、理论和研究方法,将新时代旅游业发展理论体系构建起来,是旅游学科建设的基石(马晓芬 等,2022)[③],也是旅游行业发展的基础。高等旅游专业设置40年来,在我国,旅游教育的范围已经有了很大的拓展,旅游研究的内容非常复杂,而且还涉及经济学、管理学、地理学、心理学、人类学、生态学、社会学、艺术性等多个学科的交叉,已经成为旅游学科的一个特点,旅游学科的范式和理论基础尚在形成中。旅游学科建设作为旅游人才教育的关键,仍需专家学者等高层次研究领军人才对传统行业提出创新,为新兴行业指明发展方向,挖掘潜在行业,在理论层面推进我国旅游高质量发展。高层次理论研究人才是未来旅游产业人才体系的重要构成。旅游行政管理部门和旅游企业的管理水平对旅游行业的发展具有直接的影响。旅游行业的发展涉及多个领域,因此需要旅游行政部门根据旅游行业发展现状多方协调,制定政策为旅游发展提供良好的社会、政策环境,推动"旅游+""+旅游"模式的发展。旅游企业管理者的能力和管理水平决定了旅游企业的发展方向、发展水平。充分考虑游客需求,协调各部门、各环节的职能作用,提升旅游一线工作者的工作效率,为游客

---

① 李婷.浙江省文旅产业数字化转型现状及建议[J].合作经济与科技,2021(7):4-6.
② 吉芙蓉,李娜.文旅融合高质量发展趋势下旅游行业人才需求特征分析[J].西部旅游,2022(15):94-98.
③ 马晓芬,戴斌.旅游人才高质量培养的新时代课题[J].旅游学刊,2022,37(8):10-12.

提供高质量旅游服务是旅游企业管理者的核心任务。直接面向游客的一线服务人员的技能水平、服务意识是为游客带来优质旅游体验的关键。旅游高质量发展不仅体现在旅游收入，更表现为旅游者的整体体验，故此高素质的技能专业人才是我国旅游高质量发展的保障。

2.6.2　旅游行业人才培养诉求

1）树立多元的用人观，构建高质量从业人员体系

在旅游与多产业融合的背景下，旅游的产品种类不断增加，游客对高质量旅游体验和旅游服务的要求不断地增长，旅游市场越来越细化，这要求旅游从业者必须具有更开阔、更长远的眼光，同时要不断扩展自己的知识水平以满足高质量发展下游客的需求。所有致力于保障人民的旅游权益，推动旅游业的高质量发展的拼搏者，都响应了时代的召唤和国家的需求；所有从事旅游相关服务的从业人员，都有提升旅游服务质量的责任及义务。

2）提升人员整体素质，实施旅游队伍倍增计划

着力推动旅游行业人才建设，加强一线人才队伍建设，包括行政管理人员、职业经理、紧缺专业人员等的培训和再教育，推动旅游从业队伍整体水平提升。制定科学的旅游人才发展战略和人才奖励政策，积极引进现代管理、创新创业、规划设计、营销等方面的专业人才。

开展旅游从业人员及相关专业学生思想认识、职业道德学习教育；实施旅游行政管理人才培训计划；实施旅游人才培训计划；创建"在线旅游大学"。实施人才培训工程，搭建人才培养平台，引进专业文化和旅游人才，加强校企合作，建立文化和旅游专家库和人才信息库，引培并举，实现文旅人才倍增计划。

3）盘活旅游人力资源，建立弹性人才"蓄水池"

强调人才的重要性，以及它在现代旅游业体系中的作用，把其作为推动旅

游业高质量发展的第一要素①。探索弹性人才引进机制,吸引国内外文化旅游名人和优秀经营人才来参与旅游发展。鼓励各省(市、区)根据当地旅游和文化产业发展要求,建立合理的现有人才培养扶持政策和优秀旅游人才引进政策,逐步形成全方位、多层次的人才政策体系。

4)适应"旅游+"融合发展,推进复合型人才培育

适应"旅游+"融合发展需要,对接旅游高等院校和相关企业,建立旅游复合人才培养基地,通过培训、学历提升、主题会议等方式,并与相关产业部门进行深度合作,采用定向培养的方法,重点培养具有管理创新、专业技术、服务技能的旅游人才,以新知识和新技术的更新为核心,构建一个多层次、多类别的旅游专业技术人才再造体系,推进"旅游+"复合型人才开发。

5)做实产学研基地,加强旅游培训实现人才再造

破除障碍,实现旅游人才的可持续发展。由政府牵头,打通"政产学研"三条渠道,通过智囊团、行业协会等,为企业和学校之间架起一座桥梁,实现旅游业相关企业、组织机构、行政指导等进入校园,同时也实现了职业培训、人才重组等专业培训。把高等专科学校作为培养旅游业专业技术人才的基地,加强各高等院校的合作与交流,加快建立"产学研一体化"示范基地,促进"产教融合"。充分发挥高等院校的优势,深化校地合作,共同建设旅游人才培养基地。要突破传统的培养模式,促进"产学研"的融合,必须构建面向市场的旅游业人才培养模式。

6)创造幸福生活环境,营造旅游文明职业氛围

旅游是人民幸福生活的重要构成部分。各级旅游主管部门要意识到在旅游全域化的浪潮中,当地民众素养构成旅游质量影响的重要板块,要引导人民群众关注、参与旅游服务质量建设。旅游企业要正确处理企业发展与社会责任

---

① 中国旅游报.建强旅游人才队伍巩固创业兴业之基:2022旅游科学年会综述[EB/OL].(2022-04-26)[2023-09-25].大河网.

的关系,坚持企业发展要促进人的全面发展,促进国民素质和文明程度的提高,促进优秀民族文化的传播。各县(市)文体广电旅游局要通过微博、微信、抖音等各类媒体及平台大力宣传,举办形式多样的旅游服务质量主题活动,进一步推动旅游从业人员服务质量提升工作。相关部门要加强对游客的宣传教育,以喜闻乐见的方式引导人民群众关注旅游服务质量、参与服务质量工作。

2.7　新时期旅游管理专业教学创新趋势

2.7.1　融入思政课程元素,全课程全过程开展课程思政

思政教育已经成为社会主义核心价值的一个重要载体,也是社会发展的一个新的亮点。它可以展示中华民族的光辉历史、优良传统、革命精神,培养国民的爱国情怀,培养民族的民族精神,促进边疆地区的经济社会发展,促进广大群众的脱贫致富(石培新,2020)[①]。现有的思政教育往往依托历史事件、革命英雄、革命精神、革命文物,通过唤起情绪激发被教育者对现实的反思,最终实现教育人、感化人、鼓舞人的积极目的。基于加强爱国主义教育(冯凌,2012)[②]的政治原因、基于保护和利用革命文化遗产(唐丽萍 等,2011)[③]的文化原因、基于带动革命老区经济发展(陈雄根,2007)[④]的经济原因,思政教育更多局限于特定有物质载体"场域"之中,在其他空间特别是教学空间的教育功能释放不够。对旅游教育而言,品德培养重于才学培养,用价值观引领知识教育,强调"学生中心、产出导向、持续改进"的人才培养理念。

---

① 石培新.红色旅游教育功能提升与可持续发展机制创新[J].宏观经济管理,2020(5):83-90.
② 冯凌.论红色旅游的多功能性与社会主义核心价值观传播[J].求实,2012(6):94-96.
③ 唐丽萍,冯淑华.红色旅游资源的文化遗产价值及其评价:以南昌市八一起义纪念馆为例[J].旅游研究,2011,3(2):11-16,27.
④ 陈雄根.湖南长株潭地区红色旅游资源的开发与区域经济发展[J].经济地理,2007,27(6):1042-1045.

2.7.2　推进教学改革创新，打造旅游管理类一流课程

随着我国经济的发展,人民群众对物质之外的享受将有更多的追求,旅游作为幸福产业,其产业规模的扩大、产业的高质量发展,是提升人民群众幸福感的重要保障。我国旅游的高质量发展要求我国的人员储备数量要充足,人才储备质量要高,人才具备的知识、能力和工作素质能够满足旅游市场的需要。在产业需求减少的背景下,近几年,一些大学相继取消或缩减了旅游专业的本科招生。隽雨贤等(2022)指出,目前,我国旅游业对旅游人才的要求和培训中存在着层次分明、专业化强和同质化、宽口径、厚基础、强能力的矛盾。当旅游高校对专业设置及专业招生数量进行调整时,要对其培养的战略及方向进行深入的思考,以培养出具有不同层次、不同专业技能及不同知识结构的专业人才[①]（图 2-62）。

图 2-62　新时期指导学生的内容体系

① 隽雨仙,陈苑仪,保继刚.新冠肺炎疫情下中国旅游本科教育的困境与反思[J].旅游论坛,2022,15（1）：102-114.

2.7.3　注重学科的交叉融合，加快旅游管理与新商科、新文科、新工科的有效融合

习近平总书记强调，只有培养出一流人才的高校，才能够成为世界一流大学[1]，而要培养出一流的人才，就必须要有一流的师资队伍。因此，师资队伍建设，既是一所大学永恒的主题，也是今后"双一流"建设的核心任务。充分发挥人才引领作用，构建一支"学术大师+团队"的科研、教学创新队伍。注重国际旅游研究前沿，科学准确地把握旅游管理研究的热点、难点以及发展趋势创新"政企校"合作模式，着力推进"产学研用"一体化。新时期，迫切需要通过理论方法及技术的创新，通过深入社会服务，提升解决实际问题的能力，形成"积极学习"的教学思路，如图 2-63 所示。

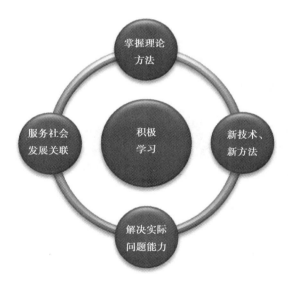

图 2-63　积极学习的体系

---

[1]　央视网.习近平谈全国高校思想政治工作要点［EB/OL］.（2016-12-09）［2023-09-25］.央视网新闻.

2.7.4　课程形式将进一步体现新技术与教育教学的深度融合

课程改革要根据学生特点,适应学生需要。大学生以"90 后""00 后"青年为主,他们是互联网的原住民,具有依赖网络信息、追求新奇等特点,因此在课程设置上要注重信息技术、人工智能等先进方法与教学的结合,提高学生学习效率,提升学生学习满意度。同时,课程改革的内容也要适度,要具有挑战性和创新性,但不可将难度较大的内容放在课程中,应设立学生可及的挑战,激发学生学习热情。

第3章　混合研讨教学模式理论研究

3.1　混合研讨教学概念及维度

现代教学,无论是面授还是网络教学,都已经具有了混合的性质。打通面授和网络教学的优势,充分利用网络信息的丰富性、资源获取平等性和反思讨论的深度性,推动面授教学交流的直接、便捷、高效、互动等优势。美国历史和计算协会(American Association for History and Computing)的研究结果表明:"授课效率最好的课就是小班授课、面授式教学方法与线上交流融合授课。"①

3.1.1　教学模式

乔伊斯、韦尔等美国学者在《教学模式》一书中首次提出了教学模式,它不仅是一种教学活动的范型,而且还包括课程的组织、教材的挑选、教师的指导以及学生的学习过程等多个方面。教学模式是一种指导教师和学生在不同环境中进行教学活动的计划或模式。在国内,"方法说"将教学模式定义为方法范畴,它是一种有效的教学方法,旨在帮助学生了解和把握所学内容,提升教学效果;"结构说"认为,模式和方法之间存在着联系和差异,并且在不同的实践、地点和条件下表现出不同的结构;"程序说"则认为,教学模式是以一定授课思路

---

① 冯菲,刘玲.混合式教学成功手册:让课程快速上网[M].北京:北京大学出版社,2013.

作为指引,基于授课客体架构,进行主体性选择(陈晓菲,2014)①。

综观国内外相关的研究,学者对教学模式的认识达成了两点共识:一是教学模式是在一定教学理论指导下形成的(李明珠 等,2022)②;二是教学模式可以被视为一种桥梁(马兴莹,2021)③,将教学理论与实践有机地结合起来,从而提高教学效果。在本研究中,我们将教学模式定义为一种教学活动的结构或程序,它能够揭示教学过程中各个环节之间的内在联系,是将教学内容、教育目的付诸实践的外在载体,抑或说是策略和方式,因而是在教育活动中优化教学实践、提高教学质量的重要因素。

3.1.2 混合研讨教学

随着网络信息技术的不断发展,网络逐渐成为人们获取知识的重要途径。与此同时,传统授课方式弊端层出:填鸭式教学、学生无法活用知识、缺乏创新思维和应变能力、教育资源不足等问题催促着教育模式改革。通过结合传统与现代的教育观念,可以有效地克服网络授课的不足,如网速局限、设备限制、缺乏实时性、缺乏多媒体资源、缺乏有趣的活动、缺乏有趣的讨论等,从而实现有效的教学目标。2003 年,何克抗教授应邀出席了第 7 届全美华人计算机教育应用大会,以"Blend-Learning"的概念,引领了全球教育技术的革命性变革,2010年,"Blend-Learning"的概念被正式引入(汪睿,2010)④,混合式教育模式也因此得到了广泛的应用,并且已经成为高等教育的一种重要趋势。

20 世纪 80 年代中期,教学模式这一理念逐步被引入我国。教学模式指的是根据特定的教育思想、学习理论,在特定的环境中,通过多种教学手段、多种教学资源、多种教学设施、多种教学媒介等,实现以学生为中心、教师为主导的

① 陈晓菲. 翻转课堂教学模式的研究[D].武汉:华中师范大学,2014.

② 李明珠,余敏.高校思政课混合式教学模式研究[J].湖北经济学院学报(人文社会科学版),2022,19(5):141-145.

③ 马兴莹. 基于计算思维的初中 python 课程教学模式设计与应用研究[D].济南:山东师范大学,2021.

④ 汪睿.基于 Moodle 网络课程混合式学习的设计与实践研究[D].兰州:西北师范大学,2010.

教学模式,并且通过把一贯的课堂授课与现代的网络技术融合,得到有效、灵活的教学效果。通过构建一个有利的教育氛围,我们可以实现更高的教学目标。据此,混合研讨教学模式被定义为一种利用线上教学平台结合线下课堂面授,创设主题讨论的教学模式。

所谓混合教学,即一种通过线上平台将课堂上的面对面学习和在线学习结合起来的教学方法(Garrison et al.,2004)①,该平台将基于网络的教学方法和面对面的互动结合起来。在一些文献研究中,混合教学有很多共通点,如翻转课堂、结合信息技术等,这些概念中有许多是根据不同的学科和观点定义的,在内容和表达方式上也有所不同,但其本质大体相同,主要指混合式学习是一种将电子学习融入学校实际环境的、随着互联网技术的发展而出现的新型学习形式(张其亮 等,2014②;祝智庭 等,2015③)。其中于首涛等(2021)以“知识是建构的、课程是情境创设的、混合式建构是知识与信息技术融合式的建构”为教学理念,主张教学设计按照任务教学法层层分解主题,将学习小组引入独特的任务情境,经由目标导向的独立探索,组间协作,多元化学习成果及评价,实现支架类混合式教学建构,将“任务学习、目标导向、组际协作”等与研讨教学相关的概念引入混合教学④。

研讨教学随着其近几十年来在新加坡、日本等亚洲国家的教学推广影响逐步扩大,中国的教育工作者也逐渐认识到这种教学模式的优越性。郭汉民(1999)提出“研讨式五步教学法”,实际运行流程划分“指导选题”“独立探索”“小组交流”“大班讲评”“总结提高”五个环节⑤。在目前的文献中,对研讨教学法的内涵有狭义和广义两种解释,有学者认为五步探究型教学方法与研讨式教

①　GARRISON D R, KANUKA H. Blended learning: Uncovering its transformative potential in higher education[J]. The Internet and Higher Education,2004, 7(2): 95-105.

②　张其亮,王爱春.基于“翻转课堂”的新型混合式教学模式研究[J].现代教育技术,2014,24(4):27-32.

③　祝智庭,管珏琪,邱慧娴.翻转课堂国内应用实践与反思[J].电化教育研究,2015,36(6):66-72.

④　于首涛,方香廷.高校混合式建构教学模式研究[J].内蒙古财经大学学报,2021,19(6):30-35.

⑤　郭汉民.探索研讨式教学的若干思考[J].湖南师范大学社会科学学报,1999,28(2):109-112.

学方法有相似之处(李益顺,2002[①];李年终,2001[②];朱圆满,2001[③];宋银桂 等,2003[④];贺鉴 等,2006[⑤]),还有一些学者将研讨式教学法定义为一种更加宽泛的概念(谢勋 等,2003[⑥];朱英 等,2009[⑦];王春美,2010[⑧];杨子均,2011[⑨])。杜瑞等(2011)认为研讨教学是一种以问题解决为中心,由教师创设有效的问题情境,师生一起查阅资料,经过研究、讨论、实践、探索等互动最终得出解决问题的方法,从而使学生掌握相应知识并提升自主学习能力的教学模式[⑩]。

　　本研究认为,混合研讨教学是网络化教学和传统教育互补的一种教育教学模式,它通过"线上"和"线下"两种方法来实施,可以有效地解决传统课堂的缺陷,如缺乏有趣的活动、缺乏有意义的探索以及学生之间的学习成绩存在较大的差距。"线上+线下"的教学方法并非仅仅局限于"线上+线下",不同混合研讨教学模式有不同的教学特征,应该包括更为复合的多元体系,至少涉及以下层次:①教学对象。根据问题的性质,可以分为深层次问题、核心问题和关键问题,这三者共同构成教学内容的核心。②教学要素。包括教学内容、教学方法和教学评价,三者构成教学主要过程。③教学拓展。包括课程思政结合、线上线下混合教学、综合能力形成及结果综合评价。如图 3-1 所示。

---

① 李益顺.研讨式教学中"自我中心论"探析[J].湖南师范大学教育科学学报,2002,1(3):102-105.

② 李年终.论研讨式教学的评价模式[J].湖南师范大学社会科学学报,2001,30(2):68-71.

③ 朱圆满.虚拟角色转换:对研讨式教学教育创新意义的一种新诠释[J].湘潭大学社会科学学报,2001,25(5):139-143.

④ 宋银桂,许峰.研讨式教学的人本理念[J].湘潭大学社会科学学报,2003,27(6):146-148.

⑤ 贺鉴,刘红梅.研讨式五步教学法理念的运用:以湘潭大学"当代国际关系史"本科教学为例[J].历史教学,2006(9):52-54.

⑥ 谢勋,曹稳,何江鸿.感悟研讨式教学[J].教育探索,2003(4):28-30.

⑦ 朱英,李里.高校历史学研讨式教学如何开展课堂讨论:以"中国近代史研究专题"研究型课程为例[J].历史教学(高校版),2009(9):68-73.

⑧ 王春美.任职教育研讨式教学探析[J].南京政治学院学报,2010,26(4):115-117.

⑨ 杨子均.研讨式教学及其在思想政治理论课中的运用[J].西南民族大学学报(人文社会科学版),2011,32(S3):37-40.

⑩ 杜瑞,王庭芳.对研讨课教学模式的思考:复旦大学研讨课观摩体会[J].管理工程师,2011,16(4):61-63.

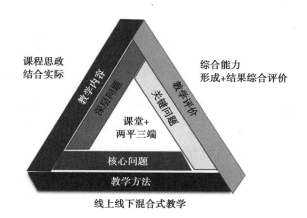

图 3-1　混合教学模式体系

3.2　混合研讨教学研究现状

3.2.1　混合教学模式

混合教学模式的研究主要聚焦于翻转课堂、SPOC 和基于 MOOC 或者网络教学平台的混合教学模式研究,且主要应用于高等教育领域。根据孙立新等(2021)的研究,SPOC 混合学习模型以学习者的需要为核心,将传授知识与探究相结合,以解决学习者的挑战为目标①。卞少辉等(2021)也采用这种方法,将传授知识与探究相结合,以培育学习者的创新性思想、解决学习者的创造力及其应用者的创新性思想②。唐墨等(2018)依据建构主义教学理论、首要教育方法、个性化学习思想,提出了一种新的混合学习方法,将学生的学习过程划分成 4 个部分:学生的学习需要、学习内容、学习工具、学习成果③。本书的主题涉及

---

① 孙立新,李硕,宋雨昕.高校 spoc 混合教学模式:基于翻转课堂教学模式改革的思考[J].河北大学成人教育学院学报,2021,23(1):86-92.
② 卞少辉,赵玉荣.高校混合式教学环境下学习分析应用策略[J].山西财经大学学报,2021,43(S2):135-138.
③ 唐墨,林琳,胡乃杰,等.基于微信的混合式学习探究[J].经济师,2018(3):214-215.

混合式教学理论的深入探讨和教学方法的改进,并将其应用于多种教学模式,从而为课堂教学提出了全面的理论支持和指引,对教学改革具有重大的借鉴意义。

过去的几十年里,越来越多的高等教育机构实施混合教学模式,它被预测为未来的"主要教育模式"(Moskal et al.,2013)[①]。一些学者试图探索混合式学习在正式和非正式课程教学中的应用,他们的工作表明,混合式学习为主修旅游管理的学生提供了更大的灵活性和可用性(McDowall et al.,2007[②];Sigala,2002[③]),使学生能够更深入地学习并取得更好的学习成果,混合式学习也提高了学生对课程的满意度(Bailey et al.,2005)[④]。为学生提供了接触和访问的机会、便利性、成本效率、信息的可及性、普遍的连接性,促进和丰富了学习经验,并提高了学习效果。与面对面教学或者完全在线教学相比,混合学习是高等院校教师首选的教学方法。

3.2.2　研讨教学模式

"研讨式"(Seminar)教学可追溯到 18 世纪,Seminar 一词最早见于 18 世纪教育家弗兰克创办的师范学校中,1737 年,德语著名学者格斯纳在哥廷根创办了一场关于哲学的学术论坛,将研讨式教学融入教学实践,也是首次将"Seminar"引入大学中[⑤]。具有现代意义的研讨课被普遍认为是 1959 年在哈佛大学开设的。而国际上的研究则从 20 世纪 70 年代开始,美国国家资源中心(The National Resources Centre,NRC)与博耶委员会的共同努力,使世界各国的研究都

① MOSKAL P, DZIUBAN C, HARTMAN J. Blended learning: A dangerous idea? [J]. The Internet and Higher Education, 2013, 18: 15-23.
② MCDOWALL S, LIN L C. A comparison of students' attitudes toward two teaching methods: Traditional versus distance learning[J]. Journal of Hospitality & Tourism Education, 2007, 19(1): 20-26.
③ SIGALA M. The evolution of internet pedagogy: benefits for tourism and hospitality education[J]. The Journal of Hospitality Leisure Sports and Tourism, 2002, 1(1): 27-42.
④ BAILEY K D, MORAIS D B. Exploring the use of blended learning in tourism education[J]. Journal of Teaching in Travel & Tourism, 2005, 4(4): 23-26.
⑤ FISHER M. Teaching at Stanford: an introductory handbook [M]. Rev. ed. Stanford, Calif: Center for teaching and learning, Stanford University, 1985.

有所发展,并且到 20 世纪 90 年代,这一发现变得更加明确。

现有研究的内容涉及研讨课的发展历史、课程目标、师生情况、授课方式、授课内容、线上平台、授课管理与评价、教师培养、经费保障等方面。2003 年,清华大学首次将这种新的教学模式(即新生研讨课)应用于本校,并且随着其他大学的推广,越来越多的学校也纷纷采用这种新的教学形式。作为一种研究型教学的有效手段,研讨教学模式正受到我国高等教育界的积极关注。研讨教学通过有效促进学生的"学习投入",构建以学生和教师为主体的多重学术研究团队,探索师生互动、问题研究、团队合作等教学模式,有助于增强学生的校园适应能力、积累学术经验,以及有效实现学术性转换。该教学模式在增强学生之间联系、有效利用校园服务设施、增强师生课外互动、提升学生学术能力和满意度等方面发挥了积极作用。

采用研讨式教学,不仅提高了课堂效率,而且促进了师生之间的互动。这种教学模式已经发生了巨大的变化,提高了课堂的活跃度,增强了学生的主观能动性。此外,它的教学形式和目标也发生了变化,能够提高学生的参与度和活跃度,促进了师生之间的互相尊重。这突出了学生在课堂上的重要地位(胡小桃,2002)[1],同时,有利于提高学生的综合素质(周剑雄 等,2012[2];Tsui,2002[3])。课程实施方面,多数研究集中在思想政治课程(张银辉 等,2012)[4]和历史课程(易彪,2012)[5]中,也有少部分研究涉及英语(葛忆翔,2008)[6]、电子线路实验课(毛新宇 等,2015)[7]、统计信号处理等课程。

①　胡小桃.让研讨式教学焕发出更强的生命力[J].湖南师范大学教育科学学报,2002,1(3):98-101.

②　周剑雄,张文明,杜小勇,等.研讨式教学法在三小时教学单元中的应用[J].中国大学教学,2012(7):57-59.

③　TSUI L. Fostering critical thinking trough effective pedagogy-evidence from institutional case studies[J]. The Journal of Higher Education, 2002, 73(6): 740-763.

④　张银辉,王世枚.政治理论研讨式教学实施探要[J].南京政治学院学报,2012,28(S1):86-88.

⑤　易彪."中国近现代史纲要"课开展研讨式教学要把握好的几个问题[J].思想理论教育导刊,2012(10):50-52.

⑥　葛忆翔.英语语法互动研讨式教学研究[J].黑龙江高教研究,2008,26(7):186-188.

⑦　毛新宇,王志军.实验课研讨式教学实际问题探讨:以北京大学电子线路实验课为例[J].实验技术与管理,2015,32(2):32-35.

3.2.3　研究评价

研讨教学模式作为一种传统有效的教学方法,是促进知识拓展、深化理论认识、推动教学互动的有效模式。前期相关研究为命题研究奠定了坚实的理论基础,现有研究呈现以下特点:①现有对研讨教学模式的研究,侧重教学主体关系、教学载体拓展、教学场景转变等方面,对大数据背景下文化切入性研讨教学方法、手段、关系等多元整合的关注不足;②混合研讨教学模式在旅游管理专业课程中的构建实施。国内对混合研讨式教学模式的研究已经取得一定的进展,但主要应用于思政、历史等课程,在旅游管理课程上的应用较少。因此,混合研讨式教学法在旅游管理专业课程中的构建实施值得进一步研究;③混合研讨教学模式的效果评价。混合研讨式教学法以学生作为课堂主体,不同于具体化的传统课堂授课方式,作为学习主体的学生对其的满意程度需要进一步探究。

旅游管理专业培养的学生不仅是当前的思政教育对象,更是未来在旅游产业发展中传播思政思想推动社会教育的重要主体。根据旅游管理专业特征,探索多元视角下混合研讨教学模式的创新,是本研究的重要切入。

3.3　混合研讨教学发展历程及开设目的

3.3.1　发展历程

21 世纪之前,远程高等教育始终作为独立的学习和组织形式,以函授教育、广播电视教育及开放大学等形式作为高等教育的辅助补充,也就是说,这个阶段利用技术的远程教育与高等教育呈现平行二元发展格局。20 世纪 80 年代,在计算机技术及网络技术的推动下,数字化学习(E-Learning)迅速发展,构建了以学生为中心的共享学习空间,颠覆了传统教师主导的教学格局,确定了学生自主学习的主体地位,带来了一场全新的教学革命。数字化学习(E-Learning)让学生享有充分的自主权,实现了个性化的学习要求,更重要的是为更多人提供了受教育的机会。1999 年,美国琼斯大学(Jones International University)成为第一个实现区域认证的虚拟大学,培养了来自 57 个国家的学生。尽管各国也在纷纷建立远程数字教育的质量监管机制,但是依然无法满足迅速发展的数字教育质量监管的要求,数字化学习(E-Learning)也逐步暴露出其教学质量、网络安全、数字伦理等方面的问题,教育界也发出其无法替代或超越传统教育的感叹。但是,教学工作者逐步探索将网络学习有机融合到传统课堂中,形成面对面(Face to Face)课堂教学与数字化教学(E-Teaching)相互配套的混合教学模式(Blended Learning)。"混合学习"在 2003 年度被美国教育与开发学会(Association and Development Association)评选为在知识交流行业中最有前景的十种发展方式之一。《异步学习网络》杂志预测,未来的大学里,混合式的学习方式的使用率可能会超过 80%~90%[①]。

混合研讨课起源于德国,1773 年,当时格斯纳在哥廷根大学开设了这门课程。20 世纪初,洪堡把这种学习方法定型,并逐渐被欧洲各国的学生所采用。1959 年,哈佛大学首次提出了现代化的混合研讨课,受美洲国家资源管理中心(NRC)及博耶会议的支持,20 世纪 90 年代,这一领域的发展取得了突飞猛进的进展。随着科技的发展,混合研讨课已成为一种具备深度、广度、灵活性的研究型教学方式,在中国的高校得到了广泛的重视与应用。

随着时代的变迁,混合研讨教学模式在演变过程中可划分为三个阶段:

---

① CHARLES R G. Introduction to blended learning [EB/OL]. (2005-02-11) [2023-09-25]. Publication share.

第一阶段(2001—2009 年),起步阶段,以信息技术应用为中心。该阶段的重点在技术层面,重点强调互联网技术在教与学中的核心作用。2001 年,随着 E-Learning 的学习逐渐进入低潮,人们对从前的纯技术环境进行反思,指出对技术过于盲目追崇的弊端(马芸 等,2021)[①]。Smith J 等(2002)把最新的网络化学习方法应用于传统的教育思想之上(何文滢 等,2022)[②]。在 2003 年 12 月,混合式学习的概念被何克抗教授引入国内(葛福鸿 等,2020)[③]。之后,混合式学习开始受到重视。

第二阶段(2010—2014 年),平稳发展阶段,侧重策略与方法。与第一阶段不同,在"交互"课程中,教师应该重点关注混合式学习环境对交互方式的影响,并对教学设计进行改进。2010 年,国内外学者在"第三届混合学习国际会议"上对该教学模式进行了多维度的交流,肯定了混合式学习的重要性,肯定了该教学模式通过改变教师的教学理念,对提升学生的学习能力,以及营造轻松、愉悦的课堂教学氛围有着积极的作用,极大地增强了该教学模式在我国的影响力(何文滢 等,2022)[④]。

第三阶段(2015—现在),迅速增长阶段,注重"互联网+"时代下学生的体验和参与。学生视角是这个阶段的重点关注对象。利用先进的技术手段和实时的互动式教学,让学生获得更加丰富的个性化学习体验,从而大大提升和完善课堂教学(冯晓英 等,2019)[⑤]。自慕课、翻转课堂、雨课堂等依托互联网技术的运用,混合研讨教学模式迎来了热潮,对高校专业课程教学产生了深远的影响。在

---

① 马芸,郑燕林.走向深度学习:混合式学习情境下反思支架的设计与应用实践[J].现代远距离教育,2021(3):89-96.

② 何文滢,钟志勇.国内混合式学习研究评述与展望(2005—2021 年):基于 VOSviewer 的可视化分析[J].教育文化论坛,2022,14(5):124-135.

③ 葛福鸿,王云.基于智能教学平台的高校混合式教学模式构建与应用研究[J].现代远距离教育,2020(3):24-31.

④ 同②。

⑤ 冯晓英,孙雨薇,曹洁婷."互联网+"时代的混合式学习:学习理论与教法学基础[J].中国远程教育,2019(2):7-16,92.

互联网时代,将"在线"和"面对面"两种方式有机整合的混合式教学正成为高校教育改革的热点①,也将是高等教育信息化的重要实践走向(管恩京,2018)②。

3.3.2　发展现状

1)基本概况

对于混合研讨课,各大院系的看法存在差异,大部分院系只是简单地提到它的某些共性,而很少涉及它的具体内容。然而,大部分院系都将它视为"学习投入",它旨在帮助学生发掘自身潜质,培养他们的创新思维,激发他们的创新潜力,提升他们的社会参与意识,从而帮助他们在社会中获得成功。2009 年,美国的一项国家级调查(2009 National Survey of First-Year Seminars)表明,混合式教育对于维护学生的忠诚、促进同伴关系、充分利用校内资源、促进教职工的实践活动、培养学习者的专业技能以及改善他们的满足感都起到了重要的促进作用。麻省理工学院建议 MIT 在四年的时间里,重点关注学生的基础知识,而非专业技能和实践经验,以便让学生能够更好地实现终身自我教育。斯坦福大学则采取了更加灵活的方式,将 200 门研讨课程分成混合开设,并且严格控制班级规模,每班仅有十几名学生,15 人及以下的小班研讨课占比达到75%,以此鼓励学生参与到研究工作中来。纽约大学则采取 15~20 名学生的小班规模,以更加灵活的方式来培养学生的学习能力。通过与教师的有效沟通,课堂重点放在原始文本和跨文化视角上,围绕主题进行深入探讨,并且提出大量的写作要求,授课和讨论的学时比例设定为 1∶2。

美国研究型大学对混合研讨课进行了积极的探索,目前主要有 3 种模式,如图 3-2 所示。

---

① 　管恩京.混合式教学有效性评价研究与实践[M].北京:清华大学出版社,2018.
② 　同①.

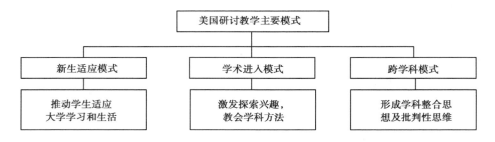

图 3-2　美国混合研讨课的主要模式

新生适应模式。是混合研讨课的前身,最初的目的就是帮助大学一年级适应大学的学习环境和学习方式,使一年级学生更快地融入大学的学习。混合研讨课的适应性功能由来已久,所以在美国研究型大学中,这种帮助学生适应大学学习与生活的课程占有一定的比重。

学术进入模式。1956 年苏联卫星上天,使美国反思自己的教育,急切地想提高国家的科研能力,在教育上求助于混合研讨课,通过混合研讨课的开设来提高大学学生的科研能力。学术型研讨课通过教授与学生讨论学术性的问题激发学生寻求真理的兴趣,在探索的过程中教会学生如何进行科学研究,切实地提高学生的学术研究能力。

跨学科模式。一方面,在某些专题研究中往往涉及多个学科的内容;另一方面,现代社会也需要具有多个专业知识背景的混合型人才,这使跨学科式的混合研讨课越来越普遍。在某些跨学科的混合研讨课中,出现了由两名教师来联合进行教学的形式,两名教师分别来自不同的专业或者由一名教师和研究生助教或高年级本科生联合进行教学,他们分别来自不同的专业。

通过混合研讨课,学生可以更快地与资深教授进行交流,从而培养出批判性思维和理性思维能力。南京大学陈骏校长认为混合研讨课具有"改变学生知识观、学习观,养成民主、平等的师生关系,学会探究式的学习方法,培养批判性思维和质疑精神,提高独立思考和与人合作能力"的作用。哈佛大学混合研讨课部分课程见表 3-1。

表 3-1　哈佛大学混合研讨课部分课程

序号	课程名称	学生人数	序号	课程名称	学生人数
1	材料、能源与社会	15	17	翻译的创造性工作	15
2	微生物	12	18	狄更斯在美国	15
3	计算改进	15	19	比较历史神话	15
4	分子生物学的艺术与政治	12	20	神、神话和仪式:古希腊的多神教	15
5	植物和气候变化	15	21	即兴理论与实践	12
6	帆船的科学	12	22	美国异议	12
7	人类大脑	15	23	伟大的犹太经典	15
8	运动中的大肠杆菌	15	24	艾米丽·迪克森的诗	12
9	营养和公共卫生	15	25	电影理论与实践	12
10	进化的军备竞赛——从基因到社团	12	26	文学理论和文学研究简介:如何像大学教授一样阅读	15
11	物理与应用物理系混合研究实验室	12	27	爱尔兰 20 世纪冲突和革命叙事	15
12	外科手术简史	15	28	1960—2012 年美国总统竞选和选举	15
13	美国儿童健康	12	29	中国石窟中的佛教:身体、时间和宇宙	15
14	认识达尔文	12	30	日本诗欣赏:阅读、写作和翻译	15
15	传染病对历史和社会的影响	15	31	理想和现实之间的人类权利	15
16	证人席:美国法庭的科学证据	15	32	和平与战争中的人类权利	15

资料来源:Harvard University. Freshman Seminar Program 2011-2012[EB/OL].

哈佛大学文理学院的"混合""教授""研讨"课程模块依托四类课程,构成了一种具有自身规律和特色的混合研讨模式,如图3-3所示。

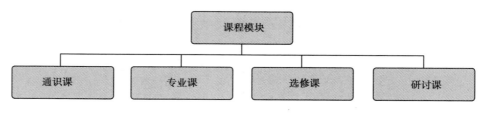

图 3-3　哈佛大学文理学院课程模块

通识课。2009 年秋季,哈佛大学推出了全面的"半课程",以满足 8 个不同的专业需求。此外,为了更好地培养学生的能力,第一年的学习包含写作,第 3 年的学习则包含语言。"半课程"学分的比重为 30%~35%,包括通识教育和写作等共 9~11 门选修课。

专业课。在第三个学期结束后,学生们就能够根据自己的兴趣和能力,自由地挑选 45 个不同的专业,这些专业涵盖了多种不同的领域,比如"半课程",它们的"半课程"课程的学习量将达到 50%。

选修课。根据申请者的背景、职业、能力和经历,选修课的数量也会有所差异。通过参加这些选修课,可以更好地完成第二学士学位的申请,掌握第二门外国语,拓展国际视野,加强课堂教育,开展相关的实践活动,以及更好地完成研究生的学术任务,并且可以发掘自身的潜能。

研讨课。哈佛大学的研讨课是不同于通识课的一种多元化的课程形式,既包括混合研讨课,也包括住宿学院研讨课,旨在帮助学生更好地掌握知识,并且能够更好地满足他们的学习需求。这些研讨课的评分方式可以是给予学分等级,也可以是根据学生的满意/不满意程度来评定。哈佛的混合研讨课旨在通过小班教学的方式,加强学生与教授之间的交流,以便更好地理解大学生活,并获得学分。

2)中美差异

"混合研讨"课程在教学方法上,注重教师与学生之间的相互影响,在教学方法上突出科研特点,注重对学生的批判性、探究性等方面的培养。传统的"灌输式"教学方式导致大学生的自主性和发散思维能力都比较弱,在大学生学习过程中引入混合型讨论,可以有效地提高大学生的混合型学习兴趣,培养学生的研究性思维。目前我国大多数学校的混合研讨课考核方式由任课教师确定,主要以学生出勤、平时作业、小组工作、课堂表现、口头报告或书面报告等为依据,展开对学生的评估,如图 3-4 所示。

图 3-4　清华大学混合研讨课 Person Writing 的上课情景

中美两国相比,存在以下差异。

第一,课程普及率。美国的四年制大学和学院中,许多学校都提供了混合研讨课,其中一半以上的学校甚至在一年级就开设研讨课程。相比之下,中国的大学通常只提供研究型课程,而且一年级学生的覆盖率也不会超过 50%。

第二,课程管理机制。美国大学中混合研讨课课程管理委员会负责管理混合研讨课的设置、实施、评价和协商,在管理委员会不仅包括教师,还包括行政管理人员、学生,甚至包括社会人士和家长等,其中有负责对学生的需求进行调查的人员,他们负责反映学生的发展需求;中国混合研讨课评审委员会大多由教授组成,他们负责对上报的混合研讨课进行审核。

第三,教师培训重视度。美国对混合研讨课的任课教师并没有特别要求,相对应的是其对混合研讨课的培训特别重视。2006 年美国资源中心的调查显示,受调查高校中,有 612 所高校为混合研讨课的教师提供培训,占总数的

72.8%;中国要求混合研讨课的任课教师具有丰富的教学经验和深厚的学术功底,往往是由知名教授和著名学者来开设混合研讨课。相对应地,混合研讨课任课教师的能力都很强,使教师培训变得不受重视。

第四,国家机构的作用。美国政府机构和社会组织在混合研讨课的发展过程中起到了至关重要的作用,正是政府机构和社会组织领导的对美国众多大学混合研讨课的调查研究推动了混合研讨课在美国的发展。美国混合教学国家资源中心自 1988 年开始,每隔三年就对混合研讨课的内容、结构和管理在美国高等院校中进行一次调查,并发布调查报告和组织全国性的年会和国际会议。中国的混合研讨课调查多集中分布在少数几个研究型大学中,如清华大学、南京大学、复旦大学、上海交通大学等,仍然缺少对全国混合研讨课的发展进行整体性的调查和研究工作。

3.3.3　开设目的

1）构建混合研讨渠道，形成多元互动探究式学习方式

不同学习模式的学习效果具有较大的差异性,对此,美国缅因州国立教育研究所的一个重要的研究发现,深入探索这种多元化的教育方法,可以为师生双方搭建一座桥梁,促进他们的交流,从而更好地实现共赢(图 3-5)。采用混合教育方法,让学生们可以充分利用大学独特的技能形塑期,有机会感知治学之道,通过师生互动和生生互动,整合多元化的学习模式,提升学习效果。

让学生通过混合研讨参与到一个充满活力的团队协作中,激励去探索更多的可能,激发更强的挑战意识,更好地掌握如何有效地提出、分析、解决问题,从而构筑一个以老师引领的、具有挑战性的、自我反省的学习模型。

通过混合研讨课,可以建立一种基于探索与研究的新型教学模式,让师生进行有效的交流与互动,并在精心挑选的专题上进行深入的讨论,从而提高学习效果。学生全员积极参与调查研究、小组报告等,实现教学相长,推动

传统从单纯的知识传授到更加注重探索和协作的教育方法，这是一个重大的转变。

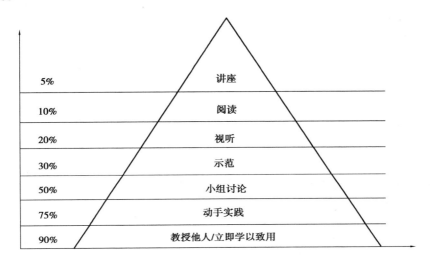

5%	讲座
10%	阅读
20%	视听
30%	示范
50%	小组讨论
75%	动手实践
90%	教授他人/立即学以致用

图 3-5 不同学习模式的平均记忆保留率

数据来源：美国缅因州/国家训练实验室（National Training Lab）

2）借助研讨教学工具，推动思政浸润及情感认同空间

习近平总书记强调，我们必须把思想政治工作融入整个学习和培养中，让所有的学科和领域的学习和培养相互促进，以实现共识和共建的目标。教学不可能也不应该囿于课堂，手段多样性驱动教学成为"要素关系、权力关系及资本关系斗争的空间"，需要充分考虑与其相关的各种要素关系来构建教学的网络空间结构。学科交融性是文化旅游类专业的重要特征，课堂、网络、行业、科研及实践等空间不断整合、碰撞和调适，推动了教学空间实现无边界化。思政元素在这一动态发展中逐步形成具有熏陶和涵化、约束和自律的文化教育场，达到教学在场（Presence）和教学不在场（Absence）的动态统一体。

3）赓续思政血脉灵魂，实现研讨教学空间走向品质化

思政文化是中华民族伟大精神的重要构成、思政教育是树立社会主义价

值的重要任务、思政课堂是培育时代民族精神的重要工程。福柯指出,空间是权力、技术和知识联系的中介。借助"三全育人"的理念,将思想政治教育与专业课程教学紧密结合,以此来促进课程的道德培养和价值引领。研究打通不同学科的交互关系,通过文化迁移、情绪唤起、思想共鸣等方式营造混合研讨教学中的思政教育空间,分析空间生产过程中的关系及规律,深化思政教育驱动下对教学空间本体的理解,为教学过程中思政空间营造出现的问题提供解释。

3.4　混合研讨教学的理论基础

"教学论"是以探究教育现象与问题、发现教育规律为目的的一种研究教学活动的理论。在混合研讨课的教学实践中,"教学论"既要坚持理论研究,不断提升理论概括能力,又要在已有理论和原理的指导下,进行实践应用研究,以解决混合研讨课中普遍存在的问题。

3.4.1　社会学习理论

1952 年,美国心理学家阿尔伯特·班杜拉(Albert Bandura)首次提出了社会学习理论,强调了观察、学习、自律以及与外界环境的交互作用对个体行为的影响,从而推动了个体的发展。班杜拉(1969)指出,个体的思维、行动与外部条件的变化存在着复杂的相互关系,这些关系可以影响人们的行为[①]。然而,以往的学术研究往往忽略了这些关系,而这些关系可以在某种程度上限制和限定人们的行为。在研究人类行为时,应该从自然环境出发,而不是仅仅依赖于物理实验,因为这种方法无法准确反映出人类的真实状态[②]。因此,他提出了一种新

---

① BANDURA A. Principles of Behavior Modification[M]. New York: Holt, Rinehart and Winston, 1969.
② 同①.

的研究方式,即利用自然环境和社会条件来探索人类行为的本质,从而更好地理解人类的行为。同时,班杜拉(1969)强调,传统的行为主义的刺激-反应理论并未足够说明一些特定的情况下,一些特定的行为模式,如何被重复模仿,或者为何一些特定的行为模式,只有经过数天、数周或数月的重复模仿,才有可能被重复模仿。若仅依靠奖赏或处罚来促使大多数人参与到社交活动当中,就不可能让这些个体获得成功①。因此,班杜拉通过大量研究,提出了一种新颖而有效的社交学习模型,从而有效地解决这一问题。

社会学习理论指出,个体的学习过程可以通过三种不同的机制来实现:联结、强化和观察。这些机制可以帮助人们更好地理解社会行为,并从中获得更多的知识。

第一,联结。在社交领域,关系的概念来自巴甫洛夫的典型条件反射学说。在这一学说下,人们通过接受外部刺激来建立关系。关系的重要性在于它能够影响人们的思维和感官,并且可以通过不同的关系来实现。社交媒体上,人们通过讨论关系和互动来探究社交环境、个性特征和道德准则。第二,强化。根据强化理论,当一个个体做成一件事情时,他/她就能够获得一种积极的反馈,从而改善自己的情感和性格。相反,当一个个体未做成一件事情时,他/她就会感到挫折和失落,从而导致负面的情感和情感。强化有三种不同的方式:直接、间接和内部。直接的,指的是个体通过其所做的事情来获取积极的反馈;而间接的,则指个体通过他人所做的事情来获取积极的反馈;内部的,则指个体通过其内心的情感和态度来改变其所做的事情,从而获取积极的反馈。通过使用特定的增益工具、增益频率和增益持续的时长,可以显著改善个体的行为。第三,观察学习。根据观察理论,人们可以从周围的环境中获取有关自身的社会态度和行为的信息,而不需要依赖于外部的强制性因素。因此,观察学习可以视为一种自我发现的方式,它能够帮助我们更好地了解自身的社会状况。

---

① BANDURA A. Principles of Behavior Modification[M]. New York: Holt, Rinehart and Winston ,1969.

3.4.2　认知主义理论

　　格式塔学派的认识社会主义教学论与行为主义学习理论形成鲜明的对比，但在 20 世纪 50 时代中期至今，布鲁纳（Bruner）[①]、奥苏贝尔（Ausubel）[②]等学者的突破性贡献为学习理论的发展带来了新的活力，开启了一个崭新的篇章。他们坚信，读书不仅仅是一种处理当前环境的方式，更是一种通过主动思考、有效的行动来建立自身的知觉、思维、行动能力的过程，其中，主动思考的作用不可忽视，它可以帮助我们更好的掌握知识，并且可以提高我们的能力。

　　建构主义认为，学习的本质是通过构建网络结构来获取知识。这些知识不局限于已有的经验，而是围绕着重要概念展开的，包括事实、概念、概括化以及相关的价值观、意图和过程知识。因此，学习不仅是一种技能，而且是一种能够帮助我们更好地理解和掌握信息的能力。重要的是，结构性知识在网络中占据着重要地位，而非结构性知识则在其他领域也有所体现。此外，学习是一种主动的、有意义的过程，它不只是接受老师传授的知识，更是一种自我构建的过程。

　　认知主义学习理论的核心理念包括以下几点。第一，把学生放在首要位置。这种理念激励学习者主动参与学习，并且通过自主学习来获得知识。第二，将学习融入日常的学习环境当中，让学习成果反映出学习的真正价值。通过将现场环境融入课堂教学，促使学习者将已掌握的知识与当前所接触的信息相互融合，并将其转换为更具体的概念，激发他们的创造力和参与性。第三，通过合作的方式来完成课程的目标。通过团队合作，老师与学生一起构建一个有效的课堂环境，以便更好地激发他们的思维能力。第四，创造丰富的实践机会，激励他们独立思考，并且参与课堂讨论，以便更好地掌握知识。通过丰富的学

---

① SMITH W M , BRUNER J S, GOODNOW J J, et al. A Study of Thinking[J]. The American Journal of Psychology, 1958, 71(2): 474.

② AUSUBEL D P. Ego Development and Personality Disorders[J]. Academic Medicine, 1952, 27(6): 419.

习材料,我们可以帮助学生主导学习,促进他们自主思考,提升他们的创造性思维。然而,使用这些材料不只是为了协助老师开展指导,还可以帮助学生开展自主学习与合作。

3.4.3　建构主义理论

建构主义(Constructivism),又称结构主义,是认知心理学的一个分支。建构主义理论的核心概念是图式,即个人如何构建自己的知觉、理解、思维模型,从而构建出一个完整的、有机的、有序的社会系统。图式可被视作认知发展的基石,它的形成与变化反映了三个重要的进程:同化、顺化与平衡。建构主义思想的核心思想在于:让学生主动去探究、发掘、构建他们的知识,而不局限于传统的教师授课方法。建构主义的核心价值在于以学生为中心,将"学"作为重要的目标,而区别于以教师为中心的"教"。随着当代信息技术的发展,建构主义理论在国外的教育改革领域得到了广泛的应用和认可,它不仅改变了传统的学习理论、教学理论和教学设计理论,而且还为学生提供了一个更加有效的学习环境,使教师们能够更好地实施教学,从而提升学生的学习效果。

建构主义的核心理念:将课堂活动融入个体的认知过程,以便让每个人的潜力得以充分发挥。通过将现场情景与理论知识相融合,教师可以创造出一个更加逼真的学习氛围。这种氛围可以让学生更加投入地完成各种任务,让他们更好地掌握知识,同时也可以让他们更加独立地思考,更好地完成他们的目标。老师需要通过提供有益的活动来帮助学生培养创新精神,且提供一个有利于培养学生独立性的学习氛围。同时,教师还需要帮助学生探究并提高其分析问题的能力,并培养其独立性。

3.4.4　人本主义理论

20 世纪 50—60 年代,美国开始出现了以马斯洛为首的 A.H.马斯洛的人本主义思想,70—80 年代,随着时代新发展,这种思想已经成为美国当代心理学的主导思想,其中最具代表性的代表人物就是 C.R.罗杰斯。人本主义认为,一个人应该独立、平等、充满活力,并且应该有权利去追求真正的幸福,探索未知领域并利用这些权利来获得成功。因此,它也被誉为心理学界的第三种思想。人本主义认为,通过深入探索和分析,可以更好地洞察个体内在本质,并将其作为心理学研究的基础。

人本主义学习观和教学观在 20 世纪的教育实践中发挥着重要作用,它们不仅与程序教学运动和学科结构活动并驾齐驱,而且还为教学模式带来了新的思考方式和实践方式,其中最具有里程碑意义的莫过于美国人本主义学者罗杰斯的无指导式教学。

罗杰斯(1980)强调,教师应该是"促进者"而不是控制者,要扮演一个积极的、有效的、能够激发学生思维的角色。他认为,教师应该引导学生提出问题并为其解答、提供给学生资源和学习活动、服务学生、参与到学生的小组学习中、主动与学生探讨和分享想法。在激励和鼓励学习方面,老师需要建立良好的人际关系,这就需要老师在课堂上保持一种真实的态度,抛开一切掩饰,和学生一起交流,勇于表达自己的想法,乐于倾听和接纳。通过相互尊重、互相鼓励,老师可以帮助学生克服困难,并且与他们共同分享成功的快乐,站在学生的角度看问题,帮助他们更好地发展[①]。

3.4.5　课程管理理论

20 世纪初,博比特的《课程》使课程成为一个专门的研究领域。此后的拉尔夫泰勒、布鲁纳等人更加强调以系统化、有效的方法来实施教育,并且特别强调教师、教师团队的核心角色,以及他们对教育的贡献。

詹姆士和理查德提出了教育技巧、课程策略、考核机制以及学校文化 4 个

---

① ROGERS C R. Empathic：An unappreciated Way of Being[J]. The Counseling Psychologist, 1975, 5(2)：2-10.

关键概念,并构建出一套完整的课程管理框架。施瓦布则提出管理是一个动态的过程,课程管理的重点不是制订一个适应所有情况的课程体系(这种努力也是不现实的),课程管理应该更加地灵活多变,能够随着客观实际情况的变化而改变。课程管理的重点应该是课程的主体,即教师和学生,以及教师和学生的互动过程,即教与学的过程。施瓦布更加注重对人的关注,这也是受到当时的新公共管理思潮的影响,不再把人看作社会这个大机器中的部件,而是关注人的价值观与需求。

　　施瓦布的实践课程观主要是针对这种依赖理论和目标为指导的课程设置和管理模式而提出的,施瓦布认为原有的理论已经无法指导当时的课程开发与管理,无法解决课程领域内出现的新问题,需要从实践出发来总结理论。一方面,施瓦布的实践课程观将课程看作一个动态的过程,课程的开发、设置和管理是统一的整体,而不是相互割裂的。传统的课程设置与管理模式是通过比较课程之初所设置的目标和课程结束时要达到的结果来管理课程的,这无形中将教师讲课和学生学习的过程忽略掉了,而教师与学生的互动过程却正是课程的主体部分。另一方面,施瓦布等人(1947)的实践课程观关注教师和学生,把教师和学生看作课程设置和管理的主体,认为教师和学生是课程的创造者,没有教师和学生,课程也就不复存在。而在现阶段,原有的课程理论不能够指导课程的设置与管理时,教师和学生的实践更能够帮助我们发现问题,总结经验,从经验中提炼出规律,并在教师和学生的实践中验证这种规律。教师和学生的实践过程将成为课程设置和管理的出发点和最终归宿[①]。

3.4.6　空间生产理论

　　"空间生产"一词是从西方作品中翻译而来,《空间:社会产物与使用价值》中指出:空间结构产品的表现形式主要体现为城市的快速发展、社区的普遍化

---

①　JOSEPH J, SCHWAB. The science programs in the College of the University of Chicago[J]. In E. McGrath (Ed.), Science and general education. Dubuque, IA: William C. Brown Co, 1947(8): 38-58.

以及空间组织的复杂性①。空间生产的发展可以通过改变城市的结构、扩大社区的规模以及改善空间使用利益等手段实现。列斐伏尔将空间生产视为一种社会现象，对空间生产的界定是作为交往实践的空间生产方式②（图 3-6）。

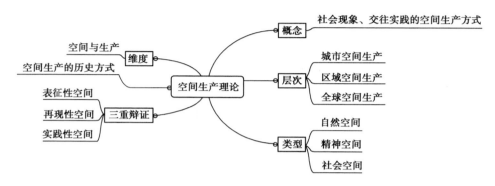

图 3-6　空间生产理论的框架

　　空间生产的层次。空间生产包括三个层次：城市空间生产、区域空间生产、全球空间生产。城市空间是资本主义有意识地建造出来的空间，资本主义通过对现有的空间进行整合，而且还不断地向外扩展新的空间，通过空间的商品化为资本主义开拓更广阔的市场（包亚明，2003）③。城市空间生产，区域空间生产，全球空间生产都是为了资本主义实现资本全球化的利益需求而产生。

　　空间生产的类型。列斐伏尔提出了数十种空间类型，包括生活中的空间、休闲的空间、绝对的空间等，这些都是细致划分下来的空间，把这些空间归类可以得出三个大方面的空间类型：自然空间，精神空间和社会空间（张晨，2019）④。自然空间是一种物质空间，在讨论自然空间时，列斐伏尔认为纯粹的自然空间是一种抽象意义上的空间；精神空间是一种思维的空间，是人的主观意识构造出来的一种观念性的空间；社会空间是指人类在社会生产和社会关系

---

① 　包亚明.现代性与空间生产［M］.上海：上海教育出版社，2003.
② 　同①.
③ 　同①.
④ 　张晨.空间再生产视角下北京商业街区更新策略研究：以北京马连道茶产业街区为例［D］.北京：北京建筑大学，2019.

中创造出来的空间,列斐伏尔认为社会空间是与社会生产密切相关的产物,是创立在自然空间基础上的社会产品,社会空间不仅包括社会存在的这个大的区域,也包括在社会中存在的各种事物及其关系。空间生产理论强调的不仅仅是物质空间的创造,更重要的是它如何影响和塑造社会关系,从而形成文化意义,并实现社会权力,这些都是它的核心思想(王逸潇 等,2016)①。

空间生产的维度。空间生产包含两个维度:空间与生产的双向互动和空间在不同的社会形态中与社会关系的双向互动。在列斐伏尔看来,空间是人作为主体与客体之间关系性建构的过程与呈现,并非自然直观但却是真实存在,所以列斐伏尔将空间称为"行走在大地上的现实……社会关系的生产和再生产"(王逸潇 等,2016)②。也就是说:一方面,空间概念是社会空间概念,并非自然和先验的范畴,而是人们的生产行为和活动所形成的空间实践;另一方面,这种空间实践不是以空间作为其物理场所,而是这些关系化重构与生产的中介,其本身具有不可视性。生产是一个关系化的空间实践概念,同时关系性的社会空间也是生产的,会生产出自己的产品,所以说空间与生产是密不可分的。

空间生产的历史方式。空间的生产和社会的发展密不可分,它们之间也是相互影响的。每种社会形态都有其独特的空间,因此,要想实现从一种方式到另一种方式的转变,就必须创造出新的空间(Henri Lefebvre,1991)③。列斐伏尔强调空间的社会性,并将其放置在城市之中讨论了当代城市的功能性定位,从而系统论述"空间思想"的规则。

空间生产的三重辩证。列斐伏尔指出,在社会关系的形成过程中,3 种不同的空间关系:表征性空间、再现性空间以及实践性空间。表征性空间指的是一种抽象的概念,由科学家、城市规划者、技术统治者以及社会工程师等组成;而再现性空间则指的是一种由居民和使用者组成的空间,以及少数艺术家、哲学

---

① 王逸潇,马东娟.空间生产理论研究进展[J].城市地理,2016(6):243-244.
② 同①.
③ LEFEBVRE H. The Production of Space[M]. Oxford, OX,UK: Blackwell, 1991.

家等少数人的活动范围;而实践性空间则主要关注的是功能形式,以及如何将这种空间转变为更加有效的空间,即人类空间性的社会实践(林贞,2014)①。

空间生产理论的发展。从列斐伏尔提出"空间生产"这一概念开始,国内外学者在不同方向、不同领域丰富了"空间生产"理论。国外学者从城市学、社会学、文化学、地理学领域对空间生产理论进行丰富发展。在城市学领域,爱德华·苏贾以批判性的方式重新定义了城市空间生产的技术性,从而构建了后现代城市学(Manuel Castells,1977)②;大卫·哈维(2010)认为城市空间生产是一种不同阶级之间的利益竞争,是各阶层人民之间激烈的斗争的结果③;马克·戈特迪纳和雷·哈奇森等(2012)则根据其独特的社会空间模型深入探讨了城市空间生产的本质,从而为城市学的发展带来了新的思考和见解,创造了一种新的、更适应当代社会需求的空间批判方法④。在社会学领域,安伊杰·齐埃利涅茨(2018)指出"空间生产"对社会学研究的积极意义⑤;Castells 阐释了"时空社会学",并以之拓宽了当代社会学研究的视野和方法⑥;德波(2007)深化景观社会批判理论,并考察了景观的当代布展模式⑦;鲍德里亚(2006)提出消费社会的符号生产经济学批判和"拟像"从仿造到生产再到仿拟这样一种不断转换模式的过程⑧。在文化学领域,哈维(2010)论证空间范畴是和文化观念紧紧捆绑于一起的⑨;詹姆逊(1991)则深入探讨列斐伏尔的理论,以及他运用历史辩证法来探究晚期资本主义文明的演变过程⑩。哈维(2000)的"时空压缩"将其应

---

① 林贞.亨利·列斐伏尔的空间生产理论探析[D].兰州:兰州大学,2014.
② CASTELLS M. The Urban Question:A Marxist Ap-proach[M]. London:Edward Arnold Ltd,1977.
③ 哈维.巴黎城记:现代性之都的诞生[M].黄煜文,译.桂林:广西师范大学出版社,2010.
④ 马克·戈特迪纳,雷·哈奇森,黄怡.新城市社会学[J].上海城市规划,2012(2):139.
⑤ 安杰伊·齐埃利涅茨.空间和社会理论[M].邢冬梅,译.苏州:苏州大学出版社.2018.
⑥ 同②.
⑦ 德波.景观社会[M].2版.王昭风,译.南京:南京大学出版社,2007.
⑧ 鲍德里亚.象征交换与死亡[M].车槿山,译.南京:译林出版社,2006.
⑨ 同③.
⑩ JAMESON F. Postmodernism, or, The Cultural Logic of Late Capitalism[M]. Durham:Duke University Press,1991.

用于全球经济的不均衡，"空间生产"则将其应用于更大的区域①；段义孚（2005）则深入挖掘了人类主体与自然环境之间的相互作用，从而为人类社会的发展奠定基础②；苏贾（2010）则以一种辩证的历史唯物主义的思维方式，对"空间生产"中马克思主义的思想进行深入的剖析③。

国内对空间生产理论的发展可以从研究视域、研究方法、研究语境三方面阐述。通过深入探讨马克思主义的社会空间批判理论与"空间生产"理论之间的内在联系，形成更深刻的认识。通过运用马克思的历史辩证法和资本批判思想，深入探讨"空间生产"的产生、演变及其重要性；在宏观视角上，从历史演进、空间转向、总体演变历程角度对空间生产理论进行丰富发展；在研究方法上，注重用结构和建构方法、文学批评方法、分析学方法和文本解读方法等不同学科的分析方法考察空间生产理论；在研究语境上，注重从城市生活意义、社会生活、金融危机、城市空间生产等不同现实语境解读"空间生产"理论。

3.4.7　霍兰德类型论

霍兰德（1997）认为，职业选择是一种个性的外在体现，而个体的职业兴趣和偏好其实也就代表着他们的人格类型。大部分人的特征可以分为 6 种类型。第一种是现实型的人，喜欢规则性的具体劳动和有基本技能的工作，如手工和技术行业工作。第二种是研究型的人，喜欢分析推理、有智力性的科研和实验方面的工作。第三种是艺术型的人，有创造性，乐于想象，不受约束。第四种是社会型的人，喜欢社交，经常出没于公共场所，乐于助人，但是缺乏机械能力。第五种是企业型的人，喜欢冒险，喜欢担任领袖和领导他人的角色，善于说教、讲话，语言支配能力较强，但缺乏科研能力。第六种是常规型的人，喜欢有条理性的、系统性的工作，现实、踏实、保守，自我控制能力较强，但缺乏艺术能力。

---

① HARVEY D. Spaces of hope[M]. Edinburgh：Edinburgh University Press，2000.
② 段义孚.逃避主义[M].周尚意，等译.石家庄：河北教育出版社，2005.
③ SOJA E W. Seeking spatial justice[M]. Minneapolis：University of Minnesota Press，2010.

同一职业会吸引拥有相似人格特质的人来应聘,他们对工作时的情景和碰到的问题会有差不多的反应[①]。

霍兰德还通过六角形模型深入探讨了不同的人格特征,从而有效预测了不同的职业环境,并且发现了一种有效的共同点:拥有某种特征的人更容易获得成功,而拥有其他特征的人更难获得成功。当人格特质类型与职业环境类型相匹配时,人们对职业的满意度便会增加,所以占据主导中心地位的人格特质类型可以为个人选择职业和职业环境提供指导方向。其实从图3-7中不难看出,相邻关系的职业取向的相关程度比较高,紧接着是相隔关系的相关程度也还可以,而最不相关的是六角形中处于对角线位置的两个职业取向。例如,现实型(R)和研究型(I)以及常规型(C)的相关程度较高,而与社会型(S)的相关程度最低。因此霍兰德提出,当个体的职业兴趣与实际工作环境相符合时,才能激发出最佳的工作状态和积极性(图3-7)。

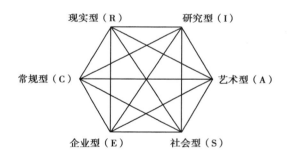

图 3-7 霍兰德的职业类型论六角形模型

霍兰德的职业类型论目前在教育培训、高考填报志愿选专业、大学生职业分析和规划、企业人才招聘和人力资源管理拥有着广泛的应用空间。它可以根据个体的兴趣爱好和偏向来探究和确定求职者的职业取向,并且霍兰德研制了职业偏好量表和自我导向搜索表来帮助求职者搜寻与其兴趣和能力相匹配的职业和岗位,促进了个体求职者的兴趣和能力测试相结合在职业指导的应用。

---

① HOLLAND J L. Making vocational choices:A theory of careers (3rd ed.)[M]. Lutz:Psychological Assessment Resources,1997.

该理论对于本命题也拥有着极其重要的价值。第一,霍兰德的职业兴趣和类型论可以帮助和引导高校毕业生的职业选择,避免一些职业选择中的盲目行为。大学毕业生在刚刚毕业的情况下,对自己的职业观念或许没有一个系统清晰的认识,他们可以通过职业兴趣测试,清楚地了解自己的职业兴趣类型和职业选择倾向,调整不合适的职业方向。第二,霍兰德的类型论可以帮助调整高校毕业生的职业兴趣,改正和调整自己的专业定位,因为很多大学毕业生毕业后不能完全按照自己的专业来选择工作。第三,霍兰德的类型论为高校毕业生的职业选择提供方法指导。通过霍兰德的职业偏好量表和自我导向搜索表来清晰认识自己的兴趣、能力、性格、价值观、天分,并且逐渐与职业相匹配。

3.4.8　教育双主体理论

双主体模式的形成和发展经历了一个较为长期的过程,其理论来源于现代西方哲学思想和心理学的不断发展(张玲,2011)[①]。随着理论的发展和教育实践的不断深入,不同学者都从不同的视角提出了自己的见解,但都肯定了教学过程中教师和学生的主体地位。教育双主体理论的主要思想强调的是在教学过程中要充分调动师生的参与性,充分发挥师生双方的主体性,特别是要充分发挥学生的主体性。教育的核心理念之一是双主体教学,即教师与学生双方的互动,最后的效果由双方互动的有效程度和最优化决定(应兆升,2011)[②]。双主体教学模式旨在改变传统教学模式中学生主要依靠教师单方面输入知识为主的学习方式,为学生营造开放的学习氛围。学生应该利用课堂时间,主动思考、深入分析,从而更加全面地理解所接触的信息,并能够根据个人的喜好,采取多种有效的探索方法,深入地认识到现实世界,从而更加热衷于参与到日常的社交活动之中。

---

① 　张玲. 法学教育双主体教学模式探析[D].北京:首都师范大学,2011.
② 　应兆升.思想政治理论课"大班授课小班研讨"教学模式研究[D].大连:大连理工大学,2011.

教育的双主体理论对本课题研究的启示：教学活动是人类社会中一种特殊的实践活动，教师主体与学生主体之间存在着辩证统一的关系。第一，发挥教师的主导作用是学生主体作用得以体现的保证。教师的主体作用的实现以学生有机消化和吸取教师提供的信息，并不断地充实和转化到学生主体性发展的内在动力中为标志。第二，教师主导作用的实现，离不开学生主体作用的发挥。教学教师与学生之间有目的的交流活动，是共在的主体之间的互动、交流、沟通和理解，反映了人与人之间的相互主体关系。

3.4.9 协作学习理论

自 20 世纪 70 年代初以来，协作学习（Collaborative Learning）迅速发展，并且一直延续至 80 年代中期，这种方法的效果显著，并且被普遍地应用于各国教学中。通过协作学习，能够更好地帮助学生实现共同的学习目标。这种方法通常通过建立合作伙伴关系，交流、辩论，共同探索解决方案来实现（李圣华，2022）[1]。这种方法能够帮助学生更好地理解和解决复杂的课堂问题，从而更有效地完成任务。协作学习的策略和模式让学生可以感受到彼此之间是促进学习的帮助者，能够缓解紧张情绪，提升学生的学业水平，激励他们去挑战自我，培育独特的人格；培养团队精神，共同完成任务。

协作学习理论对本课题研究的启示如下。第一，优化组合与明确任务。小组成员的凝聚力能促进大家主动参与、互教互学、共同进步。而异质分组则是达到这种良好教学效果的有效途径之一。组间搭配，按照明确的责任分工，力求均衡，便于公平竞争和合作探讨，保证了每个学生的积极参与性。第二，自主学习与合作探究。在课堂教学活动中，将学生的主体权、参与权还给学生，尽最大可能地给学生提供自主探究、合作交流学习、独立获取各种各样知识的机会，让每个学生都有机会参与和表现。教师和学生之间以及学生之间的交流和评

---

① 李圣华.翻转课堂在研究生课程中的实践与思考[J].延边大学学报（社会科学版），2022,55（2）:138-144.

价,使每个成员都能够自主地学习和思考,不再是知识的被动接受者,且都能取得不同程度的进步。

3.5　混合研讨教学的模式及特点

混合式学习在国外最初主要应用在企业培训和成人教育,但随着时间的推移,越来越多的高校开始采用这种教学方式。欧美的学校在混合式教学方面的研究和实践已经比较成熟,教学模式也更加丰富。整体而言,其具有以下基本性质。

第一,互补性。随着各种在线资源及学校网络化等配套设施的日益丰富,实施混合研讨教学模式的时机在学习进程中逐渐成熟,合作学习模式的目的是培养学生的合作交流能力,呈现出互补性的特点。这种模式在小组建立时遵循"组内异质,组间同质"的均衡分配原则,小组内每位同学都有自己独特的作用,每位同学根据自己的个性能力特征担任着小组内不同的角色,承担着相应的责任。对比传统教学模式,这种教学模式在交流合作中,通过同学之间思想的碰撞,不仅能够达到优势互补的效果,培养学生的团结合作意识,还能让学生在合作中学会竞争,从而提高学习积极性。

第二,参与性。该模式在教学方式上与传统教学模式有着很大的差异。在传统教学模式中,教师是课堂的导演,教学过程重视的是教师的教法,采用的是照本宣科的灌输式教学,这不利于学生的全面素质发展和对知识的感性认知。而混合研讨学习模式强调的是学生在课堂上的主体地位和参与度。在教学过程中,要求学生人人参与,在参与互动中发展、提高自我,这不仅打破了传统的接受学习,而且锻炼提升了学生的个人素质和能力水平,并帮助他们树立积极向上的情感态度和价值观,体现出参与性的特点。

第三,个性化。基于慕课、微课的混合研讨教学模式能够获取全球范围内的丰富的教育资源和在线学习体验,具有个性化的特点。教师在教学中可以根据学生的实际需求,因人而异,采用多种教学方式,帮助学生在已有的基础上获得更大发展。学生学习时也可根据自己的兴趣爱好或是薄弱环节分割学习内容,通过在线资源对自己感兴趣的内容进行深入学习。基于移动端的混合研讨教学模式有着效率高的显著优点。教师根据教学内容和学生的实际情况,将学习内容进行分割后,通过移动平台进行发布和交流讨论。通过对学习内容和学习时间进行分割,使学生可以进行碎片化学习,也打破了课堂的局限。

3.5.1　混合研讨教学主要模式

1)SPOC 混合学习模式

SPOC(Small Private Online Course,小规模私有在线课程)混合学习模式旨在提供一种全面的学习体验,它结合了传统的在线教学、翻转课堂、慕课等多种形式,由教师根据学生的学习情况,制订一套有效的学习计划,让学生可以自主学习、自主完成作业、参加交流讨论、完成任务、参加考试,从而更好地理解、掌握和运用所学的知识。SPOC 混合学习模式可以显著改善学习效果,尤其适用于那些需要较高的基础知识和专业技能的学科,具有极大的实用价值(潘攀 等,2021)[①]。

2)"大班授课+小班研讨"教学模式

"大班授课+小班研讨"教学模式旨在将传统的灌输式教学、现代的自主学习、学习探究等多种学习形式完美地结合在一起,它不仅具备了大班授课的强大功力,还具备了小班研讨的灵活多样的特点。可以充分利用知识点讲解的时间,还可以让学习者更加深入地理解知识,激发学习热情,培养学习主动思考的习惯,实现了一种全面、综合的学习体验,为学习者带来更多的收获,将课堂教

---

① 潘攀,田春博.高职院校基于 SPOC 混合学习模式进行立体化"金课"教学的研讨[J].成长,2021(5):21.

学从重视传授知识和技能的方式转换到更加关注学习者的方式（柴立辉 等，2021）①。

3）"微课"教学模式

"微课"主要是学校教师按照新课程标准以及相关教学实践具体要求来进行课堂教学。在这个教学环节过程中，它主要是以视频作为教学信息传播载体，同时详细记录着教师教学过程中包括课堂上、课堂内、课堂外所有教学过程所涉及的一系列知识点，并且对教学实施环节过程中的知识点进行总结归纳，提出教学重点、难点、疑点。通过这种新型的教育形式，能够再现教学环节过程中精彩的教与学等教育活动全过程，满足学生个性化学习需求，有利于学生强化与巩固知识体系框架，查漏补缺。

4）"慕课"教学模式

"慕课"是一种革命性的教育模式，它以其先进的资源信息技术，结合传统的教学模式，以及最新的教育理念，在传统的课程之上开发出新课程。其教学目的和目标是让每一位或者是更多的学生从初学者成长为高级人才，也就是我们所说的社会需要的高素质知识经济复合人才（马天魁，2016）②。慕课是一种大型开放式课程，没有学习人数限制，有利于缓解教师资源短缺优势、资源不足的问题，通过广泛共享优质教育资源促进教育发展。慕课是由一个教学组织团体共同协作完成，有助于各校之间平等协作，通过互联网技术的知识共享课程，甚至联合开发课程，从而推动教育公平性和学习型社会的建立，并为信息化教育的发展提供了重要的支持（马天魁，2016）③。

---

① 柴立辉,李霞,张海龙,等."大班授课+小班研讨"教学模式的实践与思考［J］.中国医学教育技术,2021,35（4）:523-525.
② 马天魁.互联网时代的新型教育模式变革探究:以慕课、微课、翻转课堂为例［J］.大学教育,2016（5）:48-49.
③ 同②.

5）"翻转课堂"教学模式

翻转课堂是对传统课程教学模式进行翻转与颠倒,它将以往在课堂完成的教学灌输提到了课前,在课上进行知识地深入理解和掌握,即把知识传授和内化过程翻转过来。翻转课堂有利于教育人性化,使学生真正成为教学的主体,自由掌握学习时间、学习方法,有益于激活学生的学习自主积极性,同时可获得老师一对一指导,并且师生关系平等化使得师生成为密切的学习伙伴(严文蕃,2014)[①],拉近师生之间的空间距离和心灵距离(杨洋,2016)[②],促进师生关系和谐。

6）"混合研讨"教学模式

混合研讨课是教师和学生围绕教学内容以及相关的理论或实践问题,展开独立思考,进而共同探讨的一种交互式教学方法(刘国福 等,2012)[③]。这种教学方法不仅让教师和学生分别扮演教师和学习者的角色,也让他们能够更好地参与到研究过程中。教育和研究是密不可分的,混合研讨课的教学方式让师生能够更好地互动,共同探索,共同成长。这种教学模式不仅让师生能够真正感受到互助互爱的快乐,而且还为他们提供了一个更加自由、包容,充满活力的学习环境。

通过混合研讨课,学生的文字创新、分析问题的能力、跨文化交流的技巧以及独立探索的精神得到提升,以期让他们在获得学术上的成就的同时也为他们对不同文化背景、人文素养、伦理观念的认知树立提供了良好的基础(蒋盛楠,2015)[④]。它关注基本问题,以实际问题而不是学科理论体系为线索(秦涛,

---

① 严文蕃,何源.美国翻转课堂到底革新了什么?[J].中小学管理,2014(12):20.
② 杨洋.芝加哥大学与复旦大学通识教育课程的比较研究[J].现代教育科学,2016(3):126-132.
③ 刘国福,杨俊,熊艳.本科生专题研讨课教学的认识与实践[J].高等教育研究学报,2012,35(3):63-64,71.
④ 蒋盛楠.美国本科生新生研讨课的特点及启示[J].世界教育信息,2015,28(3):34-36.

2015)[1],更加贴近社会现实,增强学生的实践动手能力。同时,学生可以与资深教授保持密切的联系,培养出批判性思维和理性思维。鼓励学生勇于探索、勇于创新,培养他们的独特视角,同时通过教授与同学之间,学生与学生之间的交流互动,提升语言沟通能力和表达能力,开展小组研讨方式展开学习,锻炼团队协作精神(朱克勤 等,2005)[2]。

7)合作学习模式

合作学习作为 20 世纪 70 年代初美国开始出现的一种具有革新意义的、具备重要影响力的教学模式,已经发挥出其独特的优势,极大地影响着学习者的学习体验,推动学习者的学习能力的发挥,获得更多的学习机遇,更加全面地发挥自身潜能,从而获得更多的学习收获。合作学习是一种通过团队合作来实现学习的方法,它鼓励学习者之间相互帮助,并通过问题解决、表演演示、交流探究来实现学习的最终目的。这种学习方式已经被广泛应用于各个学科领域,并取得了良好的效果。

3.5.2　混合研讨教学主要特点

1)以学术性项目研究为载体的教学组织模式

在我国的大多数高校里,以学术性为导向的混合研讨课占据了绝大多数,这类课程的要求也更加严格,因此,以学术性项目研究为载体的教学模式已经成为当前的主流。这种模式的实施,需要根据学科背景的特点和科研项目的特点,课程教学内容紧密围绕一定的研究命题,进行开放式教学模式设计。由于我国面授教学以讲授为主,如何有效整合网络教学-面授教学-研讨教学,是教师遇到的主要挑战。

---

① 秦涛.高校有效开展新生研讨课的实践与思考:基于北京科技大学新生研讨课教学实践[J].淮北职业技术学院学报,2015,14(2):35-37.
② 朱克勤,任仲泉.关于美国几所著名高校的流体力学新生研讨课[J].力学与实践,2005,27(1):78-90.

2）以问题导向为核心的模块化教学组织模式

问题导向学习（Problem-based Learning，PBL），是一种新兴的学习方式，它以问题为中心，采用模块化教学过程，让学习者通过小组讨论、实践操作等方式，来达到自主学习的目的。它的基本特征是，学习者可以围绕具有历史意义或研究价值的一系列问题，提出自己的观点，并通过讨论来加深自己的理解，从而更好地掌握知识，获得更多的成就感，实现提升理性思考能力和培养学术精神的目的（图 3-8）。

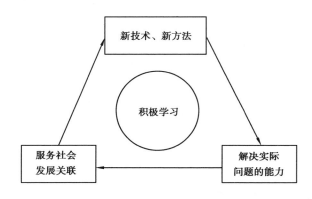

图 3-8　问题导向型模型模式

3）"汇报+演示+辩论"整合的教学组织模式

辩论是一种深入探讨的过程，它要求双方根据自身的观点、知识和经验，通过深入的思考、讨论和交流，形成一致的观点，从而达成共识。苏格拉底的教育思想中，辩论就是最重要的组成部分，也是他的核心思想。混合研讨教学模式能有机整合个体学习和小组（群体）学习（图 3-9），打破从教到学的单一路径，促进学生个体成长的同时，克服传统课堂的疏离感及网络教学的孤独感。"混合研讨课"的"汇报+演示+辩论"的"听、说、读、写"提供了一个有效的学习环境，它不仅可以激发学生的学习热情，而且可以帮助他们培养出多元化的技能，提升综合素养。

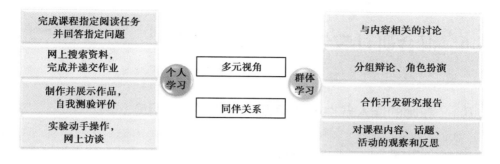

图 3-9　混合研讨教学中个人学习与群体学习的关系

4）基于广泛阅读和撰写训练的教学组织模式

"混合研讨课"的独特之处在于"研究和讨论"，它强调了广泛阅读、写作和汇报的重要性。"阅读"则更进一步，它探究了人类如何从外部获取信息，如文字、图表、公式等，并将其转化为自己能够理解的符号。随着科技的飞速发展，人们可以通过各种不同的方式获取知识，但不可否认的是，阅读仍然是最重要的途径。因此，采用基于广泛阅读和深入研究的教学组织模式，如混合研讨课，将有助于提升学生的学习效果。这种模式的成功取决于教授的指导和帮助，尤其是那些从未接受过专业研究的人，他们需要自己去阅读、撰写研究报告或论文，这是一项艰巨的任务。

5）基于深度体验和科学实验的教学组织模式

若无实践，则无法获得真正的认知，因为它们只能从实际中获得。实践本身就是一种需求，它们旨在改善现状，满足人类的需求。实践本身也是一种知识，它们既是认知的基础，又是发展的推动力；实验则是一个让学生们更加深入地探索、研究、思考的绝佳舞台，能够激发学习热情，培养实践技巧，还能够让他们树立起一种严肃、客观、科学的学术态度。该模型专门针对那些侧重于实际操作与运用的课程。教授只讲授其中很小的一部分内容，在剩余的时间里，学生们自行制订计划，每天小组讨论进展情况。最后一天，他们将会集体总结课程内容，并展示最终的设计成果。

3.6　混合研讨教学课程建设的困境

3.6.1　教师的准入条件与名师授课精力不足的困境

为了实现良好的专业引导,混合研讨课要求由知名教授或专家承担相应课程。以新生研讨课为例,清华大学 2003 年开设的首批混合研讨课全部由 32 名正教授承担,其中 31 名为博士生导师;南京大学混合研讨课的主讲教师 95% 为院士、长江学者、国家级教学名师以及各专业领域的领军人物等。一方面,专业精英对学科有更好的诠释和把握,名师风范也能为混合教学树立良好的楷模;另一方面,"学术大家"亲自授课,能够极大增强学生的专业信念。但是目前各大高校的学术精英往往都承担着繁重的科研任务,时间及精力十分有限,而混合研讨课在课前教学设计、课中互动把控及课后指导评判都需要耗费大量的教学精力,专家、教授深感分身乏术。

3.6.2　自主学习要求与"灌输式"教学习惯的困境

混合研讨课的教学目的在于通过教师改变传统教学模式,激活学生的自主学习能力,使学生培养学术技能、与学校资源和服务相适应、营造学术氛围、培育探索精神。但是目前大多数大学在高中传统教学方式的影响下,习惯于"填鸭"式教学,对于主动解决问题、发散性思考视角、参与式研讨等方式难以适应。同时,由于缺少对开课教师相关培训,缺乏新的教学背景下教学理论及方法的有效指导,加之师资缺乏而使得不少高校的混合研讨课仍以"大班"模式进行教学,大多数教师仍然停留在讲授式传统教学模式上,"研讨"课程名不副实。

3.6.3　教学方式革新与科学评估系统匮乏的困境

美国的混合研讨课移植我国后,不少高校结合自身特点有了不少创新及尝试。如清华大学打破专业和教材限制,可以自由选择一门研讨课程,鼓励交叉学科选题,在教授的指导下进行辩论和写作训练;南京大学混合研讨课有学科导引式、前沿专题式、实践探索式和跨学科式四种类型,内容为激励并开阔学生视野的专题;中国人民大学则给予授课教师更大的教学支持,给每位教师发放一定的经费,老师们利用自己的资金,请学生去餐厅、咖啡馆和博物馆等,实现师生互动、思想沟通及学术交流。这些创新利于发挥教师的自主性,但是也使得教学效果难以把控,科学的课程评估体系的缺失直接影响了课程的可持续发展。且由于其他课程仍然采用传统教学模式,探究式学习方法对于后续课程的影响及关联性难以评判。

3.6.4　教改热情高涨与纯粹研讨课动力不足的困境

高等教育的目的在于培养学生的专业理论知识和独立创新精神,更注重其自主学习能力的掌握及批判性思维的形成。混合研讨课是一种小型课堂,采用以讨论为主的教学方式,有利于建立学生团队,实现学生和教师之间想法和信息的相互交流。课程通过激发学习热情、培养学术素养、体验研究的乐趣以及与成功人士互动,帮助学生了解大学学习阶段的特点,并初步体验探索学术问题的乐趣和方法。混合研讨课作为一种打破传统的创新教学模式,在我国备受高校及教育学界的推崇,被认为是最有效的混合教育途径,已经成为高校改革的亮点。但是相关数据显示,美国大学混合研讨课的开课率达到 89%,而我国的混合研讨课却只有 48% 左右。大多数学生由于缺乏启发学习、互动学习的必要训练,在整个课程中十分被动,加之其他课程的学习压力,故而参与热情有限。同时,不少学校对于混合研讨课的教学资源配置、评价制度改革及教学观念转变等方面的支持保障有限,教师开课的积极主动性低。

第 4 章　高校旅游管理专业混合研讨教学

4.1　旅游管理专业教学特质

美国大学协会(AAC&U)的研究结果表明,学生在大学期间应该培养四种学习成果:整合性学习、探究学习、全球学习和公民学习。旅游管理是一门强调实践性和应用性的学科,在旅游管理专业发展的早期阶段,一方面承接了传统院系课程的相关经验,另一方面也承接了职业旅游服务的相关成果。而传统培养模式基本上多强调理论教学,职业旅游教育更加注重学生的实践能力,导致旅游高等教育要么侧重于理论培训,要么侧重于实践技能,与社会对旅游学术人员的需求不相符合。

通常认为,旅游管理专业具有以下 3 个特征:发展性、系统性、针对性。发展性是指必须根据行业发展和学生特点不断更新。第一,教学内容的发展,反映最新的行业特点和理论发展;第二,教学形式的发展,将最新的技术发展应用于教学,以激发学生的学习热情;第三,学习评估标准的发展,不以死记硬背作为评价学生成绩的唯一标准。系统性是指旅游管理专业教学的应用不是独立的、孤立的,而是相互联系、相互作用的,兼顾理论教学和实践技能。针对性是指旅游管理教学应该具有培养目标的指定性。要具有清晰的产业针对性,必须以旅游行业发展过程中出现的问题为基础,要求学生能够识别、分析和解决旅游领域发展过程中出现的有关问题。

结合旅游管理专业特征,其专业教学具有以下特质。

4.1.1　极强的专业知识转化能力

Raybould 等(2005)认为企业的就业信息与高校旅游管理专业学生就业信息不对称,高校培养学生侧重于专业技能的培训,而企业需要的是集理论知识、专业技能、人际交往技能于一体的高质量就业人才,这种偏差导致学校培养的学生无法真正适应和符合企业的真实和核心需求[①]。薛雷等(2017)认为旅游企业招聘的旅游人才供需不平衡,供给小于需求,并且高校在培养旅游方面的人才的模式上不够创新、不够专业,缺乏实践,并且教师团队不够专业[②]。吴巧新等(2005)指出要想提高旅游专业学生的就业率,在保证自身培养目标的前提下,最大程度地顺应企业对于旅游人才的需求,非常必要[③]。因此,我国高校的旅游管理专业的教学中,如何帮助学生有效打通理论与实践之间的知识迁移渠道,鼓励学生主动创造,积极投身到专业实践中去强化专业知识和专业技能,从而内化为自身的工作技能与社会经验,是当前教学改革的重要目标。Logue 等(2007)表明学生对旅游管理专业的满意度与其学习投入水平密切相关,其投入水平越高,越对这个专业满意;反过来亦然,其对专业满意度越高,其投入程度越高[④]。实践教学的过程就是理论与实践的融合,运用所学的知识来解决实际工作中出现的问题,对这一能力的培养,一方面可以极大地降低目前社会上对毕业生眼高手低的印象,另一方面也可以有效提升毕业生的就业率,从而为旅

---

① RAYBOULD M, WILKINS H. Over qualified and under experienced [J]. International Journal of Contemporary Hospitality Management, 2005, 17(3): 203-216.

② 薛雷,贾小云.高职院校旅游管理专业就业问题及对策分析[J].郑州铁路职业技术学院学报,2017,32(1):77-79,94.

③ 吴巧新,黄震方.高校旅游人才供需失衡分析:以江苏为例[J].南京师大学报(自然科学版),2005,28(1):122-126.

④ LOGUE C T, LOUNSBURY J W, GUPTA A, et al. Vocational Interest Themes and Personality Traits in Relation to College Major Satisfaction of Business Students[J]. Journal of Career Development, 2007, 33(3): 269-295.

游业的稳定发展注入活力。

4.1.2　科学职业生涯设计和规划

生涯教育是一种旨在帮助学生培养积极发展的思维,掌握生涯规划的知识和技能,确立生涯发展目标,做出生涯决策,整合生涯角色,并寻找最优生涯发展路径的一种专门性、有计划的教育活动。学生每个阶段的针对性规划,形成学业成长的规划体系,如图 4-1 所示。

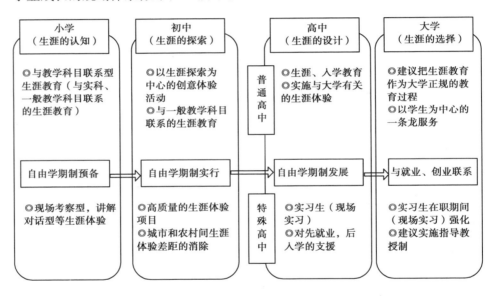

图 4-1　小学至大学生涯教育分学段要求

Beaston(2000)在衡量就业质量标准的研究中,表明可以借劳动和回报关系的经济契约内容以及雇佣主的心理关系来衡量就业质量,即薪酬福利、工作保障、公司待遇、工作时间等外部特征和工作内容、强度、同事关系等内部特征[①]。York 和 Knight(2004)研究提出了 USEM 模型,即 Understanding——对社会体系的认知,Skillful practices——技术性的工作实践,Efficacy beliefs——个体的态度

---

① BEASTON M. Job quality and job security[J]. Labour Market Trends, 2000(3): 231-233.

和信仰，Metacognition——自我的认知，他们认为高校应该将这四种能力纳入到专业人才培养模式中，这样才能与企业的招人需求相衔接，并且提高大学生的可雇佣能力和就业率[①]。Kumar（2022）提出的 SOAR 原则可以解释高校人才培养与企业雇主需求的内涵，即可雇佣性的内涵——个性、机遇、壮志、结果[②]。

　　旅游专业是一个应用性专业。Sinead O'Leary 和 Jim Deegan（2005）在研究调查爱尔兰一高校旅游管理专业毕业生的就业状况时发现，该专业毕业生有比较高的行业流动率，尤其是女毕业生，并且工资与工作时长的不匹配以及工作条件和环境较差是造成爱尔兰旅游管理专业毕业生有着较高行业流动率的主要原因[③]。Andrew Kevin Jenkin（2001）通过研究荷兰和英国两所大学旅游管理专业毕业生的就业倾向和选择，得出大部分毕业生都有较高甚至不切实际的就业期望，并且随着毕业后对社会的接触增长，他们对旅游业的就业热情和信心会越来越低[④]。在学习旅游管理专业的学生对本专业认同度上，Swickert（1997）在研究中表明旅游管理专业学生对旅游专业认同度是受就业前景和社会氛围环境的影响的[⑤]。

　　旅游管理的专业教育，核心就是为学生进行职业生涯设计并帮助其适应职业生涯做好准备。正因为旅游业是一个面向极广，并以服务为主的行业，所以它要求毕业生具有很强的综合素质能力。例如，语言交际能力，尽管学员们都来自不同的地区，讲话的口音也各不相同，但他们都应该掌握一口标准且流利的普通话。同时，还要求学生具备一定的英语沟通能力，并能熟练运用语言进行沟通。另外，必不可缺的实践教学环节能够让学生全面而清晰地了解当下

①　YORKE M, KNIGHT P T. Embedding Employability into the Curriculum[M]. York：HEA, 2004.
②　KUMAR A. Personal, Academic and Career Development in Higher Education[M]. London：Routledge, 2022.
③　O'LEARY S, DEEGAN J. Career progression of Irish tourism and hosoitality management graduates[J]. International Journal of Contemporary Hospitality Management, 2005, 17(5)：421-432.
④　JENKINS A K. Makinga career of it? Hospitality students' future perspectives：An Anglo-Dutch study[J]. International Journal of Contemporary Hospitality Management, 2001, 13(1)：13-20.
⑤　SWICKERT M L. Perceptions regarding the professional identity of counselor educatio doctoral graduates in private practice：A qualitative study[J]. Counselor Education and Supervision, 1997, 36(4)：332-340.

的社会和行业现状,并根据社会与工作需要来提高自身的专业技能与专业素养。

4.1.3　独立发现及解决问题能力

随着我国改革开放进程的不断推进和现代化建设的深入,我国旅游业取得了长足而全面的发展。然而对比西方发达国家仍存在一定的差距。旅游管理专业本身涉及多个方面的问题,但许多大学生缺少发现并独立解决问题的能力,这严重限制了他们的职业发展。然而,仅仅通过课堂培训很难培养和锻炼这种能力。如果缺乏正确的引导,学生们易对自身的行业适应能力产生怀疑,认为自己不适合这个行业。因此,学校应该积极地在教学过程中加入实践教学环节,有意识地引导和培养学生发现问题以及独立解决问题的能力。

Goodenough 和 Page(1993)认为高校在针对旅游管理专业教育模式的改革和创新时,应充分考虑旅游企业对于旅游方面毕业生就业人才的需要和标准,按照这个标准去有针对性地改革和提高旅游专业就业生的就业率[①]。蒋翠(2017)认为学生的职业定位缺少科学性和专业性、学生对旅游管理方面的工作和企业信心不足、大学培养旅游管理专业人才的模式落后、缺乏创新性等是影响旅游专业大学生就业的主要原因,并且认为应该进行专业培养模式的创新和改革、给该专业学生提供更多的就业机会、改善就业风气等[②]。方雪(2018)认为目前大部分高校的旅游管理专业课教学中,缺乏理论与实践的结合,实践课程太少甚至开设了实践课程也不会去认真实践,对学生专业能力的提升产生了不好的影响[③]。

---

① GOODENOUGH R A, PAGE S J. Planning for tourism education and training in the 1990s: Bridging the gap between industry and education[J].Journal of Geography in Higher Education, 1993, 17(1): 57-72.
② 蒋翠.高职旅游管理专业毕业生就业问题探讨[J].中国新通信,2017.19(16):130.
③ 方雪.高职院校旅游管理专业实践教学体系研究[J].度假旅游,2018(10):72,75.

4.2　经济新常态下旅游管理专业教学场域的激变与重构①

　　"场域"（Field）是参与主体按照特定的逻辑要求共同建设的社会个体参与社会活动的主要场所，是无休止变革的地方。旅游业正在成为经济发展新常态下的增长点，为当下的大学生创业提供了广阔的空间，但同时，旅游管理专业却深陷"需求扩张与低就业并行"的诅咒。高校旅游管理专业正在经历跨界融合导致场域的无边界化、权力资本的竞合使关系复杂化、海量信息激荡促使惯习异变化、资本要素博弈推进场域自主化等场域的激变。因此，迫切需要通过整合多元教师团队实现场域主体重构、师生关系互换实现资本权力反转、有效延展课堂空间实现场域边界突破、重构人才培养模式实现场域自主创新等途径，完成经济新常态下高校旅游管理专业场域的重构。

　　场域蕴含丰富的潜力、生机和力量，是在特定的逻辑要求下参与主体共同建设的社会活动场所，是"位置间客观关系的一个网络或一个形构"。布迪厄（2008）将资本（Capital）划分为经济资本、社会资本、文化资本和符号资本，场域的性质由空间中不同的资本类型决定。因此，资本赋予了支配场域的权力，"每一种实施符号暴力的能力，以合法的名义掩饰那些成为其力量基础的权力关系，并在这些权力关系当中加进了自己的，即纯符号的力量。②"资本产生了场域中的权力关系，而符号是这些权力关系的表现形式。

　　布迪厄（1998）认为，场域的原动力是"一个场域的动力学原则，就在于它的结构形式，同时还特别根源于场域中相互面对的各种特殊力量之间的距离、鸿沟和不对称关系③。"资本（知识、财富、社会地位等）依托特定的场域空间，赋予

①　笪玲.大数据语境下新生研讨课的组织及创新.世界教育信息,2017,32（2）:12-15.
②　布迪厄.文化资本［M］.袁国平,译.北京:商务印书馆,2008.
③　布迪厄,华康德.实践与反思:反思社会学导引［M］.李猛,等译.北京:中央编译出版社,1998.

支配场域的权力并发挥作用,促使一定的机制得以延续并构成场域结构本身,主导权力便成为场域运作的规则。为了维持和改变场域中力量对比和结构关系,场域总是处于不断的争夺运动中。"场域是力量关系——不仅仅是意义关系——和旨在改变场域的斗争关系的地方,因此也是无休止地变革的地方(布迪厄,1998)①。"人总是在场域中寻找"自我"与"他者"的价值,因此,冲突在所难免。

4.2.1　经济新常态下高校旅游管理专业教学场域的激变

1)高校旅游管理专业面对的经济新常态

经济发展新常态的基本特征是提高质量增长效率,实现经济社会发展的关键在于发现和培育新增长点,旅游业已经成为经济发展新常态下新的增长点。根据国际经验,当一国的国内生产总值达到 5 000 美元时,意味着该国即将进入成熟的度假旅游经济阶段。"让旅游成为生活方式,让休闲融入幸福指数"的理念已经深入人心,一个规模庞大的旅游时代正在开启,旅游推动经济发展的功能正在凸显。为了充分发挥旅游在扩大内需、稳定增长、增加就业、减少贫困、改善民生方面的独特功能,应坚持不懈地进行开拓。将工作重点放在创新旅游管理体制、依法规范旅游市场上,推动现代旅游产业的发展,并培育旅游经济增长的亮点,让旅游更加安全、便利、文明和舒心,为促进经济提质增效升级和人民群众生活水平的提高作出新的贡献(王超,2015)②。旅游业具有资源消耗低、环境友好、生态共享的性质,在促进消费、提供就业、促进出口、推进国际化、提升国民健康水平、统筹城乡发展、带动脱贫致富、实现社会和谐等方面具有极大发展潜力,旅游业正在成为新常态下新的增长点。

旅游业提供了大学生创新创业的空间。在大学生就业形势面临挑战的情

---

① 布迪厄,华康德.实践与反思:反思社会学导引[M].李猛,等译.北京:中央编译出版社,1998.
② 王超.旅游目的地智慧旅游方案研究[D].昆明:云南大学,2015.

况下,越来越多的高校毕业生通过自主创业实现就业。2007 年,我国大学生自主创业比例仅为 1.2%;2014 年,比例增至 2.9%;2018 年,大学生自主创业比例达 6.9%。为了鼓励大学生自主创业,各级政府出台了一系列相关政策,推动构建高校、政府和社会的三方合作机制,引导和支持大学生创业实践。餐饮、零售及旅游服务等行业成为大学生毕业创业最活跃的行业。与其他行业相比,旅游业具有更适合大学生创新创业的机会和可能。第一,旅游涉及众多不同的行业,就业门槛层级多元,不少服务性部门的就业成本相对较低;第二,行业需求与政策指引结合。随着旅游业的内质提升和产业升级,政府及行业都为大学生提供了一定的创业平台,如各级"乡村旅游创客基地"的建设,正在吸引不少大学生参与行业发展;第三,互联网带来了旅游创业机会。互联网时代及大数据产业的发展,催生了新兴的旅游消费品及体验方式,也形成了众多的旅游机会和岗位;第四,大学校园中的创业氛围正在形成。高校陆续出台了创新创业的具体措施并落实了休学创业的鼓励办法,为大学生创业提供支持与奖励。例如,清华大学曾实施"研究生创业可以停学三年"的规定。

旅游管理专业深陷"需求扩张与低就业并行"的诅咒。由于产能过剩及经济下行带来部分职工下岗和企业用工不足,给大学生就业带来严峻的挑战。2020 年中国成为世界第一大旅游目的地和第四大旅游客源国,产业的发展将会拉动人才需求的迅猛增长。但形成对比的是,在教育部高等教育司发布近两年就业率较低的本科专业名单中,旅游管理等 15 个专业上榜。由于社会、传统观念及学生自己对服务行业认知的偏差,且初入行者必须经历从基层历练成长的事业发展轨迹,形成了旅游行业是"伺候人"的行业认知。加之我国旅游产业长期处于碎片化、带病增长的阶段,企事业在用人机制上存在较大认知误差,旅游业长期陷入劳动密集型发展模式中。一方面旅游行业人力资源,特别是高级管理人才匮乏;另一方面旅游管理专业毕业生深陷"低就业率与高流失率并存"的陷阱。

2）经济新常态下高校旅游管理专业教学场域的激变

（1）跨界融合导致场域的无边界化

旅游业已经逐步成长为"无边界"产业，在市场自发效应下，逐步成为了一个"融合"的产业，它不仅为其他行业带来了新的发展方向，新的市场，新的业务生活方式，而且还吸收了新的资本力量，经营理念和运作模式。布迪厄（1998）认为："处于各种位置的场域密不可分，他们之间的相互关联是一个极其复杂的问题。"[①]以旅游为核心，不同场域的交集是什么？教师在教学中如何把控场域之间的关联？学生在学习和就业等环节如何找到不同场域中的自我？对于强调应用性的旅游管理专业来说，这些问题无疑是认知及教学方面必须应对的挑战。

（2）权力资本的竞合使关系复杂化

拥有不同质量资本的参与者以异质性的身份参与社会活动，资本决定着场域内的力量和竞争。资本是积累的结果，也是场域活动竞争的目标和手段。资本在场域中呈现非均质分布，不同形态及质量的资本结构，是社会资源和权力结构的体现。高校以文化资本充当主流媒介，通过排斥和否定的法则构成生产、传习和创新专精知识的自身场域，"这些资本也确实参与、影响甚至决定着教育场域的运行过程，但这些资本并非足以界定教育场域的基本资本形态（刘生全，2006）"[②]。旅游管理专业是应用性极强的专业，在旅游产业蓬勃发展、特种旅游、专项旅游等特色产品方兴未艾的情况下，需要有效提升教师行业把控水平，增强学生专业认同感，搭建良好的校企合作平台。在延展教学场域的同时，有效处理好教师、学生、学校、企业、公众等资本要素的竞合关系，显得尤为重要。

---

① 布迪厄,华康德.实践与反思:反思社会学导引[M].李猛,等译.北京:中央编译出版社,1998.
② 刘生全.论教育场域[J].北京大学教育评论,2006(1):78-91.

（3）海量信息激荡促使惯习异变化

惯习即千差万别的性情倾向系统。随着物联网、大数据、云计算和移动互联等技术的推广，产业正在积极推进智能化融合。旅游业作为一个综合性产业，互联网将把旅游产业带入"大智慧旅游""智慧旅游 2.0"时代。并且，移动终端的普及，带来高校数字化的普及，现代教学正充分利用手机、微信、电子邮件、QQ 等快捷的联系方式，使教学内容得以在课内深化、在课外延展。在布迪厄看来，"场域与惯习密不可分，客观位置的场域与建基于此的主观态度密不可分，也即与行动者的实践和表达构成的系统密不可分（布迪厄，1998）①" 产业发展和教育对象变革促使旅游管理专业教学场域主体的惯习发生着深刻的变化，使学科的教学方法和理论必将进行深刻调整。

（4）资本要素博弈推进场域自主化

布迪厄把场域的多元化归因于社会分化，把场域分化看作"场域自主化"的过程。自主化则是指一个场域脱离了其他场域的束缚，逐渐形成自己独特性质的过程②。自主化即某一场域摆脱其他场域的限制和影响，渐渐发展成自己特有的质性的过程。资本，是推进场域自主化的要素，必须与场域联系在一起才能存在和发挥相应的功能。教学的场域内除了教育资本在起作用，还同时渗透着社会、经济等资本形态，这些资本要素相互作用、竞争、合作，推进场域自主化发展。今天旅游的发展对今后从业人员提出了更多要求，学生将拥有更好的就业平台，也会面对更多元的工作环境，这些都要求当下迫切需要打破现有的教学模式，在处理好对接企业实用人才培育的用人诉求的同时，为整个行业高端人才培养预留空间和机会。

---

① 布迪厄，华康德.实践与反思：反思社会学导引［M］.李猛，等译.北京：中央编译出版社，1998.
② 同①.

4.2.2　经济新常态下高校旅游管理专业教学场域的重构

1）场域主体重构——整合多元教师团队

教学场域主要包括教师及学生，对于本科院校而言，传统科研学术性教学团队对于学生专业素养的培育及科研基础能力具有不可替代作用。但是，随着今天学生需求的多元化及行业对实用性人才要求日益苛刻，传统的以理论研究为主体的教师团队格局，已经不能满足旅游管理这种应用性极强的专业人才培养诉求，越来越呼唤学院式、双师型人才加入旅游管理教学团队中。这样的培养模式，一方面，在培养学生学术品质及科研创新能力的同时，激发学生的行业认知能力和实践应用能力；另一方面，通过接触著名行业成功人士，增强了学生对话企业的能力，利于培养其独立思考和合作交流的意识。甚至可能是今后学生进入行业，实现就业和自主创新的重要平台。

2）资本权力反转——师生关系角色互换

师生之间多重心理及人际对话关系构成了教学场域的复杂性。乔元正（2015）认为："在场域中运作的各种权力与资本存在着相互竞争的关系，其中占主导地位的资本形式决定了场域的逻辑，高深知识作为文化资本决定了大学场域的学术逻辑。"[①]在传统教学场域中，教师由于掌握了更多的"资本"，因此对于场域有绝对的控制"权力"，教师主导型教学构成了传统教学的主要特征。随着现代信息技术的推广及高校数字化建设的推进，海量的信息构成当代大学生思想观念和学习生活的重要内容，师生之间在信息的可获取能力上实现了均衡。因此，对于旅游管理这一应用性学科，当下的教学要义，不在于知识的传递，而在于在场域要素博弈的背景下，引导学生获取有效信息、筛选有效信息、甄别信息价值以及推动价值创新。也正是在这样的过程中，师生之间实现了平

---

① 乔元正.大学场域论释义:问题、特质与意义[J].高教探索,2015(4):28-31.

等及角色的互换。

3）场域边界突破——有效延展课堂空间

教学的成败终须社会来检验。所以,教学不可能也不应该囿于课堂,而是"要素关系、权力关系及资本关系斗争的场所",需要充分考虑与其相关的各种要素关系来构建教学的网络结构。因此,教学就是"无休止地变革的地方"。旅游行业的无边界性,使其成为了一个无所不包的行业,因此,课堂、网络、行业、科研及实践等场域的整合、碰撞和调适也使得旅游管理专业的教学场域实现了无边界化。在这一动态发展中逐步形成具有凝结和凝聚、熏陶和涵化、约束和自律的文化教育场,达到教学在场(Presence)和教学不在场(Absence)的动态统一体。

4）场域自主创新——重构人才培养模式

布迪厄将人类社会分为社会结构(由客观位置的场域构成)与心智结构(指向行动者的主观态度,有先验性),这两种结构均是生成的、历史的产物。在传统教学理念及高等教育规模效应诉求的指引下,我国高等教学中,教师习惯于讲课,学生习惯于听课;教师推崇课堂控制,学生服从课堂秩序。这种心智结构或主观态度构成了高等教育教学的"惯习",即教育场域的职责是"传播知识"。教育的理想状态是自主和自由,但由于世俗物质的限制,这种自由是有限度的。当要求要履行一定社会责任时,自主性的局限就会凸显出来。场域主体不愿意、不习惯或不适应新的变革。因此,要实现旅游管理专业的创新,必须打破固有场域的格局,厘清专业教育的社会责任,通过主体重建、资本平衡、权力制衡、边界突破等方式,完成新常态下教育场域的稳态,实现场域自主创新(图 4-2)。

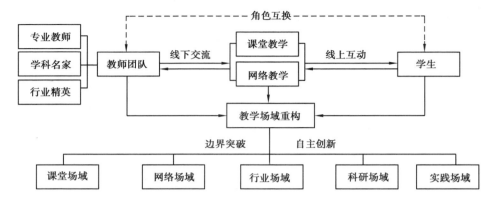

图 4-2　经济新常态下高校旅游管理专业场域的重构

4.3　旅游管理专业混合研讨教学体系构建

研究结果表明,研讨教学能增强学生的终身学习取向,越早进行研讨教学模式,越能以从前未经测试的方式积极影响复杂的学习(Ryan et al.,2013)①。学生是学习的主体,而非知识的容器。旅游管理专业教学尤其强调学生将理论与实践整合的能力,这就要求教师把学习的主动权交给学生,让学生有自主学习的时间和空间来进行更加深入细致的思考与获取自由体验的机会。在混合研讨教学模式运用中,要充分调动学生的求知欲,促进学生主动学习,提高他们的学习兴趣,把提高成绩的外在动机转化为热爱学习的内在动机。学习过程中,教师们的职责在于鼓励、引导、点拨,是学生学习的"助产者"。

4.3.1　旅游管理专业混合研讨教学模式的特征

教学时间随机随时。随着网络课程的普及,网络课程的时间划分不再局限

① RYAN D P, JENNIFER R K, ERNEST T P. The impact of first year seminars on colledge students' life-long learning orientations[J]. Education Journal of Student Affairs Research and Practice, 2013, 50(2): 133-151.

于原来的课堂前、课堂中、课堂后 3 个阶段。学员可以提前参加网上课程,并完成相关的作业;在同步制教室里,学生能够根据老师的安排,顺利地完成每个阶段的学习任务;除此之外,他们还可以通过录像、电子笔记等信息技术手段,对教学内容进行异步观看,并与网络课程相结合,完成学习任务。这种在线、灵活且可以打破时空限制的学习方式,打破了传统的固定模式,实现了教学时间的混合,为学生提供了更多个性化的学习时间。

教学方法融合互促。数字签到、回答、提问、分享、讨论、测试、反馈等已经融入传统的讲授、研讨、讨论、协作、探索等教学方式中。这些特点促进了课堂朝着多模式混合研讨教学的方向发展。这种线上与线下相结合的研讨教学方式,不仅能够增强课堂趣味性与互动性,还能完整记录课堂教学全过程的数据,为准确的智能学习分析、科学地调整教学计划提供了依据。我国很多高校的混合研讨实践都采用了混合学习平台(如学习通)签到和提问的方式来加强课堂互动。

教学评估价值多元。随着线上教学和线下教学的日趋融合,以期末考试为代表的总结性教学评价方式正在经历变革,过程性评价与总结性评价正在逐渐融合。在教学过程中,对课堂表现、教学互动、作业测试、小组讨论和其他学习行为的评价也日益被重视,正逐步形成一种混合评价模式。该模式包括自我评价、学生相互评价、小组评价和教师评价。教学评价的重建已是当前教育教学改革的重要任务之一,目的是建立一个更加公平合理的教学评价体系。

4.3.2　旅游管理专业混合研讨教学模式的维度

计算机及网络的广泛应用,缔造了混合学习模式的雏形,实现了将讲授、实践、书本、师徒观摩、谈话、阅读等多维教学方式的结合。20 世纪 60 年代,互联网技术的迅猛发展推动了全新教学模式出现,混合研讨教学被赋予了新的内涵。混合研讨教学以学习者为出发点和归宿,有效实现学习环境中相关要素的合理配置与协调运行,通过学习资源利用的最大化,实现了学习主体的全面、和谐、最优发展。"面对教学与不同类型的技术媒体相融合"①是混合研讨教学模式的核心,结合旅游管理专业的特征,其混合教学方式包括6个混合维度,分别是教学模式的混合、学习方法的混合、交互方式的混合、学习工具的混合、教学资源的混合和教学评价的混合(图4-3)。

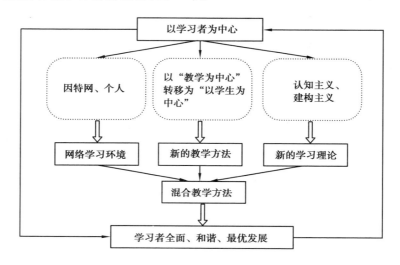

图4-3 旅游管理专业混合教学模式的生成机制

第一,教学方式的混合。教学方式混合化即最基本的形式是将传统的课堂教学与互联网在线教学相结合。在这种模式下,教学方式不仅包括传统的面对面教学,教师与学生直接进行知识传授,也涵盖学生在课前和课后利用网络课程平台进行相关课程的学习引导和疑难解答。具体混合教学方式如:运用手机云班课的软件,开展小组合作学习案例导入,情境教学法,翻转课堂等多种喜闻乐见的教学方式。

第二,学习方法的混合。在混合教学模式中,学生自主学习和协作学习方法都有混合的特征。自主学习学生既可通过个人查阅图书资料、请教、探索实验、实地调查等传统学习方式,又可利用网络进行相关信息的检索、获取处理等在线学习方法。协作学习方式不仅可以通过传统教学环境中的小组讨论、团队

---

① 许明.当代国外大学本科教学模式的改革与创新[M].福州:福建教育出版社,2013.

协作交流等,还可以通过线上交流研讨会等。具体混合学习方式如:线上与线下的混合、基于学习目标的混合、学与习的混合(学与习相互验证,学习相长)、学习与工作的混合、学习与工作实习相结合(李之芝 等,2012)①。戴维·H.乔纳森(David H.Jonassen),提出了有意义的学习的理论。有意义学习与高阶学习是等同的,高阶学习即学习者采用高阶能力,尤其是高阶思维来获得有意义的知识。有效地运用科技手段,能提高学生的高级思考能力。因此,在实际的教学中,要检验高层次思维能力的培养,可以通过观察是否发生了高阶学习来进行评估。高阶学习的任务具有复杂性和情景性,能够帮助学生解决复杂的劣质问题,从而培养出更高层次的思考能力。在高阶学习过程中,学习者更多的是通过一个学习群体或知识群体来进行学习,使自己的能力得到发挥。高阶学习具有 5 个特征,它们之间存在着相互影响、相互依赖、协同共生的关系(图 4-4),当融合各种特征时则会产生更有意义的学习效果(乔纳森,2007)②。

图 4-4　积极学习的 5 种属性

图片来源:乔纳森,等.学会用技术解决问题:一个建构主义者的视角[M].任友群,等译.北京:教育科学出版社,2007.

---

① 李之芝,王会平,叶志国,等.生理学课程混合式学习方法应用研究[D].杭州:浙江大学,2012.
② 乔纳森.学会用技术解决问题:一个建构主义者的视角[M].任友群,等译.北京:教育科学出版社,2007.

第三,交互方式的混合。混合教学模式中的交互方法涵盖了传统教学模式中老师和学生之间的实时面对面沟通交互,同时还包括利用网络信息技术进行异地异时的交互。这种交互可以通过电子邮件、社交软件、聊天工具以及网络课程中的论坛等方式进行。

第四,学习工具的混合。在混合教学模式中,教师既需要运用传统教学工具如黑板、粉笔和教室等,又需要使用网络教学工具如网络电子设备和即时通信工具。根据不同的情况,运用不同的教学手段,使其发挥出最大的作用。

第五,教学资源的混合。在这种混合教学模式下,教师要充分利用传统和电子教学资源,提高教师的教学效率。传统的课本、笔记和讲义等是纸质的,而电子的信息资源是有关课程辅助的音频、视频、动画和多媒体课件等。

第六,教学评价的混合。混合教学模式下的教学评价是多元化的,评价主体包括教师评价、学生自我评价、学生间互评以及师生互评等多方参与者。同时,评价方法包括学习过程中的形成性评价和课程结束后的总结性评价等多种方式(李响 等,2016)[1],具体通过在线课程监督、课堂问题反映、课下同步跟踪、课堂满意度调查等的角度来检验教学效果(许婷 等,2016)[2]。

4.3.3　旅游管理专业混合研讨教学模式的应用

混合研讨教学模式的应用可以鼓励学生进行独立思考。混合研讨会的主题由授课老师精心挑选,根据学生的水平进行调整,然后提交学生讨论。主题通常是基于旅游业最近发展中出现的问题,因此不包括在教科书或课程材料中。同时,混合式学习方法提倡以学生为主导,教师为辅助的学习方式,这种学

---

[1]　李响,皇甫大恩.混合教学模式研究[J].中国教育技术装备,2016(24):149,152.
[2]　许婷,朱雅芳,李壮峰.基于设计的混合教学模式的实践研究[J].软件导刊(教育技术),2016,15(8):82-85.

习方式区别于传统授课中提供标准化答案或部分指导,只有当学生在推理过程中出现重大错误时,教师才能纠正他们。学生也只有自己思考,设身处地,才能找到有效答案。通过这种方式,可以培养学生独立思考的能力。

混合研讨教学模式可以培养并提高学生的交流合作能力。在现代社会,合作和沟通能力被认为是优秀人才的基本要求。然而,传统课堂导致学生的沟通和合作能力往往很弱,学生不需要与他人沟通和合作就可以实现学习目标。混合研讨学习的两个重要环节是小组工作和课堂讨论,它允许学生在小组和班级中表达自己的意见和建议,并与他人讨论什么是有效的或无效的。同时,学生可以通过倾听别人的建议,根据自己的长处和短处修改、整合和完善自己的想法,在合作和交流的过程中提高自己的水平和技能。

由此可见,混合研讨教学模式在旅游管理专业教学中对发挥学生的主体作用大有裨益,不仅让旅游管理专业教学更为生动形象,还重视学生的课堂参与,能够培养学生的独立学习与思考能力、创新精神与实践能力。因此,将混合研讨教学模式进行推广,对旅游管理专业教学发展有其重要意义与必要性。

4.4　旅游管理专业混合研讨教学模式实施

4.4.1　旅游管理专业混合研讨教学模式实施路径

激发学生的独立研究思维很重要,要重视呈现更具开放性的情境和材料。发展混合式研讨教学模式应贯穿始终,建立教师与学生、学生与学生之间的互动模式,提倡教学方法多样化、学习方式灵活化、评价方式多样化、结果反馈及时化。具体实施路径如图 4-5 所示。

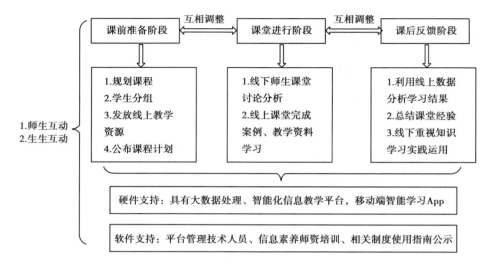

图 4-5　混合研讨教学模式实施路径

1）课前准备阶段

混合研讨课要帮助学生养成发现、调查、解决问题的能力。要求教师充分了解课程的要求和学生的特点,选择合适的混合学习平台,需要准备大量的材料,并建立一个课程材料数据库。学习材料数据库包括与课程相关的学习材料,如电子书、视频、课堂作业、相关学习出版物和热门新闻文章。一个多样化和丰富的学习材料数据库对于激发学习者的学习兴趣是必要的。为了实现有效的教学,线下课堂教学以研讨小组为基础,课前需要进行学生分组。

2）课堂进行阶段

小组发言的形式应灵活多样,如圆桌会议、模型讨论、案例分析、情境模拟等,让学生充分参与到独立讨论中。专题讨论是指教师设置灵活的主题,让学生从中选择符合课程要求的知识和问题情境。混合式研讨方式有利于学生发散思维,小组协作式研讨方式也有助于提高学生的创造力。教师应该充分利用课堂的学习,关注学生所学的内容和知识,在早期培养学生解决问题的能力。例如,在教导某个社会问题时,教师应该把重点放在社会案例分析上,利用"边做边学"来创造社会案例情境,使学生能够理解课堂内容与现实生活问题的相关性。G 校旅游管理课程多为小班教学,重点是在有限的课堂时间内发挥每个学生的个性。在小组展示或线上平台展示学生的想法时,教师需要避免"划水"的情况,确保每个学生都参与其中,同时必须尊重他们的个人表达。教师需要在课程开始前通知学生所有环节,以便将混合研讨课程连贯起来。混合学习平台上主要完成教材的学习、相关知识的测试,而线下课堂主要是完成课题的讨论、成果的展示和师生点评。

3）课后反馈阶段

混合研讨教学模式注重学生思想的碰撞,所以教师在给学生授课时需要注重形成性评价和总结性评价的结合。混合式学习平台可以进行实时评估,实现教师和学生之间以及学生和学生之间的相互评价。根据评估情况,任课教师可以对学生的问题进行线上指导和实时反馈。除了对学生学习影响的评估外,还应该引入课堂影响评估,使教师能够调整教学方向,提高练习课程的质量,同时检查课程内容是否符合学生自身的认知水平。

4.4.2　旅游管理专业混合研讨教学模式实施保障

1）硬件保障

首先,混合学习平台建设要简洁明了。混合研讨课需要学习平台具备在线学习、讨论、评论、评估和统计的功能。根据教师和学生的不同需求,教学平台要有教师端、学生端两种登录方式。学生可以通过输入账户密码观看教学视频,在讨论区进行互动,并直接通过短信或电话进行沟通,使其更容易使用;教师可以实时监控学生的访问次数和使用教材的时间,进而能够及时评估学生的学习进度。选择混合研讨学习平台时,重要的是要考虑老师和学生的意见,确保程序不因过于复杂而引起教师和学生的反感。其次,教学平台建设要有连续性。混合研讨课应体现出"问题引导—发现问题—解决问题—形成能力"的循环逻辑,不同环节之间的联系不能被打破,混合学习平台在所有教学环节中要全面覆盖学生的学习讨论。最后,混合学习平台应该是智能化和系统化的。在选择混合学习的学习平台时,一定要看它是否具有智能管理和推送学习资料的功能。智能化学习平台可以及时推送创新知识,学习内容应符合师生的浏览习惯和课程要求。系统化是指学生管理系统、教师管理系统和学习监控系统的互联,并利用这些系统的数据信息,实时反馈学习效果,支持师生的学习发展。

2)软件保障

没有网络平台技术团队,就不可能建立混合研讨学习平台。技术团队负责管理网络平台和解决技术问题。教师团队应积极提供混合学习培训,其内容应具有针对性,并反映互动课堂的需求。同时,教师之间的经验交流也应加强,并注重课程开发、教学工具和混合研讨学习模式下的平台功能使用经验推广。

第 5 章　大数据语境下旅游管理专业混合研讨教学模式创新

5.1　大数据语境下混合研讨教学模式创新背景

5.1.1　大数据技术推动教学改革走向纵深

自三次工业革命以来,人类从机械化步入了电气时代,而后又进入了信息时代,正向着智能化发展不断深入,大数据已经成为一种不可或缺的战略资源,并且在推动产业网络化发展中起着至关重要的作用。近年来,各行各业都在以大数据为内核,不断延伸大数据的应用深度和广度。随着 MOOC 在教学中的应用,大数据对教育业的影响也逐渐凸显。因此,面对教育日益严峻的挑战,发展互联网与教育行业的融合与应用创新,推动大数据技术在教育业深化应用极其重要。

5.1.2　研讨教学成为教学创新重要内驱力

教育家赞可夫说:"教会学生思考,这对学生来说,是一生中最有价值的本钱"(郭晓松,1998)[①]。研讨课作为一种教学方法,在加强学生的思想教育,提

---

① 　郭晓松.培养思维能力提高学生素质[J].技术物理教学,1998(1):10-11.

高学生的课堂参与度和提升研究探索的能力方面,具有十分重要的作用。随着新课改的实施,各个学科都在为了更好地推动教育形式的创新引入先进教学方式,其中研讨课被普遍应用到课堂中。研讨课的目的是相互交流、学习和借鉴,但不根据教学的实际情况一味地照搬成功案例是不利于提高课堂效率的。在实施过程中,存在着很多疑问和无法解决的问题。因此,怎样让课堂能够达到最佳效果,让研讨课能够实质性地推动新课程的进行是一个亟待解决的问题。

5.1.3 新时期旅游管理专业亟待教学创新

随着旅游管理专业人才体系的不断健全,对于专业人才有了更新的需求,因此,旅游管理专业教学内容和课程设计体系也需要随之变革,这同时也是业内人士探讨的热点与重点。对于旅游管理专业的学生来说,具备组织协调、管理团队、灵活应变、沟通等一系列能力是至关重要的。信息化课程不仅能够改变传统的教学环境,为学生提供一个良好的学习环境,而且能够帮助老师制订合理的教学方法,满足学生的学习需求,更好地将所学知识与社会接轨。因此,突破传统的教学模式,使旅游管理专业课程学习所面临的问题能从一个新的角度获得解决方法。

5.2 相关研究综述

5.2.1 大数据对教学改革影响相关研究

1)国外研究

关于大数据概念的起源,可以追溯到奥地利科学家维克托·迈尔·舍恩伯格,其撰写的《大数据时代》中率先提出了大数据概念,是最早预测并描绘大数据时代发展趋势的数据科学家之一。随后大数据被应用于各行各业,并成为复杂且持续增长的现象,国外学者普遍认为大数据可以科学客观地解决一些医疗、犯罪、教育、气候等方面的问题。美国、德国、英国等国家由于技术起步早,关于大数据与教学关系的相关研究开展和进行得也比较早。其中《透过教育数据挖掘和强化教学》这篇文章中,美国教育技术办公室归纳并汇总了美国的教育数据挖掘及学习分析的相关研究和应用现状,且给予了一定的完善提议(舍恩伯格 等,2015)①。"学习分析系统"是美国教育部门大数据研究的应用成果,它可以向教育工作者提供更准确的信息。在课程教学过程中,将大数据时代的网络技术运用于教学上,有利于知识的学习。Siemens G 和 Long P(2011)指出未来高等教育变革将朝着灵活的课堂设计和创新的视觉表现发展,而其中最为关键的在于大数据的分析与运用②。在 2012 年,美国一些杰出的高等教育机构抓住了数据化学习革命的机遇,相继创建了在线学习平台,提供免费的在线课程,成功地吸引了数百万来自全球各地的大学生。在这些教育机构里,有很多专门为那些没有任何资源或时间限制的学生而设立的"虚拟教室",如"校园图书馆"等,供学生们自主选择自己喜欢的课程进行学习。此外,成立于 2007 年,位于日本福冈县的日本网络大学(Cyber University),其致力于通过数字技术推进知识和教育的普及,是日本罕见的全面提供互联网课程的高等学府。该高等学府运用流行的大数据技术,借助媒介工具和数据分析追踪学生的学习进程,并根据他们的能力制定学习内容,同时预测他们的执行情况。这些都为我国开展混合式学习提供了借鉴。

2)国内研究

教育大数据正在成为一种战略性的教育资产,对于推进教育改革具有特殊的意义。关于大数据与教学的研究国内相对较为滞后,但就目前而言,国内学

---

① 舍恩伯格,库克耶.与大数据同行:学习和教育的未来[M].赵中建,等译.上海:华东师范大学出版社,2015.
② 徐玉辉,唐琼,田晓云.基于大数据理念的翻转课堂教学实践改革研究[J].衡阳师范学院学报,2016,37(2):150-152.

者对大数据与课程教学的相关研究较多,已经成为当前的研究热点。从文献的分类来看,大多集中在大数据技术与具体学科的结合应用,且学者们均认同大数据在课程教学中的促进作用和必然趋势。陈琳等(2020)将大数据时代下的教学定位于智慧教育,认为其通过移动互联网及终端设备,实现了学习教育的全面覆盖和时空延展,并将晦涩、抽象的知识向着更加形象易懂的形式转变,极大程度上降低了学习难度[①]。随着时代的发展和信息技术的完善,促使课程教学呈现新的趋势。周冠环等(2020)指出,今后教育改革将以信息素养为基础,以信息化终端配备为支撑,以智慧教育云平台为载体,以可视化深度学习为诉求,以智慧化教育管理为模式,以终身化教育为风向[②]。

5.2.2　混合研讨模式相关研究

1)国外研究

德国教育家弗兰克最早于 18 世纪提出研讨式教学模式,并在当时施行(Paulsen,2010)[③]。美国高校最初由于学生逃课率高等原因,引入研讨课相关建设,后经过不断变革和发展,美国高校研讨课建设体系逐渐完备并成为了教学特色(柯长青,2021)[④]。自 1963 年哈佛大学实现研讨课从适应性课程转向学术性课程的成功创新以来,这种教学形式在美国引起了强烈的反响,研讨课朝着多元的方向发展成为国际教育学界讨论的热点和重点,获得了丰富的发展和众多的成果。

通过检索和查阅各种电子资源文献数据库,笔者发现已有国外研究主要集中在对于美国研讨课课程实施现状的研究。从理论研究来看,国外有关研究主要从以下几个视角出发:第一,比较的视角。波茨·格伦(Potts Glenn)和舒尔

① 陈琳,陈耀华.智慧时代中国教育现代化特征论[J].中国电化教育,2020(7):30-37.
② 周冠环,吴佩蓉,赵鑫.教育信息化 2.0 时代基础教育改革的机遇、挑战与走向[J].教学与管理,2020(33):13-16.
③ PAULSAN F. German Education Past and Present[M]. New York:General Books LLC,2010.
④ 柯长青.数字地球:新生研讨课的探索与实践[J].高等理科教育,2021(2):53-57.

茨·布瑞恩（Schultz Brian）通过对不同学生分组进行研究，发现研讨课能够帮助处在学习边缘的学生获得学术上的成功（史力钧，2013）①。弗里德曼·丹尼尔·B（Fried Daniel B.）和玛莎·伊丽莎白·G（Marsh Elizabeth G.）探究了专题式研讨课和转换式研讨课的异同，通过教学实验对两组学生采用不同模式进行对比，发现如果仅考虑学生个体层面，不同模式教学的成果具有显著差异②。美国学者也通过两组实验对比研讨课的学分绩点对较低年级的新生产生的影响来探索评估研讨课的标准，实验结果也表明研讨课的优势是明显的。第二，历史的视角。研究者 Levine 认为，学术性新生研讨课最初是为新生提供一个与教授共同探讨感兴趣的课题的学习机会和合作机会而使用的一种教学技巧③。第三，评价的视角。学者克拉克·M.H（Clark M.H.）和坎迪夫·尼克尔·L（Cundiff Nicolo L.）在运用倾向评分分析实验数据后，发现虽然在表面上研讨课效果并不明显，但在考虑每个个体在能力上的差别后，研讨课的优势是更加明显的（史力钧，2013）④。

2）国内研究

2003 年，何克抗教授将"Blended Leaning"引进了国内，我国教育界也由此迸发出相关研究。我国目前的研讨课在借鉴美国的同时，进行了本土化改革⑤。通过查阅相关资料，笔者发现当前对研讨课的相关研究大多为探究性研究，主要从分析各大高校成功运用研讨课的案例的角度，开展研讨课向多元发展的研究。以下是其中具有代表性的研究：学者李益顺（2002）等认为研讨式教学是以学生为主体，将教学与研究有机结合的教学模式⑥。学者李均（1996）对德国习明纳教学的产生与发展进行了研究，并提出习明纳对当今我国高校研讨课的

① 史力钧. 地方高校"新生研讨课"模式与管理研究：以广西大学为例［D］.南京：广西大学,2013.
② 同①.
③ 王辉,潘敏.新生研讨课发展历程及中美新生研讨课类型划分［J］.教学研究,2013,36(6):57-60.
④ 同①.
⑤ 同③.
⑥ 李益顺. 研讨式教学中"自我中心论"探析［J］.湖南师范大学教育科学学报,2002,1(3):102-105.

改革具有重要的借鉴意义①。李娟(2017)依据学生学习的进度,首次提出了研讨式教学的五步法,第一阶段为选题,第二阶段为自主探究,第三阶段是学生以小组为单位进行讨论和沟通,第四阶段为团体的外部述评,第五阶段是教师总结。五步法一经推行便被多数学者认可和接受,成为了研讨式教学的经典实施方案②。张利荣(2012)通过对研究性学习在美国研究型大学发展的探索,分析了我国部分大学创新实践活动和课堂教学实际中的概况,并从大学生的学习现状和对大学研究型学习的认识与参与情况进行了调查,提出了大学生进行大学研究型学习的策略和教师组织大学研究型学习的教学策略③。

5.2.3 研究评价

当前有关教学模式的各种研究很多,国内外对研讨课这种教学模式的研究也非常丰富。然而,每个研究的角度不同,有的是从单一角度开展研究,有的是站在全局的高度开展相关的研究,这些研究都是非常具有代表性和借鉴意义的。相比于国内学界,国外研究起点更早,理论及相关应用更加丰富,研究主要侧重于课程实施现状分析。而国内大部分学者更多将关注点落脚在对教学改革方向的讨论上。我国研讨课模式是从国外借鉴而来的,在对国外模式的移植和尝试中,需要不断创新,形成符合我国具体实际情况的、富有地方特色的混合教学模式。但目前我国研讨课模式比较单一,需要考虑细分教学模式,并结合各地方的特点分阶段地采用不同的混合模式。综合国内外学者的大量研究,现有研究的主要结论和成果已经说明了研究性学习理念的提出是历史的发展和现实的必然选择,是教学改革的方向,也是改革学习方式的最佳选择(张利荣,

---

① 李均.习明纳:历史考察与现实借鉴[J].石油教育,1996(10):62-64,47.
② 李娟.研讨式教学的探索与研究:一个文献综述[J].大学教育,2017,6(12):15-18,46.
③ 张利荣.大学研究性学习理念及其实现策略研究[D].武汉:华中科技大学,2012.

2012)①。正如苏格拉底所说的："教育不是灌输，而是点燃火焰。"

大数据的出现在一定程度上解决了传统教学无法解决的问题，将大数据应用在教育领域，以客观科学的数据分析结果为教育领域提供有效的决策与建议，能够引领教育进入一个更为开放，更具个性的新时代。随着大数据技术的深入发展，现代化教学模式是教育变革的必然结果，大数据和教育的融合发展也将以势不可挡的力量冲击传统教学模式。在大数据语境下，从研讨课在教学课程中的应用出发，通过分析旅游管理专业课程的现状，讨论融入研讨课以促进旅游管理课程教学发展的现实条件和现存问题，进而提出相应建议对策，促进课程教学发展。

5.3 大数据对高等教育的意义及运用

5.3.1 大数据对高等教育的意义

人类历史上有两次重大的教学革命，一次是孔子在公元前 300 年开创了教育先河，另一次是夸美纽斯在 16 世纪创立的一对多教学模式（徐玮，2013）②。在快速发展的信息时代，大数据的出现对传统教育产生了巨大冲击，教育再一次有了一个大的跃进。在教学模式方面，大数据提供的教育平台让高等教育的教学模式更为多元，包括远程学习、在线学习等。通过多元学习模式的建立，多种学习方式的组合等，大数据可以提供给每个学生独特的数据线索，也可以对学习情况进行实时分析并给予反馈。可见大数据掀起的在线教育浪潮已经较为广泛地影响着高等教育。在教学方式方面，大数据基于现代教育技术的推进

---

① 张利荣.大学研究性学习理念及其实现策略研究[D].武汉:华中科技大学,2012.
② 徐玮.大数据对高等教育的影响和挑战[J].教育教学论坛,2013(37):4-5.

与教育相结合,弥补了传统教学方式的不足,学生不再只是被动地接受知识,他们可以主动发现知识,也可以选择更多更丰富的自主化学习。可见大数据对促进高等教育人才培养的个性化有着强大的推动作用。大数据是高等教育发展的活力源泉,不仅能够创新教学活动,亦可使高等教育理念向着多元主体、广泛受众、开放包容等不断改进。

5.3.2　大数据对高等教育的影响

自 2011 年以来,在线教育在美国教育界掀起了一股热潮。2012 年,我国教育部也开始引入在线教育,以全国高校为"知识源",向全社会开放和共享高等教育资源。大数据的发展,不仅改变了人们的生产生活方式,也对高等教育产生了巨大影响。在教学空间方面,在线教育突破了传统教育中实体教室的限制,不仅能为学生提供更加自主的学习空间,满足学生学习的自主化和个性化,而且它在线上教学、课外辅导等各个领域也有着明显的正面影响,能够提高学生的学习效率、拓展学生的知识面。在教学工具方面,大数据技术的运用为多样化的在线教育平台和教学工具的出现提供了技术条件,丰富多样教学工具的使用,推动了教学信息化、数据化,既可以辅助师生自主学习,同时也可以通过学习情况的不断反馈,对学习结果进行预测,动态调整教学方式以实现更为优质的教学状态(张书华 等,2018)[1],如图 5-1 所示。在教学方法方面,传统的课堂教学一般采用讲授法,是一种单向流动的教学方式,教学方法与手段比较单一,而在大数据背景下,采用微课、慕课、学习通、雨课堂等方式,不仅能够让学生学习脱离时空的束缚,而且能培养学生自主学习的兴趣与能力。

---

[1]　张书华,杨卓.大数据对高等教育教学的影响[J].绿色科技,2018,20(17):274-275,316.

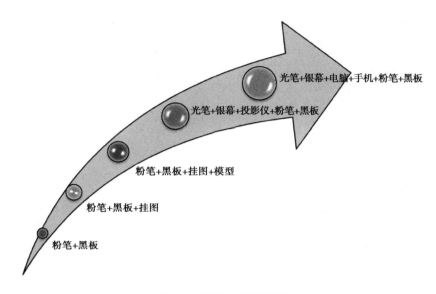

图 5-1　教学工具的发展

5.3.3　大数据在高等教育课程教学中的运用[①]

如今,大数据深刻影响并改变着人们的生活日常,课程教学则是学术界、教育界一直存在的热点话题,而厘清大数据与课程教学的文献所涉及的领域、主题和研究的侧重点对进一步分析我国课程教学的发展方向有着至关重要的作用。人工智能、机器学习和数据挖掘等技术进一步驱动信号发展,呈现信号转化为数据,数据分析为信息,信息提炼为知识,知识促成决策或行动(陈坚林,2015)[②]。大数据的发展引发了更深层次的信息化,信息化催动了课程教学的模式、内容、学科、教学主体等的改变,信息技术与课程教学的全面整合,使其成为课程的有机组成部分,同时也丰富了大数据和课程教学这两个概念之间的内在逻辑联系。《国家中长期科学和技术发展规划纲要(2006—2020)》《国家中长期人才发展规划纲要(2010—2020)》《国家中长期教育改革和发展规划纲要

[①]　王金晓,笪玲.高校课程教学中大数据运用的研究现状及展望:基于 Citespace 的可视化分析[J]. 河北大学成人教育学院学报,2023,25(1):92-101.

[②]　陈坚林.大数据时代的慕课与外语教学研究:挑战与机遇[J].外语电化教学,2015(1):3-8.

（2010—2020）》等纲要强调实现教育现代化、培育高素质应用型人才（王文平，2016）①。大数据正是教育现代化呼唤的产物，是大势所趋，课程改革更是离不开大数据的开路与支撑。要如何利用好大数据技术，使大数据与课程教学更加交融，进一步拓展大数据在课程教学应用研究中的广度和深度，值得我们去深入探索和思考。本文运用 CiteSpace 软件对 2013—2021 年中国知网（CNKI）收录的关于大数据与课程教学的相关研究文献，进行多层次可视化分析，从文献数量分布、研究者及机构、研究主要内容（课程教学模式、课程教学平台、课程教学主体、课程教学学科和课程教学风险）3 个方面梳理和归纳大数据在课程教学应用的研究现状，并进行探讨和思考，以期为深入进行大数据在课程教学中应用的相关研究探索提供参考和借鉴。

1）数据来源与研究方法

（1）数据来源

本部分数据来源于中国知网（CNKI）公开发表的期刊文献，为提高相关主题文献检索的全面性，以"大数据""课程教学""大数据与课程教学"等关键词进行检索，发现知网现存最早关于课程教学在大数据中应用的论文发表于 2013 年，因此本部分的研究文献年段选择在 2013—2021 年，检索时间为 2021 年 9 月 29 日。剔除重复期刊、广告、征文等无效文献，最终得到有效文献 2 606 篇，构成本部分的研究样本。运用文献分析领域普遍运用的 CiteSpace 软件进行可视化分析，能够科学反映大数据在课程教学应用研究的现状。

（2）研究方法

CiteSpace 通过一定算法处理数据，构建知识图谱，以节点、聚类等多种方式展现相关研究领域的热点趋势、核心力量等关键信息（陈悦 等，2015）②，通过数据可视化直观感受科学知识的内在结构和现有规律，所以已经在图书情报和数

---

① 王文平.论大数据时代的教育特点与课堂教学［J］.长江师范学院学报，2016，32（1）：117-120.

② 陈悦，陈超美，刘则渊，等.CiteSpace 知识图谱的方法论功能［J］.科学学研究，2015，33（2）：242-253.

字图书馆、教育学、经济学、计算机、新媒体等领域得到广泛应用。本部分借助文献分析软件 CiteSpace5.7R2 版本对 2606 篇文献样本进行分析，从文献数量分布、研究者机构、涉及领域以及研究的主要内容等方面，以聚类视图和时区视图等形式呈现，梳理不同时期大数据在课程教学应用的研究状况。分析我国大数据在课程教学应用的形成与发展过程，有助于宏观把握大数据在课程教学应用的研究重点和热点，为该领域的持续研究提供参考和借鉴。

2）大数据在高等教育课程教学中应用研究现状

通过文献样本进行分析，从文献时间分布、研究者及机构、研究主要内容 3 个方面，直观呈现我国大数据在课程教学领域的研究现状。

（1）文献时间分布

通过统计 2013—2021 年中国知网收录的有关大数据在课程教学中应用研究的文献量并绘制折线图，可以清晰地反映出在不同时间段，该研究领域的热度和关注度变化。图 5-2 为大数据与课堂教学的发文量年度分布统计情况，根据文献的发表数量，我国关于大数据与课堂教学的研究大致可分为 3 个阶段。

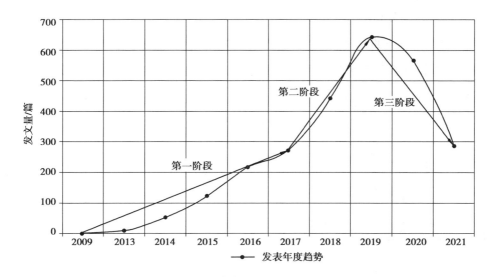

图 5-2　大数据与课程教学的发文量年度统计

注：作者依据中国知网（CNKI）相关数据自绘。

第一阶段(2013—2017年),国内开始出现关于大数据与课程教学的文献,文献数量呈现缓中有进的增长态势。2012年,"十二五国家政务信息化建设工程规划"对信息化发展的布局,标志着我国大数据时代的正式开启,大数据与课程教学的结合逐渐走进学者们的视野;第二阶段(2017—2019年),大数据与课程教学的研究文献数量急速增加,每年的文献增加量在200篇以上,人工智能、智慧课堂等新兴事物的出现为大数据与课程教学的结合提供更多的技术支持和平台支撑;第三阶段(2019年至今),从2019年开始,关于大数据与课程教学的文献发表数量虽然也在逐年增加,但增加的速度呈下降趋势。这可能与大数据在课程教学中应用研究取得初步成效,学者们的研究视角不再停留于高等教育领域,而是更深层次地研究大数据背景下的校企合作、教学伦理等话题有关(图5-2)。

(2)研究者及机构

通过CiteSpace对文献样本进行分析,研究者中发文量超过4篇的作者有3位,有14位作者发文量超过2篇,其中,程平、龙虎和李娜3位学者的发文量超过5篇(表5-1)。相关文献初始发文的时间相对而言较早,程平等(2018)分析ADDIE模型从分析到评价五个要素,从而建立起"云会计与智能财务共享"课程的ADDIE教学设计模型[①]。龙虎等(2020)两位学者结合大数据背景下混合教学模式提高教学效果的显著性,创造性提出大数据技术下的混合教学模式设计原则[②]。

表5-1　发文量超过2篇的作者及机构统计

序号	作者姓名	学科背景	发文量(篇)	初始发文年份	机构
1	程平	会计	5	2017	重庆理工大学
2	龙虎	教育理论与教育管理	5	2020	凯里学院

---

① 程平,陶思颖.基于ADDIE的"互联网+会计"MPAcc财务共享课程教学设计:以重庆理工大学为例[J].财会月刊,2018(22):24-29.
② 龙虎,李娜.大数据技术下的混合教学模式构建研究[J].电脑知识与技术,2020,16(20):142-144.

续表

序号	作者姓名	学科背景	发文量（篇）	初始发文年份	机构
3	李娜	教育理论与教育管理	5	2020	凯里学院
4	陈燕	信息科技	4	2014	大连海事大学
5	余小高	信息管理	3	2015	湖北经济学院
6	蒋远营	统计学	3	2016	桂林理工大学
7	李忠	IT	3	2016	防灾科技学院
8	王想	统计学	3	2016	桂林理工大学
9	周丽	统计学	3	2018	湖南农业大学
10	高天	体育	3	2017	首都体育学院
11	甘泉	工商管理	3	2019	巢湖学院
12	夏大文	信息科技	3	2016	贵州民族大学
13	刘明友	医学	3	2020	贵州医科大学
14	恽鸿峰	计算机	3	2020	长春光华学院

注：作者依据中国知网（CNKI）相关数据自绘。

此外，学者之间的合作也非常密切（图 5-3），图谱中 $N=294$，$E=0$，$D=0$，说明在本次纳入文献中共涉及 294 个研究机构，机构间存在连线 0 条，机构合作网络密度为 0。机构与机构之间的合作非常弱，进一步分析可知文献中涉及 306 个学者，学者之间的连线有 126 条，学者合作网络密度为 0.002 7，学者间合作多为内部合作，石慧、谢志明、李俊杰等学者与其他学者有着或多或少的合作关系，学术交流比较紧密。每位学者背后不同的学科背景，更是体现出大数据下经济学、教育学、医学、信息科技等不同学科之间的交流与联系在逐渐加深。

图 5-3　作者合作关系

注:作者依据中国知网(CNKI)相关数据自绘。

　　从研究机构看,安徽财经大学的研究人员数较多(图 5-4),共发表相关文献 17 篇。此外,江苏警官学院、凯里学院、中南民族大学和贵州财经大学的研究成果也较为丰富,发表相关文章各 14 篇,贵州大学 12 篇,杭州电子科技大学和吉首大学各 11 篇,同济大学和华侨大学各 10 篇。由此可见,对大数据与课程教学进行研究的研究机构较集中于高等学校,研究学者多为高等学校教师和科研人员。

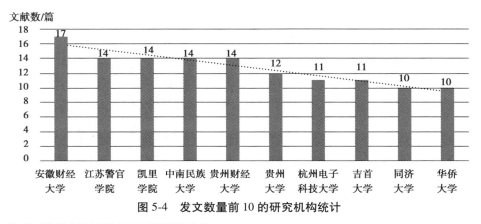

图 5-4　发文数量前 10 的研究机构统计

注:作者依据中国知网(CNKI)相关数据自绘。

（3）研究主要内容

对大数据与课程教学文献的关键词进行共词分析的结果见图 5-5,其中 $N=$ 483, $E=1\,736$, $D=0.014\,9$。说明在纳入的文献中共出现 483 个关键词,关键词间有 1 736 条连线,关键词网络密度为 0.014 9。大数据、教学模式、教学改革、课程教学、教学方法、统计学、数据挖掘等是出现频次最高的关键词。在 632 个关键词中出现频次大于 20 的关键词见图 5-6,为大数据与课程教学领域的研究热点术语。将全部关键词用 CiteSpace 做聚类分析,可以进一步分析我国大数据与课程教学研究领域的主题和范围。如图 5-7 所示,大数据与课程教学前 9 个突现词分别是"数据科学""互联网""教学""课程体系""微课程""云计算""慕课""mooc""课程设置"。将上述聚类进行信息整理并结合我国大数据与课程教学的发展现状,将我国大数据与课程教学的研究主题领域归纳为:①课程教学模式的研究;②课程教学平台的研究;③课程教学主体的研究;④课程教学学科的研究;⑤课程教学风险的研究。

图 5-5　大数据在课程教学中应用的关键词知识图谱

注:作者依据中国知网(CNKI)相关数据自绘。

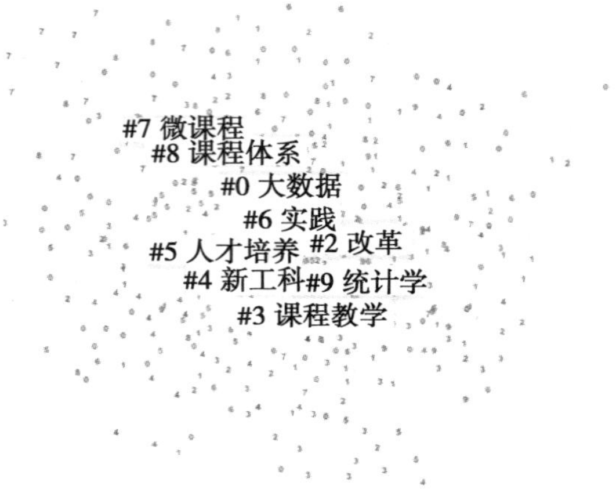

图 5-6　关键词聚类

注:作者依据中国知网(CNKI)相关数据自绘。

Top 9 Keywords with the Strongest Citation Bursts

Keywords	Year	Strength	Begin	End	2001—2021
数据科学	2001	8.33	2001	2013	
互联网	2001	8.31	2001	2013	
教学	2001	7.85	2001	2014	
课程体系	2001	7.69	2001	2013	
微课程	2001	5.55	2013	2016	
云计算	2001	7.7	2014	2017	
mooc	2001	5.02	2014	2017	
慕课	2001	4.15	2015	2017	
课程设置	2001	3.42	2015	2016	

图 5-7　大数据与课程教学前 9 个突现词

注:作者依据中国知网(CNKI)相关数据自绘。

①课程教学模式

大数据背景下,课程教学的模式随之发生改变,这体现在教学计划和内容的调整上,即向培养应用型创新人才和教学课程开发的整体与连贯进行转变

（沈卉卉,2016）[1]。交互设计教学正是课程教学模式改革后的产物,借助信息工具,搭建互动平台,以老师为主导,融入多元教学资源,构建学生与老师双方参与教学内容制作,并实时更新的教学网络平台（杨滨,2016）[2]。翟卫芬（2021）[3]认为这种新型的教学模式通过运用大数据分析技术,可以有效提升教学效率和教学质量,并通过精准教学目标设计、精准确定教学过程、精准教学资源推送、多元大数据采集、大数据学情分析以及精准策略提供六个维度构建大数据精准教学模式。

②课程教学平台

大数据在课程教学平台的应用主要体现在慕课、微课、云课堂、雨课堂等,它们都有一个相同点,不同于传统课堂的教学方式,授课人数不受限制,课时长度更加灵活多变,学习动机以学生的需求和兴趣为导向,突破时间、空间的限制,更加注重多维度、多层面的互动,不再是传统的教师主导,学生作为另一种个体加入到课程教学中,课程的评价也更加多元,充分考虑到系统、同伴和教师等群体,这不仅能有效地弥补传统教学中的一些不足,提升课堂教学效果,更能培养适应社会需求的高素质、应用型、技能型人才（沈卉卉,2016）[4]。这些在线学习平台的出现,是课程教学在借鉴教育大数据深度挖掘发展的产物,但在具体教学应用中也存在一定的问题,例如对学生的监管性差,相对于传统的面对面授课方式,更多的是依靠让人面对枯燥的电脑,虽然学生的平台注册率高,但听课率和结业率却很难得到应有的保证（徐艳敏,2016）[5]。在这种情况下,将传统教学和数字化教学各自优势结合起来的混合式教学应运而生,也只有混合式教学可以克服在线教学的缺点和线下教学的弊端,如基于微课

---

① 沈卉卉.大数据时代高校转型背景下"MOOR"与传统数学教学相结合的应用与思考[J].大学教育,2016,5(5):63-64.

② 杨滨.大数据时代下的交互设计教学分析[J].时代教育,2016(1):202.

③ 翟卫芬.高中通用技术课程大数据精准教学模式构建研究[J].考试周刊,2021(56):108-110.

④ 同①.

⑤ 徐艳敏."MOOCs"在高校课程建设与教学中的应用[J].广州航海学院学报,2016,24(1):62-65.

的"翻转课堂"教学模式,不仅能够实现教学手段、教学内容、教学形式、考核方式的创新,而且能够增强学生主动学习的能力,提高教学效率和教学质量(徐玉辉 等,2016)①。

③课程教学主体

大数据技术应用于课程教学,促使课程教学的主体——教师对教学不断思考,他们的角色也随之发生改变,由教学的执行者转变成课程的研究和开发者,这在很大程度上激发了教师的创造和热情,促进教师成长,提高科研能力进而实现自我完善(沈卉卉,2016)②。同时,学生作为课程教学模式的改革和教学平台的多样化的受益者,也在积极主动参与、探究问题和解决问题中提高了自身的自主学习和终身学习能力(向凯全 等,2016)③。但是,在大数据时代,学生的学习或多或少会受到技术统一的标准化影响,基于此,在大数据背景下,教育应当尊重个体差异,促进个体化发展。在大数据时代,学生的学习时间、学习方式以及学习内容都呈现出了碎片化的特点。翻转课堂、微课以及慕课都在这一方面改进了新型课程。但是,研究者们在对这一类课程进行研究时,常常把它们和传统的课堂相对立,过分强调了学生在课外的学习中所起到的重要作用,而忽略了课堂教学和教师的指导作用。因此,在大数据时代,教师需要加强自身数据素养能力,包括数据处理、数据应用等方面。教师数据素养的培养同时也是大数据时代下促进教学思维变革、教学方式进步等方面的重要因子。可以通过政策推动、体系优化、能力培育等方面探析教师数据素养的发展路径(阮士桂 等,2016)④。

---

① 徐玉辉,唐琼,田晓云.基于大数据理念的翻转课堂教学实践改革研究[J].衡阳师范学院学报,2016,37(2):150-152.
② 沈卉卉.大数据时代高校转型背景下"MOOR"与传统数学教学相结合的应用与思考[J].大学教育,2016,5(5):63-64.
③ 向凯全,陈智博,王民全.大数据的个性化教学管理服务系统与实现[J].电子技术与软件工程,2016(7):171.
④ 阮士桂,郑燕林.教师数据素养的构成、功用与发展策略[J].现代远距离教育,2016(1):60-65.

④课程教学学科

大数据与课程教学相关文献涉及学科的分布情况如图 5-8 所示。由图 5-8 可以发现,大数据与课程教学相关文献排名第一的学科是教育类,以高等教育最为突出,还包括教育理论与教育管理、职业教育、中等教育、初等教育等。排名第二的是计算机类,包括计算机软件及计算机应用、计算机硬件技术、互联网技术、自动化技术等。另外,大数据与课程教学的相关文献还分布在许多不同的学科,如数学、社会学及统计学、会计、外国语言文学、医学、建筑学、图书情报等。利用大数据技术,这些学科依托资源库(包括教学要件库、微课程库、案例库等)建设,搭建了自主教学互动平台,构建了一体化开放式课程教学体系框架(余小高,2016)[1]。但是,不同学科开始利用大数据的时间、利用的效果、侧重点和所期望的成果却各有不同。大数据与外语教学的研究还处于起步阶段,现有的文献数量较少(张慧慧 等,2019)[2];数据挖掘学科符合当下的大数据特性,学科建设主要从培养数据意识、加强理论体系、创新教学方法和深入科学研究 4 个方面解决大数据时代下数据挖掘课程因抽象而带来的问题(李海林,2014)[3];思政课通过创建和完善资源数据库来引导学生利用自己的专业参与课程研讨设计的过程中(黄时进,2017)[4];大数据背景下应运而生的大数据专业知识课程也在通过完善教学体系、丰富教学内容等不断探索和改进大数据专业教学发展路径(夏大文 等,2020)[5]。

---

[1]　余小高.大数据环境下《管理信息系统》课程国际化教学研究[J].软件导刊,2016,15(5):216-218.

[2]　张慧慧,黄丹凤.大数据与外语教学研究文献综述[J].海外英语,2019(22):179-180.

[3]　李海林.大数据环境下的数据挖掘课程教学探索[J].计算机时代,2014(2):54-55.

[4]　黄时进.大数据时代研究生思政课教学改革探索:以中国马克思主义与当代课程为例[J].化工高等教育,2017,34(6):94-98.

[5]　夏大文,王林,张乾,等.大数据应用技术课程教学改革与实践[J].大数据,2020,6(4):115-124.

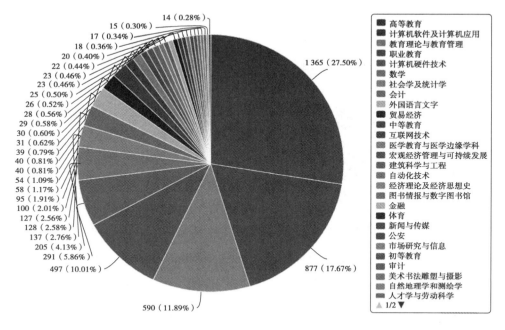

图 5-8 大数据在课程教学应用涉及领域

注:作者依据中国知网(CNKI)相关数据自绘。

⑤课程教学风险

大数据在课程教学中的应用对各种学科发展、平台设计以及数据创新带来很大的机遇,但同时也带来了一定的威胁和挑战,这主要体现在数据库课程冗杂、教学资源利用效果差、不符合学生学习规律、学生学习习惯较差以及由此产生的伦理威胁等方面。随着大数据技术的快速发展,数据呈现爆发式增长,传统数据库已经难以支撑,"针对非结构化数据如网络日志、视频、音频和图像的特点,计算机数据库课程面临实践教学平台不足的问题。传统的数据库课程主要基于商业关系型数据库管理系统,如 SQL Server 和 Oracle。然而,在当今大数据背景下,结构化和非结构化数据并存,非结构化数据逐渐占据主导地位,这导致传统的数据库管理系统作为数据库课程实践平台存在明显的缺陷"

（刘予飞 等,2020）[①]。大数据的发展,网络上各种教学资源种类繁多且质量良莠不齐,使学生学习和教师授课时无法进行有效的资源选择,导致课堂存在很多明显的形式化特点,大数据平台只是将教学资源随意地摆放出来,但并没有使这些教学资源得到合理有效的利用,学生的学习效果较差。教师在教学过程中没有将线上和线下课程有机结合起来,教学活动没有做出相应的转变,导致教师在课程设置时不符合学生的学习规律和特点。高校学生在学习中的自我规划能力不足,在线学习的方式往往会造成他们在学习过程中不能进行积极的自我控制,很容易产生注意力不集中的现象,从而影响到最终的学习效果（霍晓峰,2021）[②]。此外,大数据应用于课程教学过程中还要注意潜在的伦理威胁,张燕南和赵中建指出大数据教育应用为教育教学变革提供了巨大便利,但也存在负面影响,如用户隐私泄露、学生易被数据产生的标签影响从而阻碍自身发展、磨灭学生的想象力和创造力等。因此,有必要在大数据的课程教学中推动伦理原则的建立健全,学生学习的自主权,大数据课程教学平台在数据应用行动中应遵循不伤害人和有益于人的原则,严格遵守公正性原则和可持续性原则,尽可能减少泄露隐私、垄断信息的行为。

3）大数据在高等教育课程教学中的应用研究结论与展望

（1）研究结论

研究以中国知网（CNKI）中主题为"大数据与课程教学"的文献为样本,分析了我国大数据在课程教学中应用研究的现状、发展趋势等,得出以下结论。

一方面,自 2013 年以来,针对大数据在课程教学中应用的研究文献数量逐渐增多,虽然近两年的增速有所放缓,但在总体趋势上仍呈现未来几年研究数量增多的情况。大数据在课程教学中应用的研究涉及教育类、计算机类、数学、社会学、统计学、会计、外国语言文学、医学、建筑学、图书情报等学科,但主要还

---

① 刘予飞,蒋玖川.大数据环境下的数据库课程教学改革研究[J].现代信息科技,2020,4(20):178-180,184.
② 霍晓峰.谈现代教育技术在高校教学应用中出现的问题及对策[J].汉字文化,2021(15):153-154.

是集中在教育类学科。大数据与课程教学的研究机构较为分散且机构间缺少交流与合作,但学者之间的关联性较强且学者多集中在教育和科研领域。未来需要促进跨机构和学者之间的合作交流,并加强学科交叉融合,以增强相关研究成果的衔接性和协同性(彭亮 等,2020)①。

另一方面,根据分析大数据在课程教学中应用研究的文献高频关键词以及关键词聚类知识图谱得知,大数据、教学模式、教学改革、课程教学、教学方法、统计学、数据挖掘等是出现频次最高的关键词,大数据与课程教学前 9 个突现词分别是"数据科学""互联网""教学""课程体系""微课程""云计算""慕课""mooc""课程设置"是排名前 9 的突现词。大数据在课程教学中的应用主要集中于以下五方面:课程教学模式、课程教学平台、课程教学主体、课程教学学科和课程教学风险。

(2)研究展望

随着大数据时代到来,课程教学在学术界、教育界热度的居高不下,厘清大数据在课程教学中应用的现状和发展趋势,对促进大数据与课程教学的融合发展起着至关重要的作用。第八次课程改革中教材建设政策的最大变化是由以往的"一纲一本"发展到"一本多纲",是迎合时代进步的表现,那么大数据时代的课程改革也要适应发展潮流,有所突破和发展。结合现有研究及新的教学时代要求,提出以下几点建议与思考。

第一,数据运用及使用方法提升。传统的课程教学仅用笔与纸作为学习记录的媒介,数据记录与分析效率低、可视化检索能力差。大数据与课程教学的融合,使课程教学过程中所依托的使用方法得到提升,所运行的平台得以完善。教学管理系统、学习社交平台等在教育教学中的广泛应用,极大丰富了教育资源数据(付达杰 等,2017)②,也为学生学习提供更加多样化的选择机会。大数

---

① 彭亮,高维新.新时代中国乡村振兴的研究进展、热点及展望:基于 CiteSpace 的文献计量分析[J].世界农业,2020(5):76-84.

② 付达杰,唐琳.基于大数据的精准教学模式探究[J].现代教育技术,2017,27(7):12-18.

据能够捕捉到学生在学习过程中的各种状态并进行可视化呈现(胡水星,2015)①,平板电脑、智能手机、各类传感器和可穿戴设备等工具可用于自动采集数据,并在教学的各个环节中应用,推动智慧校园和智慧课堂的实现。大数据技术使课程教学更加准确和可行。一方面,大数据和相关智能系统能够自动测量、记录和可视化展示学习表现,同时提高数据采样频率,以提升精确教学的效果。另一方面,大数据处理能力十分强大,可以扩展到各种不同类型的课程,从小学课程到各个级别的广泛教学。此外,大数据也使实验教学从班级层面拓展到全校范围的普及教学。

第二,大数据参与教学中师生关系变革。传统教学环境下,课程教学的实施基础是知识由教师向学生的单向流动系统,教师更依赖于成熟的教学模式。而在大数据参与到教学中后,教师的主导作用明显弱化,学生的支配作用显著增强。因此,课程教学的实施必须以数据为链接,明确学生的主体地位,以教师为辅导,家长与社会共同监督,实现教育教学模式的新转变。大数据技术破除了传统教学模式的诸多制约,能够从理念上改变教师的教学思维,因此,利用大数据技术构建新型课程教学模式,能够推动学科进步、促进课程教学。为此,可以考虑从教学体系建设、教学手段设计等多个维度,构建大数据应用下教师与学生共同参与的课程教学模式。

第三,大数据参与教学的学科适应性差异。大数据时代下的数据特征给一众学科带来巨大的冲击,这些学科在新时代下必须要认清自身所面临的问题,结合本身的学科特色,才能有的放矢地进行革新,采用新的技术手段驾驭新时代的数据,从而适应时代发展的潮流,学科建设也不断向前发展。虽然在大数据背景下,各种学科或多或少会面临传统课程教学手段不适应、传统学科框架不能满足时代要求、专业中的某些设置与社会需求脱节等问题,但是这些问题对不同学科的冲击大小也不同,像计算机科学及应用、统计学、自动化这类的学

---

① 胡水星.大数据及其关键技术的教育应用实证分析[J].远程教育杂志,2015,33(5):46-53.

科首当其冲,而一些依靠电脑、电子技术较少的学科受到的冲击力则较小。但是,受影响大的学科变革得也快,适应性也强,即所谓的"工欲善其事必先利其器"。对于大数据带来的影响和变化,所有学科都要有针对性地做出改变,结合自身的学科特色,寻找适合自己的学科技术手段,系统性地调整学科框架适应时代发展、改善学科的传统内容满足新时代的学生和社会需求。同时,也要加强不同学科的师资队伍建设,鼓励教师们参加有关大数据学科的培训、研讨等学术交流活动,加强教师队伍对于大数据技术的学习与应用。同时保持教师队伍的学习热情和创新活力,培养其理解并接受新事物、新方法的能力,适应信息时代的不断变化(王婷婷,2017)①。

第四,大数据参与教学下的教学伦理。大数据教育应用对教育教学改革与发展具有重要积极影响,但也存在一些负面效应,如用户隐私泄露、学生易被数据产生的标签影响从而打击其自信心、磨灭其想象力和创造力,对学生的学习造成干预甚至对其未来发展起着反作用。对此,要确保公共规则清楚地解决数据科学的监管问题,让公众了解道德规范对自身行为的制约,明晰哪些数据可以搜集,哪些数据涉及个人隐私不可触碰。国家更要出台相关的政策法规,清楚表明即使看似无害的公共数据集在与网络或其他数据集建立关联时,也会披露个人数据,所以公众要约束个人行为。同时,还要建立符合大数据行为规范的伦理评估机制,为道德参与创造混合空间并建立课程教学所在教育行业的内部和外部伦理监管机构模型(苏令银,2020)②。大数据背景下课程教学对学生学习情况的精准指向,这些数据涉及诸多隐私问题。课程教学测量记录的数据是对学生学习思维以及行为心理的外在反应,一旦被泄露乃至被不法分子获取,会造成极为严重的社会危害。因此,伦理问题是大数据在课程教学应用中

---

① 王婷婷.大数据时代下统计学科建设与教学改革的几点思考[J].大学教育,2017,6(6):9-11,14.
② 苏令银.大数据伦理:研究现状、未来议题与政策建议[J].新疆师范大学学报(哲学社会科学版),2020,41(3):100-110.

亟待解决的重要问题,若想解决这个问题,需要在大数据技术应用不断更新的同时,进行思维理念上的相适应,确保技术的安全应用(付达杰 等,2017)①。

5.4　大数据语境下旅游管理专业混合研讨教学模式创新体系

5.4.1　大数据

对于大数据这一概念,现今还没有公认的定义,更多的解释是基于数据本身和技术方面。大数据的概念最初起源于美国,麦肯锡最早提出了大数据时代的来临。在《大数据:创新、竞争和生产力的下一个前沿》中,麦肯锡全球数据分析研究所提出大数据概念:"大数据是指那些规模巨大到传统数据库软件工具无法有效采集、存储和分析的数据集②。"美国 Internet Data Center 对"大数据"的界定是:一种高速捕捉、发现和分析大容量数据中心中价值信息新的技术架构③。世界知名研究机构 Gartner 给出的定义是,大数据需要采用新的处理模式,以适应海量、高增长率和多样化的信息资产,从而具备更强的决策能力、洞察力和流程优化能力④。我国对大数据的研究大致开始于 2012 年,各专业学者都从各自专业视角进行了研究并给出了相关的叙述。学者魏顺平将教育领域中的大数据分为广义和狭义两种,广义的大数据是指所有来源于人类日常教育活动的行为数据;而狭义的大数据是指通过在线教育平台记录的学习者学习的相关数据(王秀华,2019)⑤。邬贺铨(2013)院士认为:"大数据泛指巨量的数据

① 付达杰,唐琳.基于大数据的精准教学模式探究[J].现代教育技术,2017(7):12-18.
② 徐鹏,王以宁.国内自适应学习系统的研究现状与反思[J].现代远距离教育,2011(1):25-27.
③ 张燕南,赵中建.大数据时代思维方式对教育的启示[J].教育发展研究,2013,33(21):1-5.
④ 陶雪娇,胡晓峰,刘洋.大数据研究综述[J].系统仿真学报,2013,25(51):142-146.
⑤ 王秀华.大数据背景下高中信息技术教学的创新研究[J].高考,2019(34):92.

集,因可从中挖掘出有价值的信息而受到重视。"[①]

当前,大数据已正式走进公众的视野,在医疗、教育等方面的贡献显著。而本文中所涉及的大数据,主要是教育领域中的信息、数据和技术。它是教学活动中的一种手段,通过收集、分析、处理学习者的学习数据,以知识输送为目的,实现教学相长、师生共同发展的教学效果。

5.4.2 混合研讨教学模式创新目标

依托以学生为中心的学习理念,通过教学中师生平等的合作,探索混合研讨课对实现教学与科研相结合、提高学生学习及分析处理问题的能力、树立专业信仰的作用,构建混合研讨课的质量评判体系。依托小班化的"精细培育工程",通过对学习方法和教学方法的创新,让学生学习已知、探索未知,实现从发现问题、研究问题到解决问题的蜕变,如图 5-9 所示。

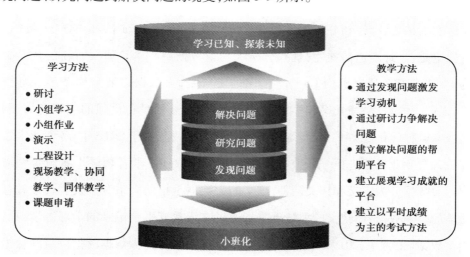

图 5-9 混合研讨课的创新目标体系

依托整个目标体系,主要达成以下 3 个方面的目标。

---

① 邬贺铨.大数据时代的机遇与挑战[J].求是,2013(4):47-49.

1）树立信念，明确学习成长目标

近 10 年来,我国旅游行业发展蓬勃,但与之形成极大反差的是旅游管理本科专业不但没有发展扩增,反而有了萎缩的趋势。由于行业进入门槛相对较低、对服务行业的传统观念根深蒂固、专业特征相对模糊等因素影响,旅游管理专业普遍存在学生缺乏专业信仰、专业意识迷茫、就业思路不清晰等严重影响专业学科发展的制约因素。混合研讨课有利于在学生入学之初,给予合理科学引导认识并热爱所学专业,找到适合的发展定位具有奠基性作用。

2）有效融入，适应变革学习习惯

混合研讨课能够增进同学之间的关系,认识并利用学校资源,以此帮助学生更好地适应大学生活。以混合探讨课程为切入点,让学生熟悉学校环境、掌握学校资源、改变学习思维,更好地掌握旅游管理专业具体的学习方法。见表5-2。

表 5-2　纽约大学文理学院历史系 MarthaHodes 教授《历史和讲故事》研讨课"课程要求"

要素	要求
出席和参与	1.你要参加每一次课堂会议,并准时到达。如果实在无法避免缺席,你必须事先与教授联系。 2.你应认真完成所有的阅读作业,并积极、明智地参与我们的讨论。
电子设备	我们的对话是课堂上的核心。教室里面的无线网络使对话交流很难,互联网往往是不可能被抵制的,因此会干扰所需的持续关注和参与。 以下政策源于经验: 1.手机必须关闭或静音(没有声音或振动),并收起来。 2.理想情况下,电脑、平板电脑和其他电子设备将在研讨会期间被放置。 3.不得容忍任何形式的网上活动。 4.如果你以电子方式阅读了指定的课程材料,请将其打印出来,标记清晰可见;在一个单独的文件中做笔记,打印笔记并把你的笔记带到课堂上;或者用手写笔记,带到课堂上。 5.课堂上笔记是一种智力参与的艺术,而不是一种机械抄写的练习。理想情况下,请准备好手写笔记来上课。

续表

要素	要求
沟通	学生应检查电子邮件,了解有关课程程序和作业的更新和进一步信息,如果你有本教学大纲或纽约大学课程网站上没有回答的问题,你可以通过电子邮件与教授联系。

5.4.3 混合研讨教学模式创新思路

1)教学空间拓展

在大数据开放教育资源共享的大背景下,混合研讨教学拓展了传统教学的时间和空间,丰富了各种教学资源,促进了个性化教学的发展。互联网技术的发展运用,让老师和学生不会为时间、地点等客观因素困扰,可以随时随地开展学习与教学。学习形态上,向以网络授课为主的线上学习与传统教学模式相结合的方式延伸;学习时间上,脱离了课前课后时间的束缚;学习空间上,走出了桌椅黑板的传统教室,为学生的学习环境自由转换提供了无限可能。采用混合研讨教学解放了学生的思维、交流、时间和空间,消除了学生对权威、威严、老师和课本的迷信,让学生形成了独立的思维态度和自由的思维方式。这不仅提高了学生的深度学习能力,也有助于教师优化教学设计和教学方法,创造高质量的课程。

在教育信息化浪潮下,涌现出了"翻转课堂""移动课堂"和"云课堂"等各种互联网和信息化技术相结合的新型教学模式。混合研讨教学模式的应用,改变了教与学的整体空间,数字教学空间使其无限延展。进入信息化时代,教学空间不再是传统的、固定的、静态的,而是向着数字化、虚拟化和动态化发展。以现代信息技术为基点,逐步构建虚与实的教学时空体系,使时间与空间为教育赋予更多的可能性,更好地创造出课内与课外、线下与线上互联互通的新模式和新教学[①]。时间和空间在网络时代的重组实现了教学的时间和空间重新聚合，教学空间也拓展到了各个时空角落。

2）教学主体多元

传统教学模式的主体是老师，老师是知识的输出者和课堂的管理者。在教学过程中，教师的主要任务是教会，起主导作用，学生主要任务是学会，是被动的接受者。由此可见，传统的教学模式淡化了学生在课程中的参与度，忽视了学生创造力的发挥。在混合式研讨教学模式下，教师不再占据教学的主导，而是催动引导学生主动去学习、去发现、去研究。教学主体不再只是教师，学生个人、小组成员、团体均是课堂的主体。主体多元充分发挥了学生作为"学"的主体和教师作为"教"的主体的能动性。在这种教学模式下，课堂是师生交流的地方，在课堂上以交互为基础，一切教育活动都围绕师生之间、生生之间的交互来开展，教育效果将优于传统教育。

多元不仅指主体的多元，还包含教学主体可使用的教学方式、学习方式的多元。相对于传统教学模式中单一的、简单的知识传授，不同的教学方式充分发挥了学生的主体性，使学生在掌握基本教学知识的同时，也促使学生得到全方位的发展。教无定法，贵在用法，根据教学目标和性质采用多样的教学方式，能够为实现高效的教学活动提供更多的可能性。枯燥无味的教学模式一定会影响教学质量，传统教学模式已经不适应当今的学生了，他们需要表达、需要交流、需要创造力，而多元的学习方式能够很好地满足他们的需求，能够有效激发和调动他们的积极性。学习方式的多元满足了个体差异的需要，在很大程度上为学生提供了积极探索和展示自己的机会，由此可见，主体多元的重要性不容忽视。

3）教学关系重构

目前，我国高校教育存在着较为普遍的"以教为主"的教学模式。仅注重知

---

① 肖雪莹.教育信息化背景下数字教学空间研究：形态、要素、建构及拓展[J].数字通信世界,2021（12）:282-284.

识的输送,而忽略了知识的接受与否,导致学生吸收较少,很难为自身的成长提供养分。教师的教学模式要从"知识传递"转向"知识建构"。学生要从"知识接受"的学习转向"知识挖掘"的学习。在现代教育蓬勃发展的背景下,重构教与学的关系,既要发挥教的主导作用,达到教学相长的效果,又要诱导学的能动精神,达到主动合作学习的效果。在教学过程中,明确各自的作用和相互关系,构建新型的教与学的关系,具有十分重要的意义。只有教与学达成统一,才能共同推进教学的更新和发展。

在信息技术不发达的时代,学生获取知识的重要途径就是依赖传统的教学模式。传统教学模式在教学重点上,强调的是以教师为中心,整个教学过程的计划安排由教师制定;在教学环节上,教师是处在更主动的位置。在整个学习过程中,教师仿佛是整个舞台的表演者,而学生更像是台下的观众,不能高效融入课程学习中,这种被动式的灌输让学生缺乏了对知识的感性认识,从而达不到理想的教学效果。教学是师生之间的双边活动。在大数据的发展应用下,通过大量数字资源的应用,让教师的角色由知识的传递者转变为学习的辅助者与监督者,真正地发挥了设计者和促进者的功能,这种方式新颖、内容丰富的教学模式既能满足学生多方位的感官体验,又有利于教师更好理解师生之间的关系,帮助学生取得进步。

4)教学场域转换

混合研讨推动学习由"地点"转向"地方"。奥热(2023)认为"场所"包括 3 个特征:具有认同感(Identical),能产生人与人关系(Relational)和历史性(Historical)[1]。在一个"学习的地方",参与主体不断获取、感受和反思自己,本身就具有愉悦、成长和价值感,即"体验即学习"。利用信息技术增进学习者与同学、教师之间的互动,是提升学习者学习质量、提高学习者学习效率和增强学习者满意度的有效手段之一。混合研讨教学模式通过运用大数据等工具,构建

---

① 奥热.非地点:超现代人类学导论[M].牟思浩,译.杭州:浙江大学出版社,2023.

教师、学生之间的多向交互系统,以沉浸式教学为主导又减少了教师的工作量、提高了教师的工作效率。大数据的加持,突破了传统教学模式的场域边界,构建起虚拟、动态且声像兼具的教育场域。传统教学模式是现实场域的实体教学实践活动,具有时效性,教育行为不可复制和重组。现实场域的教学活动受时空的限制,让场域外的客体无法接受教学。而在互联网技术支撑下,混合研讨教学模式采用的虚实并构的场域让教学活动可以通过数字化信息复制和加工,实现了教育资料的可视化、可复制性和多维传播。学生在教学过程中的绝对主导,能够建立相互之间的关系,打破传统的"单一空间",以学生团队为纽带,建立互联互通的"多元空间",通过交流合作,实现教学目标,享受学习成果(王天平 等,2022)①。大数据的兴盛,促使在线教学的出现,为混合研讨教学模式提供了崭新的交往场域。

5.4.4　混合研讨教学模式创新体系

1)教学方向创新

开设混合研讨课主要从以下 3 个方面进行创新:一是建立一种教师与学生沟通的渠道,增进教师与学生之间的交流互动,缩短教师与学生之间的心理距离;二是为学生进行探究式学习提供机会,使学生在团队合作中进行思考、交流和学习,通过混合研讨式教学模式,使学生掌握研究性学习方法,为在专业领域深入开展研究奠定基础;三是推动传统"知识灌输"教学模式向"寓教于研、共同探索"的新教学模式转变。

2)课程体系创新

课程体系创新围绕混合研讨课程体系,以大学教育与职业生涯发展为核心内容,通过转变学习模式、优化学习效率达到了解发展趋势、拓宽国际视野;理

---

① 王天平,刘㶷旎.研究生在线研讨教学实践探索:以"现代教学论"课程为例[J].高教论坛,2022(9):41-46.

解大学内涵、关注生涯发展;训练多元思维、促进交流合作的目的。当前高校师生比例的关系中班级多在 30 人以下。课程内容应考虑以宏观的旅游发展趋势指引学生尽早确定学习目标和计划。对于课程的考核,给予教师更多柔性的考核方式,也便于学生全方位地展示自我,注重学生整体素质的提升。见表 5-3。

表 5-3　混合研讨课的课程体系

课程要素	主要内容
学分/学时	1.0/1.0
教学班	24~27 人
主要内容	(1)旅游发展的未来趋势; (2)旅游产业发展与大学职能; (3)旅游专业与研究型大学学习; (4)旅游职业分类变化与人才需求; (5)学业计划与职业发展规划。
课程考核	(1)出勤与课堂学习表现(30%); (2)小组调研与结果报告交流(45%); (3)学业计划与职业发展规划制定交流(25%)。

3)教学角色转变

(1)传统讲授型教学——独角戏

传统讲授型教学是以主题引导和语言传授为主的教学,教师为学习团体(班级)上课,按要求调控和监督学习活动和交流过程。传统讲授型教学已有4 000 多年历史,在历史过程中有进步意义。通过交替使用教师指令、个人模仿和练习,使大众教育成为可能,也有简化政治教化的作用。尽管对其科学性的批评长期存在,但是传统讲授型教学的优势地位仍无可撼动。首先,传统讲授型教学使约束学生纪律看起来很轻松;其次,积极投入并且业务能力强的教师,开展令人满意并有意义地体验传统讲授型教学,因为其提供了成果教学的直接反馈。理论家认为传统讲授型教学一如既往的无趣,实践者迫不得已采用传统讲授型教学,但常常心怀愧疚。因此,混合研讨课并非要完全摒弃传统讲授型教学,传统讲授型教学可以集中、感性直观地表述学生掌握的专业关联、意义关联和问题关联,在学生独立掌握课程内容所需太多且错误百出的情况下,传统讲授型教学是值得采用的。在混合研讨课中,适当的讲授是必要的,但要尽可能减少传统讲授教学——如果必须要有,不要心怀内疚,尽量施展教学想象力。

(2)混合研讨型教学——合作者

"研讨"意味着形式上的变革,对于师生关系将起到颠覆性作用。混合研讨课不是教师单向输送知识的教学形式,而是讨论研究的方式。通过这种方式,能够增强老师与学生们之间的相互交流,从而增进师生关系,促进同学间友谊的建立。同时,老师的身份也随之改变,从领导的角色转变为引导和协作的角色。教师与学生合作,分享观点和经历,促使学生思考和探索,然后进行讨论和研究,帮助学生体会研究性学习方法。见表5-4。

表 5-4　混合研讨课师生角色转变

历程	教师任务	学生任务	教师状态
课前	(1)提供学习单元的知识结构图; (2)相关知识点微视频; (3)与知识点相关的拓展资源。	(1)按照知识结构图确定学习路径; (2)结合微视频学习有关知识点; (3)进行课前自测。	卷入
课中	(1)讲解本单元重点和难点; (2)回答学生课前和课上的提问; (3)设计任务,促进知识运用; (4)辅导小组讨论,检测实践效果。	(1)认真听讲,化解疑难; (2)积极思考,大胆发问; (3)领会任务,完成个人准备; (4)明确组内分工,积极参与讨论。	支持

续表

历程	教师任务	学生任务	教师状态
课后	(1)关注热点,提炼实践选题; (2)保持有效互动,深入了解学情; (3)提供知识框架,促进延伸学习。	(1)积极参与实践,踊跃表达己见; (2)进行互动反馈,促进教学相长; (3)多疑多思,发展自主性学习。	相应

如今,教学评价的重心更多地偏向于关注学生在教学过程中的整体体验、学习成效等方面,如图5-10所示。

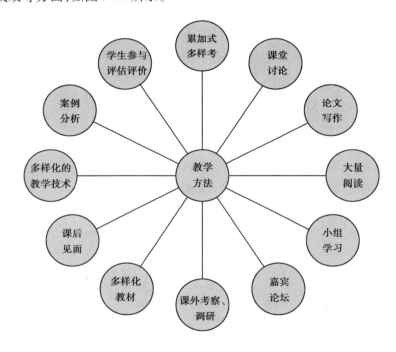

图5-10 美国林肯内州大学课程要求运用的教学方法

多元化的评价诉求,催生了教学方式的多元化。每个学生自身的素养不尽相同,都具有不同的优势与劣势,其在教学活动中表现出来的素质并非单一方面能力的体现,而是自身多层次,综合能力的部分展现。因此要通过多个方面综合考量学生学习成效,体现主体多元化、内容多维化、方法多样化等多元评价理论,以期促进学生的全面发展。教学过程是整个学生进行评价的平台和基础,今天的教学场域也不仅局限于课堂,而是已经广泛而深入地延展进了多元的空间。这些都要求教学方式和方法的变革,以研讨的方式整合多种方法和多元的平台,成为现代教学的重要要求。

4)课程体系建构

建构主义认为知识并非对客观外部的直接翻译,而是学习者依据自身经验对世界的独特阐释,是认知主体经验的组织化及合理化。个体的认知就是按照自己的方式促进经验合理化继而不断接近真实的过程。知识的获取不仅具有个体性,也具有社会性。人类个体是在不断地与其他个体交互中感知和认识世界的。个体在交互中不断修正自己的认知,从而使之更加全面和完整,即称为知识构建。

为营造一个适合于师生、生生之间积极交流的学习情境,可将学习情境中的问题作为知识点研讨的牵引。在老师的启发和带领下,让学生以主导者的身份参与到教学活动中来,通过讨论和研究等方式解决问题,在这一过程中,学生将会对其学习目标、原理、方法和使用工具等方面产生更加深刻的理解,从而完善和扩充自身的知识结构,增强自身能力素质。在该方法中,教学过程由提出问题开始,围绕着问题解决全过程促进学生知识的构建,通过"热点问题""行业触摸"和"调研实践反思"等环节,建构立体研讨教学体系。

课程设计要充分体现"以生为主"教育思想,通过分析课程内容、教学对象、教学资源,系统设计教学内容、教学过程、教学方法、教学情境及教学评价,达到帮助学习者获得建构知识的途径,训练思维的方法,提高学习的效益的目的,如图 5-11 所示。

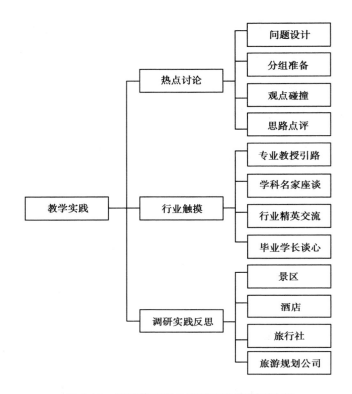

图 5-11　旅游管理混合研讨课课程创新体系

(1)热点讨论

旅游管理专业是一个理论性和实践性极强的学科,并且无论在经济发展、文化交流、国民生活等方面,旅游业均以巨大的产业包容性成为当下的焦点。在课程设计中,选择了学生们普遍关心的旅游热点问题,如"当下,为何旅游成为人们的生活方式之一?""结合个人旅游经历,旅游景区经营成功的要素有哪些?""如何看待中国游客在国际旅游市场上的形象?""你认为迪士尼要不要进入中国?""互联网+给你的旅游生活带来了什么?""如何看待民族文化与旅游发展的关系?"等,通过由浅入深的问题设计,各个小组分组准备,在课堂上形成观点碰撞,开阔学生思考问题的思路,最后,由教师进行思路点评。

(2)行业触摸

旅游管理专业涉及非常广阔的行业领域,为了让学生增加行业的概念及认知,整合校内外资源,组建由专业教师、学科名家、行业精英和毕业年限不同的学长构成的师资团队。专业教授,传递学生对于学校、学科、学习方法、学习技巧等方面的认知,让学生尽快进入专业学习角色,熟悉和习惯大学生活;学科名家,构建学生学习旅游管理专业的理论体系,通过大家风范的感染,让学生尽早进入和参与到科学研究中来;行业精英,基于旅游学科的应用性特点,整合酒店、旅行社、景区、政府、文创机构等相关部门的行业精英,通过行业引导、问题解答等方式,让学生触摸到行业发展的特点,为自己今后的学业做出更好的规划;毕业学长,这部分师资主要选择本校不同年限的毕业生,他们当下的职业状态,能够为学生树立良好的榜样,并且也可结合现有的发展困境,为师弟师妹提供经验性建议。教学形式上主要采用相互谈心、交流的方式,便于为学生今后进入社会联结纽带。

(3)调研实践反思

考虑资金局限,在课堂推进中,充分动用了老师和学院的相关资源,组织学生到旅游主要部门景区、酒店、旅行社、旅游规划公司等部门进行实地参观访问。使学生真切地对相关行业部门有认知,继而产生热爱。

5.5　大数据语境下旅游管理专业混合研讨教学模式创新实践

5.5.1　团队合作互促

随着传统讲授教学饱受质疑,侧重培养团队精神和解决问题能力的小组本位学习模式备受关注。大量有关团队学习的研究成果指出,团队学习能够有效提高团队绩效。Chan(2003)等在澳大利亚一家中等规模医院开展的工作团队调查表明,团队学习对工作团队的绩效有显著的正面影响①。Yeh（2005）及其研究团队进行了一项关于跨功能团队的研究,得出以下结论:团队学习对团队绩效有显著正向影响,并在团队冲突对团队绩效的影响中发挥重要的缓冲作用。此外,Wong（2004）等的研究指出,团队学习可以分为团队内部学习和团队外部学习,两者的有机结合可以显著提高团队绩效。然而,一旦分配不均,会产生负面效应②。

　　对团队学习的理论描述可以分为行为取向、信息加工取向和结果取向三种。行为取向的团队学习强调团队成员在学习过程中展示的具体行为和相互互动,并认为这些行为对团队绩效至关重要。比如,AMY（1999）将团队学习视为一种反思与行动交织的过程,并归纳出了团队成员应该采取的学习行为,比如提出问题、寻求反馈、进行实验、对结果进行反思、讨论错误或无意行为的后果③。信息加工取向的小组学习强调小组学习是一个信息处理的过程,它发生在小组层面上。虽然团队与个人的信息处理过程类似,但在信息加工的具体方式和特征上有所不同。Hinsz 等（1997）提出,以信息加工的视角来观察,团队学习的过程由 4 个阶段组成:明确加工目标、加工处理（注意、编码、保存及抽取）、反应、反馈。与此同时,团队学习也贯穿每一个阶段④。Argote（2004）也从信息加工的视角分析了团队学习的过程,并提出了 CORE 模型。该模式从理论上将团队学习划分为 4 个阶段,即建立阶段,运作阶段,重建立阶段以及与外部环境的联结⑤。以成果为导向的小组学习,借助成果导向型团队学习,在团队中进行知识传递。Argote 等（1995）提出,团队学习的产生标志是团队成员在知识与绩

①　CHAN C C, LIM L, KEASBERRY K S. Examining the linkages between team learning behaviors and team performance[J]. The Learning Organization, 2003, 10(4): 228-236.

②　WONG S S. Distal and local group learning: Performance trade-offs and tensions[J]. Organization Science, 2004, 15(6): 645-656.

③　AMY E. Psychological Safety and Learning Behavior in Work Teams[M]. New York: Johnson Graduate School of Management, Cornell University, 1999.

④　HINSZ V B, TINDALE R S, VOLLRATH D A V. The emerging conceptualization of groups as information processes[J]. Psychological Bulletin, 1997, 121(1): 43-64.

⑤　ARGOTE L. Groups and technology current themes and future directions[M] // Research on Managing Groups and Teams. Bingley: Emenald (MCB up), 2004: 283-289.

效中产生相对持续的改变，并运用组织与团队的学习曲线来衡量其效果[①]。Ellis 等（2003）也强调，团队学习是一种通过团队成员与他人分享自己的经验，从而推动集体层次上的知识和技能发生较为持久的变化。另外，她还指出，群体学习包括两个方面：一是个体从直接经验中的学习；二是个体从其他成员的经验中的学习[②]。

综合而言，尽管由于视角差异，对团队学习所强调的侧重面不同，但均认为团队学习是一种基于知识与个体经验共享的团队成员间的互动，团队和个人均能从该互动中获益。

小组的划分可以采用不同的方式，可以是教师及学生能力的科学搭配，也可以是学生合作关系的自由组合，不管采用什么方式，保障分组的公平性是重要前提。课外学习资料的收集整理是小组学习的前提，这个过程并非仅在教室空间外呈现，教师必须对学生个体的小组责任和角色进行检测和评价，以保障学生对自己的学习承担责任（图 5-12、图 5-13）。对此，戴维斯（Daivs）提出了"功能连续体"，麦克丹尼尔（Mcdaniel）等提出课程整合的程度、师生互动的程度、学生参与的程度和教师自主的程度 4 个维度的"连续体"。

图 5-12　观摩华中师范大学的小组研讨课程

图 5-13　利用抽签程序进行任务分工

---

①　ARGOTE L, INSKO A C, YOVETICH N, et al. Group learning curves: the effects of turnover and task complexity on Group Performance[J]. Journal of Applied Social Psychology, 1995, 25(6): 512-529.

②　ELLIS A P J, HOLLENBECK J R, ILGE N D R, et al. Team learning: Collectively connecting the dots. [J]. Journal of applied psychology, 2003, 88(5): 821-835.

5.5.2 亲密团队搭建

团队学习指的是一个单位的集体性学习,它是学习型组织进行学习的基本组成单位,方便了单位成员之间的互相学习、互相交流、互相启发、共同进步。群体学习是群体成员在群体中进行整体性组合和达成共同目标的能力。团队学习是一种对组织和个人都有利的行为,人际关系的差异会形成不同的小组类型(表5-5),现实教学中,考虑学生人际关系,往往采取学生自由组合的原则(图5-14),这种方式,便于学生面对任务时有较强的工作动力。

表 5-5　基于人际关系的小组类型

类型	特征
忠实伙伴	小组成员彼此自愿选择,承诺彼此紧密地工作
延伸性家庭	个别教师与小组定期交流、材料分发、观察班级
共同生活体	每个小组拥有自己的班级和事务,班级是一个共同生活体
代为组建者	小组成员由管理者临时搭配,也可能发展成为忠实伙伴
联合监督	两名教师跨学科分享小组形式,如小组会议
村落	教师和学生一起组建学习共同体

资料来源:许明.当代国外大学本科教学模式的改革与创新[M].福州:海峡出版发行集团,2013.

图 5-14　学生自由组合组建的学习团队

混合研讨课的创新中,要努力发挥团队的创新精神。小组教学有一个经过理论验证过的,更高层次的目标,让学生通过合作来处理布置给他们的学习任务,从而使其行动变得团结。想要进行小组教学的教师,必须要敢于放开手,让学生们自己走一段路,学生必须学会在没有他人引导的情况下运用自己的才智。

任务是团队的工作重心,教学主题往往具有任务导向的性质,通常由老师自行完成(如通过讲解、受引导的谈话、板书、示范性表演);在少数情况下会通过专题报告,或借助学生来完成;为小组确定教学任务,主要由老师包办,较少有老师和学生共同提出问题;小组学习成果汇总,通常通过口头方式,或书面结果口头汇报。在少数情况,会采用感性的、整体的教学行为模式加以展示(如辩论、演讲、成果展示等),如图 5-15 所示。

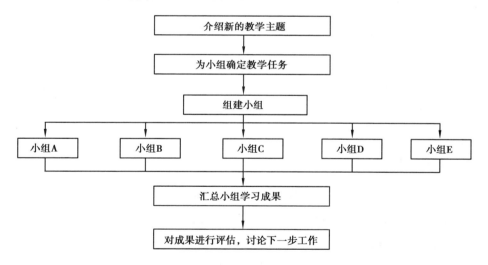

图 5-15　混合研讨课小组团队工作流程

5.5.3　行动导向教学

"行动导向"教学是指以"行为导向驱动"为主的教学模式(图 5-16),在教学过程中,要充分发挥学生的主体性和教师的主导性,重视培养学生的分析、解决问题的能力,以完成某个任务为出发点,并以任务为指导,来达到教学目的。从学生接受知识的过程来看,知识是从实践中产生出来的,在实践中可以获得感性认识,通过反复的实践,才可以提升到理性认识,然后再返回到实践中去。

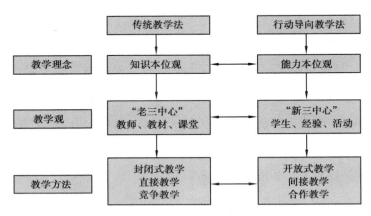

图 5-16　行动导向教学法的理论框架

在混合研讨课的教学中,利用行动导向教学方法,通过设置各级教学任务,让学生在逐步实现任务目标的过程中进行团队合作、资料查询、问题思考等,主要包括以下基本步骤:

1）课前准备

课前准备,即教师需要在课程开始前做好充分准备工作,包括教学目标的设立,教学任务的安排,教学场地的预定,学生团队分工设计,教学设备及完成教学任务所需材料、仪器的准备等。

2）下达任务

教师通过阐述教学目标并下发教学任务书,让学生理解本次教学的主题、目标及任务等。

3）完成任务

这个阶段是混合研讨教学的主体内容。教师引导学生掌握完成任务的基本思路、方法后,依照不同学生的学习情况,建立各个团队学习小组,并引导各个小组完成组内讨论与分工,协作完成教学任务,形成小组教学成果。

4）成果汇报

各个学习小组展示教学成果,在教师的组织下各个学习小组进行成果评判,以此找出缺陷和不足,并对各个小组教学成果做出积极评价,并提出完善意见以供参考,如图 5-17—图 5-20 所示。

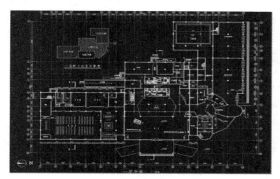

图 5-17　学生设计的酒店平面图

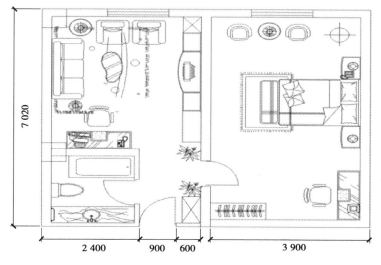

图 5-18　学生设计的客房平面图

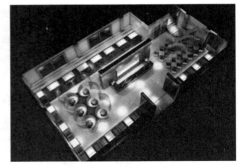

图 5-19　学生设计的菜单　　　　　　图 5-20　学生设计的咖啡厅效果图

5.5.4　交互学习借鉴

小组教学有一个经过理论验证过的,更高层次的目标,让学生通过合作来处理布置给他们的学习任务,从而使其行动变得团结,如图 5-21 所示。

图 5-21　研讨群及各组资源共享的机制

在教学实践中,通过建立讨论组,由研究生配合教师进行线上的组织和管理。教师负责主要专题的设置及全程的跟踪评判。研究生在其间负责课下专题任务的分配管理,各组作业的管理等助教工作,并负责厘清每组学生的工作情况,进行打分评判。每位学生参与自己的组织团队,完成不定期的任务课题、调查实践、成果汇报等工作,如图 5-22 所示。

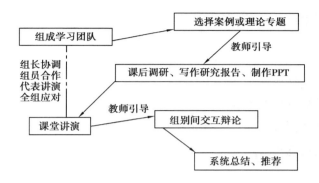

图 5-22　混合研讨课团队交互学习模式

5.5.5　推进混合式学习模式

Blended Learning(BL) 从 E-Learning 演化而来,指综合运用不同学习理论、技术和手段以及不同的应用方式来实施教学的一种策略。通过有机整合面对面课堂教学(Face to Face)和在线学习(Online Learning)两种不同教学形式,成为当前信息与通信技术在教学上应用的最新趋势(王才文,2011)[①],如图 5-23 所示。

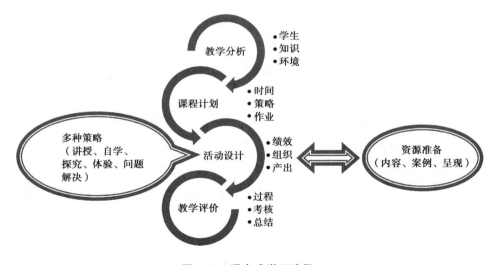

图 5-23　混合式学习路径

---

① 　王才文.混合学习在高中英语写作教学中的应用研究[D].山东师范大学,2011.

教学实践：两会旅游热点讨论

1.研究专题

①休假模式与带薪休假制度。

②出台农家乐与民宿国家标准。

③不建议大量的迪士尼乐园进来。

④少数民族地区旅游纳入国家扶贫。

⑤加强旅游交通、景区景点、自驾车营地等设施建设。

⑥文物景区将部分收入设为保护基金。

2.案例讨论要求

(1)内容要求

两会中代表对该问题的相关讨论；本小组对该问题的观点及看法。

(2)形式要求

以小组为单位,形成研究报告一份;汇报 PPT 一份。

3.结论

(1)"课前任务+同伴压力"取得较好效果

①学生观点 A。"我觉得我的自主学习性还是得到了比较好的发挥,说实话,在传统课堂,大家都是不怎么发言的,一般都是老师讲我们记,无聊的话根本听不下去,但是现在的课堂方式,要求每个人都必须自学和研习,否则上课或者小组讨论时就无法发表自己的看法,实际上大家都喜欢这样的学习氛围,也愿意在这样的氛围中发言,发表自己的看法。"

②学生观点 B。"有极大的促进,最明显的一点就是一开始不学习就跟不上小组的讨论,后来小组之间的任务,如果不主动去学习,就会拉小组的后腿,慢慢就开始主动地去学了。"

③学生观点 C。"我在课堂学习之前,都会认真把课本读一遍,还会自己查找相应的资料和文献。"

(2)团队的交互启示效果明显

针对这个开放性极大的研究命题,7 个小组中居然有 3 个小组选择研究迪士尼相关问题。并且从各自的观点和视角,进行论证、思考,继而引发了全班同学对该命题的激烈讨论,取得了良好的教学效果(图 5-24)。

图 5-24　学生制作的关于迪士尼的演示文档

(3)可充分利用手机移动终端,让学生课堂讨论成为常态

当前,手机成为学生打发"无聊课堂"的有效手段,讨论的随机性和实效性,可以充分调动学生利用手机关注行业热点、捕捉研究兴趣的热情和智慧。让手机成为重要的学习工具(图 5-25)。

图 5-25　推荐学生关注的专业常用小程序

我国教育 App 蓬勃发展,为今天学生的学习带来了前所未有的海量资源,分享、互动、检索、对话成为我们学习的主要方式(图 5-26)。

图 5-26　学生利用手机学习的课堂

5.5.6 试错经验积累

学习是一个试错的过程。"试误"即"尝试错误学说"（Theory of Trial and Error），是由美国教育学家桑代克（Theorndike，1913）提出来的，他认为，学习者在学习过程中有一个"尝试"的过程。在尝试的过程中难免会犯错误，在学习过程中不断地犯错误又不断地纠正错误，最终获得成功①。

今天的信息环境为学生试错提供了创造性条件，但是有些课程，特别是考试类课程教学要求的规范性及答案的唯一性，在一定程度上封锁了学生试错的机会。混合研讨课以开放性的课程方式，充分让学生的策划、想法落地成真，为学生创建了试错的平台（图 5-27）。

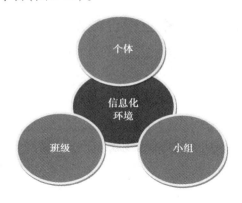

图 5-27　试错型教学基础

在课堂教学中，老师设立的教学情境一方面要贴合教学目标；另一方面也要让学生感兴趣，推动学生不断进行尝试，使学生在尝试中找到产生错误的原因，进而使出现错误的情况越来越少，错误的性质不断向有利于学生的学习方向转变，以达到避免和解决错误的目的（图 5-28）。

---

① THORNDIKE E L. Educational psychology，Vol 2：The psychology of learning［M］. New York：Teachers College，1913.

图 5-28　学生辩论及讨论情况

　　这一教学过程中,创设的情境十分重要。至少应该满足以下条件。第一,有利于专业学科知识的认知和学习。第二,依托学生现有的能力和知识构建,是能够完成和解决的问题,且其发展的结果具有不确定性。第三,能够激发大多数学生的研究兴趣,有利于培养学习综合技能(图 5-29)。

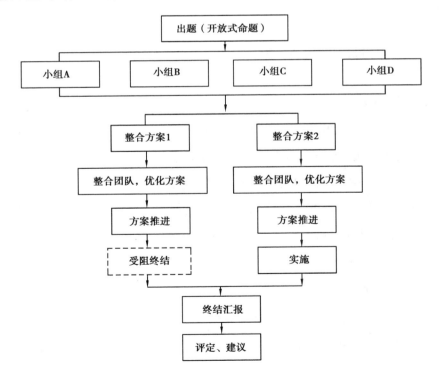

图 5-29　试错教学方案设计流程

5.6　效果反馈

5.6.1　样本选择和依据

由于旅游管理专业的实践性、旅游管理专业教学模式的发展性和针对性,G校旅游管理专业教学教师在教学过程中大多会使用混合研讨教学模式,减少理论知识多、学生被动学习的情况。虽然没有形成标准的指导和有效的管理,但也提高了学生的参与性,混合研讨课时学生会更积极地向教师提出问题。本研究以 G 校旅游管理专业学生为调查对象,通过调查研究了解混合研讨模式的实施效果。

5.6.2　问卷设计与数据收集

1）问卷设计

在梳理相关文献的基础上（武松 等,2019）[1],结合 G 校旅游管理专业相关情况对问卷进行适当处理,形成了预调查问卷。

①个人基本信息。主要包括性别、年级。

②效果反馈。本研究采用武松等的量表,将效果反馈分为学习者、课堂效果、总体满意度 3 个维度,共 10 个题项。

第一部分均为单选题,第二部分均采用 Likert 五分量表。

2）数据收集

2022 年 4 月,在微信、QQ 等平台上利用软件问卷星进行了问卷预调查,根据调查获取的数据和相关反馈意见,对问卷词句和询问方式做了适当的调整,

---

① 武松,李静,杨洁,等.基于微信平台的医学统计学翻转课堂实践与效果评价[J].沈阳医学院学报, 2019，21（6）:572-575.

将"混合研讨课会调动您的学习积极性"改为"混合研讨课堂上,您会更加活跃,注意力更集中",形成了正式调查问卷。

正式调查于 2022 年 4 月下旬展开,采用与预调查同样的方式进行问卷的发放。调查共收回 124 份问卷,剔除缺少部分答项的无效问卷后,获得 121 份,有效率达到 97.58%。

5.6.3　数据分析

1）描述统计分析

①通过 SPSS22.0 对样本进行特征分析,得到被调查者的基本构成情况,具体见表 5-6。

表 5-6　学生特征分析

名称	选项	频数	百分比（%）	累积百分比（%）
您的性别	女	90	74.38	74.38
	男	31	25.62	100.00
您的年级	大一	16	13.22	13.22
	大二	23	19.01	32.23
	大三	29	23.97	56.20
	大四	53	43.80	100.00
合计		121	100.00	100.00

从表 5-6 可知,样本中有 74.38% 为"女",符合 G 校旅游管理专业性别比例。年级中有 13.22% 为大一,19.01% 为大二,23.97% 为大三,43.80% 为"大四",样本覆盖了 G 校旅游管理专业本科学生。

②通过 SPSS22.0 对效果反馈进行频数分析,具体见表 5-7。

表 5-7　效果反馈频数分析

名称	选项	频数	百分比(%)	累积百分比(%)
(Q3)混合研讨课堂上,您会更加活跃,注意力更集中	非常不赞同	4	3.31	3.31
	不赞同	2	1.65	4.96
	一般	12	9.92	14.88
	赞同	47	38.84	53.72
	非常赞同	56	46.28	100.00
(Q4)混合研讨课比传统课堂更生动更有趣	非常不赞同	4	3.31	3.31
	不赞同	2	1.65	4.96
	一般	27	22.31	27.27
	赞同	45	37.19	64.46
	非常赞同	43	35.54	100.00
(Q5)混合研讨课有利于个人自学能力的培养和提高	非常不赞同	1	0.83	0.83
	不赞同	8	6.61	7.44
	一般	25	20.66	28.10
	赞同	39	32.23	60.33
	非常赞同	48	39.67	100.00
(Q6)混合研讨课有利于个人表达能力的培养和提高	非常不赞同	7	5.79	5.79
	不赞同	5	4.13	9.92
	一般	27	22.31	32.23
	赞同	47	38.84	71.07
	非常赞同	35	28.93	100.00
(Q7)与传统课堂方式相比,混合研讨课更利于专业知识的深入掌握	非常不赞同	5	4.13	4.13
	不赞同	12	9.92	14.05
	一般	27	22.31	36.36
	赞同	53	43.80	80.17
	非常赞同	24	19.83	100.00

续表

名称	选项	频数	百分比（%）	累积百分比（%）
（Q8）混合研讨课可以提高小组交流、团队协作能力	非常不赞同	40	42.99	42.99
	不赞同	2	1.65	1.65
	一般	10	8.26	9.91
	赞同	43	35.54	45.45
	非常赞同	66	54.55	100.00
（Q9）混合研讨课堂可以加强教师与学生之间的交流	不赞同	2	1.65	1.65
	一般	19	15.70	17.36
	赞同	57	47.11	64.46
	非常赞同	43	35.54	100.00
（Q10）混合研讨课堂课前知识准备花费的时间和精力比传统课堂多	非常不赞同	1	0.83	0.83
	不赞同	2	1.65	2.48
	一般	26	21.49	23.97
	赞同	49	40.50	64.46
	非常赞同	43	35.54	100.00
（Q11）与传统讲授式课堂相比，混合研讨课堂的学习效果更好	非常不赞同	2	1.65	1.65
	不赞同	3	2.48	4.13
	一般	24	19.83	23.97
	赞同	56	46.28	70.25
	非常赞同	36	29.75	100.00
（Q12）很愿意在专业教学中继续运用混合研讨教学模式	非常不赞同	7	5.79	5.79
	不赞同	9	7.44	13.22
	一般	24	19.83	33.06
	赞同	47	38.84	71.90
	非常赞同	34	28.10	100.00
合计		121	100.00	100.00

从表 5-7 可知，Q3 样本中选择"非常赞同"的比例为 46.28%、赞同样本的比例是 38.84%，共 85.12%，说明学生认为混合研讨课能够调动他们的积极性；Q4

样本中"非常赞同"与"赞同"的比例共 72.73%，说明大部分学生赞同混合研讨课的有趣性；Q5 样本中"非常赞同"相对较多，比例为 39.67%，还有 32.23%的样本为赞同，说明学生认可混合研讨课对个人自学能力的提升作用；Q6 样本中38.84%选择"赞同"，"非常赞同"的比例为 28.93%，共 67.77%，学生过半数赞同混合研讨课对个人表达能力的提升；Q7 样本超过六成的学生认为混合研讨课更利于专业知识的掌握；Q8 样本中近九成的学生认为混合研讨课有利于小组交流协作能力的提升；Q9 样本中"非常赞同"与"赞同"的比例共 82.65%，说明学生认可混合研讨课对师生互动性的提高；Q10 样本中七成半的学生认为混合研讨课堂课前知识准备花费的时间和精力比传统课堂多；Q11 样本只有 4.13%学生认为传统课堂效果更好；Q12 样本中66.94%的学生很愿意在专业教学中继续运用混合研讨教学模式。

2）信效度分析

研究使用 SPSS22.0 进行可靠性分析，信度系数值为 0.981，大于 0.9，因而说明研究数据信度质量很高。针对"CITC 值"，分析项的 CITC 值均大于 0.4，说明分析项之间具有良好的相关关系，同时也说明信度水平良好。综上所述，研究数据信度系数值高于 0.9，综合说明数据信度质量高，可用于进一步分析。Cronbach 信度分析见表 5-8。

表 5-8　Cronbach 信度分析

名称	校正项总计相关性（CITC）	项已删除的 α 系数	Cronbach α 系数
混合研讨课堂上，您会更加活跃，注意力更集中	0.897	0.980	0.981
混合研讨课比传统课堂更生动更有趣	0.959	0.978	
混合研讨课有利于个人自学能力的培养和提高	0.954	0.978	

续表

名称	校正项总计相关性（CITC）	项已删除的 α 系数	Cronbach α 系数
混合研讨课有利于个人表达能力的培养和提高	0.960	0.978	
与传统课堂方式相比，混合研讨课更利于专业知识的深入掌握	0.929	0.979	
混合研讨课可以提高小组交流、团队协作能力	0.689	0.986	
混合研讨课堂可以加强教师与学生之间的交流	0.922	0.980	0.981
混合研讨课堂课前知识准备花费的时间和精力比传统课堂多	0.937	0.979	
与传统讲授式课堂相比，混合研讨课堂的学习效果更好	0.939	0.979	
很愿意在专业教学中继续运用混合研讨教学模式	0.951	0.978	

研究使用 SPSS22.0 通过 KMO 和 Bartlett 检验进行效度分析，见表 5-9。

表 5-9　KMO 和 Bartlett 的检验

KMO 值		0.923
Bartlett 球形度检验	近似卡方	2 259.527
	df	45
	P 值	0.000

从表 5-9 可以看出：KMO 值为 0.923，通过 Bartlett 检验（$P<0.05$），研究数据非常适合提取信息。

3）效果反馈在性别上的差异化分析

研究使用 SPSS22.0 通过 T 检验进行效果反馈在性别上的差异化分析,见表 5-10。

表 5-10　效果反馈在性别上的差异化分析

名称	您的性别(平均值±标准差)		t	P
	女($n=90$)	男($n=31$)		
混合研讨课堂上,您会更加活跃,注意力更集中	4.21±0.97	4.29±0.86	-0.404	0.687
混合研讨课比传统课堂更生动更有趣	3.99±1.00	4.03±0.91	-0.213	0.832
混合研讨课有利于个人自学能力的培养和提高	4.01±1.01	4.10±0.87	-0.421	0.675
混合研讨课有利于个人表达能力的培养和提高	3.79±1.12	3.87±0.99	-0.363	0.717
与传统课堂方式相比,混合研讨课更利于专业知识的深入掌握	3.64±1.05	3.68±1.01	-0.152	0.880
混合研讨课可以提高小组交流、团队协作能力	4.37±0.99	4.48±0.57	-0.625	0.533
混合研讨课堂可以加强教师与学生之间的交流	4.16±0.78	4.19±0.65	-0.244	0.808
混合研讨课堂课前知识准备花费的时间和精力比传统课堂多	4.09±0.86	4.06±0.81	0.138	0.890
与传统讲授式课堂相比,混合研讨课堂的学习效果更好	3.99±0.89	4.03±0.80	-0.240	0.811
很愿意在专业教学中继续运用混合研讨教学模式	3.73±1.15	3.84±1.04	-0.451	0.653

由表 5-10 可知,不同性别样本在效果反馈的 10 个题项上 P 值都大于 0.05,均不会表现出显著性差异。

4）效果反馈在年级上的方差分析

本研究使用 SPSS22.0 进行效果反馈在年级上的方差分析，不同年级样本在效果反馈的 10 个题项上 P 值都大于 0.05，均不会表现出显著性差异。见表 5-11。

表 5-11　效果反馈在年级上的方差分析

名称	您的年级（平均值±标准差）				F	P
	大一 （$n=16$）	大二 （$n=23$）	大三 （$n=29$）	大四 （$n=53$）		
混合研讨课堂上，您会更加活跃，注意力更集中	3.81±1.17	4.04±1.11	4.31±0.89	4.40±0.77	2.038	0.112
混合研讨课比传统课堂更生动更有趣	3.56±1.21	4.00±1.00	3.97±0.94	4.15±0.89	1.530	0.210
混合研讨课有利于个人自学能力的培养和提高	3.63±1.20	3.96±1.07	4.03±0.94	4.19±0.86	1.450	0.232
混合研讨课有利于个人表达能力的培养和提高	3.31±1.30	3.65±1.23	3.79±1.01	4.04±0.94	2.132	0.100
与传统课堂方式相比，混合研讨课更利于专业知识的深入掌握	3.13±1.09	3.57±1.16	3.59±0.98	3.89±0.95	2.455	0.067
混合研讨课可以提高小组交流、团队协作能力	4.13±0.89	4.09±1.50	4.48±0.63	4.57±0.60	2.175	0.095
混合研讨课堂可以加强教师与学生之间的交流	3.88±0.81	4.17±0.78	4.14±0.69	4.26±0.74	1.137	0.337
混合研讨课堂课前知识准备花费的时间和精力比传统课堂多	3.69±1.08	4.13±0.81	4.03±0.82	4.21±0.77	1.644	0.183
与传统讲授式课堂相比，混合研讨课堂的学习效果更好	3.56±1.15	4.00±0.85	3.97±0.78	4.15±0.79	1.959	0.124

续表

名称	您的年级(平均值±标准差)				F	P
	大一 ($n=16$)	大二 ($n=23$)	大三 ($n=29$)	大四 ($n=53$)		
很愿意在专业教学中继续 运用混合研讨教学模式	3.31±1.30	3.74±1.10	3.66±1.11	3.96±1.06	1.540	0.208

* $P<0.05$ ** $P<0.01$

5.6.4 结 论

研究探讨了 G 校旅游管理专业混合研讨教学模式的构建并设计了实施路径;以 G 校旅游管理专业学生为调查对象,研究其对混合研讨教学模式的满意程度,通过问卷调查获得数据并利用数据分析软件 SPSS22.0 对收回的 121 份样本数据进行实证分析,得出以下研究结论:

1)混合研讨教学模式能够提高旅游管理专业的教学效果

它可以提高学生的学习积极性、个人自学能力、个人表达能力,有利于学生对专业知识的深入掌握和独立思考,有利于提高班级小组协作能力,可以提高师生互动性,G 校旅游管理专业学生很愿意在专业学习中继续运用混合研讨教学模式。性别、年级在本研究中对混合研讨效果反馈无显著影响。教师要尽可能多地为学生提供自主学习的空间和资源,鼓励学生主动探究,共同研讨。

2)G 校旅游管理专业混合研讨教学模式的具体建设需要教师继续提升

当前的混合研讨教学模式尚不完善,教师要根据该模式的构建路径,对每一个课程的知识点进行分析,整理出议题,将授课内容融入日常教学活动中去。还要根据混合研讨教学模式的实施路径进行课堂教学:课前进行学习资料的整理收集、规划学生分组和制订学习计划;在课堂上积极引导学生,掌控课堂节奏,通过多种方式来增强学生的参与度;课后分析学生学习情况,总结经验为之后的教学做准备。学生们认为混合研讨课花费的时间和精力更多,因此,教师还要根据每学期的教学安排设计好混合研讨课程与传统课程的分配时间。

5.7　课程评价

课程评价是指检查课程的目标、编订和实施是否实现了教育目的,实现的程度如何,以判定课程设计的效果,并据此作出改进课程的决策。通过课程的设计及实践,在修正和完善的基础上,建立相对科学的课程评价体系,并结合专业特质,探索课程改进的相关措施。

5.7.1　混合研讨教学给学生带来的变化

1）探究学习激活认知需要

探究学习定义为有目的地寻求解决方案,通过调查收集额外的知识并提出挑战,学生像该领域专家一样思考问题的学习模式。混合研讨教学模式,使学生超越了教授的要求,有意地、亲自地投入到探究和参与中。现有相关研究考察了课程对学生留校、坚持毕业和学术表现的影响,产生了近乎一致的结果,即混合研讨教学对这些学生的结果有积极影响,混合研讨对教育成果的好处在不同的性别、住宿和通勤学生、种族和民族以及专业之间是一致的。研讨教学越早进入效果越好,Pascarella 和 Terenzini(2005)指出,大学一年级的研讨课程对"学生成功过渡到大学和坚持到第二年的可能性有重大和实质性的积极影响"[1]。研讨教学提供了重要的学习机会,研讨会的规模往往比其他大多数通识课程

---

[1]　PASCARELLA E T. TERENZINI P T. How college affects students:A third decade of research[M]. 2nd ed. San Francisco:Jossey-Bass, 2005.

小，这就促进了师生互动和同伴关系，包含了有教育目的的课程实践，如服务学习、基于问题的学习、跨学科教学和体验式教育；包括与其他有效的干预措施的有益联系，如学习社区和住宿生活计划；以及具有吸引力的教学法，包括各种教学方法，对家庭作业的有意义的讨论，具有挑战性的作业，对课堂时间的有效利用，以及鼓励学生在课堂上发言和合作。

2）对传统学习方式的颠覆

"教育对话"问题的探讨是对话哲学在教育领域中的一种回应。作为一个重要的理论与实践问题，"对话"正日益受到教育理论与实践的双重关注。布迪厄认为："一个场域的自主程度越高，这个场域的生产者只为本场域其他生产者生产而不为社会场域的消费者生产的可能性越大。"混合研讨课正是通过研讨的项目，为师生提供"平等对话"的平台，有效实现对传统课堂"权力的让渡"，颠覆老师的绝对主导和权威，以引导参与者的角色，发挥学生的学习自主性，成为对自己学习的"负责任的学习者"；有效实现对课堂每一个参与者"个体的尊重"，"话语权"不再唯老师及个别独有，而是每个人都作为独立个体整合成课堂的一部分，使学生成为"自主性的学习者"；有效实现师生之间、生生之间"情感的发展"，学习不再是老师一厢情愿的任务，而是大家发挥每个人的智慧必须要求完成的任务。这个过程中，通过相互的"表达""理解""包容""整合""让步"，使学习成为一个人际互动的享受过程，见图 5-30。

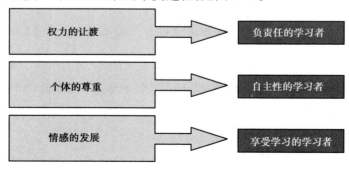

图 5-30　混合研讨型课堂对传统课堂的颠覆

3）学生效率及能力的提升

团队交互式学习,增加了学习的乐趣,促进学生"表达""思考""合作",也在这个过程中学会了"沟通""感恩"和"创新",在提高学习效率的同时,学生也收获了珍贵的友谊(图 5-31)。

图 5-31　学生在团队中流露的深厚友情

学生反映:"大家集思广益,取长补短,分享大家探究的结果,主动地学习,带来了很多乐趣。"①"组内讨论,有助于观点的相互了解和深入,而组与组之间的辩论有助于想法的碰撞,从而迸发更多的想法。"②"有时候我会比较沉默,不爱发言,但有时候又想办法表达出来,而课堂上,发言没有固定的人,只要有想法就可以说。"③"其他课堂只要带着笔和耳朵去听就可以啦,但这个课要带心,带耳朵、带眼睛、带手机,更要带嘴巴。以前上课时间就是刷朋友圈的时间,现在手机是离不了的学习工具。"④"小组的任务,让我们集思广益,并且相互学习,增进了友谊。"⑤"我们在这个过程中相互之间有了更深的羁绊,感觉和其他同学还有老师的沟通更顺畅了,也能大胆地提出自己的观点并讨论其他人的想法,感受到了团队的力量。"⑥

---

① 2021 年 5 月 9 日,对学生 HJW 的访谈;地点:贵州大学。
② 2021 年 5 月 9 日,对学生 WJX 的访谈;地点:贵州大学。
③ 2020 年 3 月 12 日,对学生 XYR 的访谈;地点:西南民族大学。
④ 2020 年 3 月 12 日,对学生 HXY 的访谈;地点:西南民族大学。
⑤ 2021 年 5 月 9 日,对学生 YSS 的访谈;地点:贵州大学。
⑥ 2022 年 7 月 20 日,对学生 MSK 的访谈;地点:贵州大学。

5.7.2　混合研讨教学给教师带来的变化

1）开启教学灵感，享受教学乐趣

混合研讨教学激活了教师对教学科研的反思，纷纷表示："它让我想起了我为什么要进入学术界。"①不少老师表示："学生的思维往往能激起我思维深处的创新点，每一代的学生的思维方式在变化，社会也在不断前进，学生的表现也在提醒我要及时更新自己的知识储备，结合实际更新我的教学手段，对我来说也是在不断学习，从中进步。"②有老师提到："这个课程的开设让我得到了新的灵感，我认为每个老师都应该通过这样的方式进行教学和科研，即通过交流、合作、讨论等方式，不断训练和强化自己的学术能力。"还有受访老师说："我认为这个课意义重大，我做教师也很多年了，而且在国外也做过教师，我感觉我们中国的大学教育，还有中学也类似，把学生总体培养成所谓的专业人才，但是这些所谓的专业人才的潜在的发展能力没有培养出来，面对社会新的发展需求，尤其是新技术，不是主动去面对社会，也不是心存积极的态度去适应社会和改变社会。我们的中学教育把学生的兴趣全部抹杀掉了，就靠大学来把他们解放。"③

2）增加工作投入，拓展教学空间

由于混合研讨课在时间和空间上都打破了传统的课堂时空，老师在课前、课中和课后都必须花费大量的精力，不少老师认为工作量极大增加，第一轮至少是1∶3或1∶4，后面会好一点，大约是1∶2，见图5-32。

---

① 2022年5月9日，对X高校老师XYR的访谈；地点：贵阳大学城。
② 2023年1月22日，对G高校老师CSH的访谈；地点：贵州大学。
③ 2023年3月5日，对G高校老师YYY的访谈；地点：贵州大学。

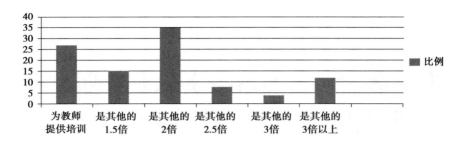

图 5-32　混合研讨课教师工作量认知

在访谈中发现,几乎每位混合研讨课的教师都在课程的设计方面花费了大量的精力,譬如选择研讨主题、教学方法、教学组织形式等。为了能够激发学生的学习兴趣,使交流和互动能够较为深入,他们付出了很大的努力。因此,如何对教师付出的劳动给予认可,是教学管理部门应该重视的问题。

3)方式灵活多样,实现教学相长

混合研讨课中采用的教学方法较传统的课堂更加多样灵活。据调查,教师讲授是混合研讨课教师使用最普遍的方法,使用人数为样本总数的 92%,课堂研讨方法次之,占到 84%,此外,一半以上的被调查者使用的教学方法还有学生报告和学生研究性学习,分别占到 64% 和 56%,使用最少的教学方法和形式是请专家或嘉宾与学生交流和让学生参与教师科研,均为 8%。网络研讨方法排在倒数第二,占到 20%。由此可知,混合研讨课教师使用的教学方法主要为教师讲授、课堂研讨、学生报告和学生研究性学习 4 种方法。尽管教师讲授仍然是普遍采用的教学方法,但是从调查中得知,其比例在下降,更为注重培养学生主动学习和独立思考的方法愈发得到关注。

第6章　大数据语境下旅游管理专业混合研讨教学模式的改革方向

　　教学模式的创新是课程教学发展研究中的重要内容。"教育是国之大计、党之大计",党的二十大报告强调:"教育、科技、人才是全面建设社会主义现代化国家的基础性、战略性支撑。"①从理论意义上来看,教学模式的研究有利于全面认识我国课程教学的特点。在大数据语境下对研讨课应用的研究不仅可以弥补教育学界对这一教学模式研究的不足,对现有理论进行补充,而且能够深化与之密切相关的教学课程改革的研究。

　　目前,教育大数据正逐渐成为教育领域中一项具有战略意义的资产,如何利用大数据发展研讨课在课程教学中的应用是一个亟待解决的问题。"教育是一个着眼未来的行业",从实践意义上来看,课程教学体系和教学模式的发展对我国教育事业至关重要。对当前课程教学的发展现状以及旅游管理课程教学存在的问题进行分析,并给出相应的对策和方法,能够为旅游管理课程体系和教学模式的进一步发展提供一定的参考依据。

---

① 习近平.高举中国特色社会主义伟大旗帜为全面建设社会主义现代化国家而团结奋斗——在中国共产党第二十次全国代表大会上的报告[N].人民日报,2022-10-26(1).

6.1　大数据语境下混合研讨教学模式空间生产

6.1.1　空间生产理论

法国马克思主义哲学家列斐伏尔首次提出了空间生产理论,他于 1974 年的著作《空间的生产》中正式阐述了这一概念。该理论的核心观点可概括为以下 4 个方面:①空间的本体论层面:空间是社会实践的产物,是被创造出来的;②对资本主义主导下生产方式的解释:空间本身也是被生产出来的;③城市空间理论的提出:消费主义对社会空间进行控制和支配,从而改变了空间的性质;④构建了"三元一体"理论框架:空间的实践、空间的表征和表征的空间,分别对应着 3 种不同类型的空间:感知的空间、构想的空间和生活的空间。列斐伏尔基于马克思主义唯物辩证法和历史地理唯物主义观点,建立了"城市空间是产物和生产过程"为核心的空间生产理论(李春敏,2011)①。

6.1.2　从空间生产视角推动混合研讨课的教学意义

研讨教学推动教育成为"无休止变革的空间",具有典型理论价值。教学的成败终须由社会来检验,教学不应该也不可能囿于课堂,大数据驱动教学成为"要素关系、权力关系及资本关系斗争的空间",需要充分考虑与其相关的各种要素关系来构建教学的网络空间结构。现代高等教育的学科交融性,使得课堂、网络、行业、科研及实践等空间不断整合、碰撞和调适,推动了教学空间实现无边界化。在这一动态发展中逐步形成具有熏陶和涵化、约束和自律的文化教育场,达到教学在场(Presence)和教学不在场(Absence)的动态统一体。

大数据促进研讨教学空间创新激变与深度融合,具有重要实践意义。福柯

---

① 李春敏. 列斐伏尔的空间生产理论探析[J]. 人文杂志, 2011(1):62-68.

指出,空间是权力、技术和知识联系的中介。"大数据"是 21 世纪关于信息技术的理念,可以解释为依托大数据的语言环境,狭义上主要指互联网环境,而广义上则指大数据网络信息的语言环境,具有智能化、直观化、可分析及易于操作管理等特点。大数据语境下创新了传统教学空间,能够有效针对学习目的及要求,通过有效信息传递和处理,构建师生交流、合作、互信的信息平台,是促进信息技术与教育教学融合的有益尝试。

6.1.3 从空间生产视角驱动混合研讨课的研究思路

本书以大数据为平台,以研讨教学模式为突破口,以空间生产为理论基础,打破固有教学场域的格局,通过主体重建、资本平衡、权力制衡、边界突破等方式,重构大数据下高等教育的感知空间、构想空间及实践空间,培育学生的创新能力及批判性思维,实现空间的自主创新。项目聚焦以下关键问题:

1)空间拓展—互动教学

依托大数据前沿性资源,通过线上线下多元化的方法扩展教学空间,激发学生探讨学科命题的兴趣,培养学生解决问题的创新能力,创新具有极强问题导向性的学习模式。

2)空间互促—科研嵌入

依托教师的科研平台,设计适合学生的子课题,营造多元教学空间。用开放的方式以小组为单位,让学生参与教师的课题,培养学生的科研习惯、自主学习能力、团队精神和创新思维。

3)空间共享—数据开放

通过对教学过程中资料积累、创新性成果及教学方式方法的反思和评估,构建起供学生实现资源共享的教学数据资源平台,内化学生解决问题的能力。

通过大数据及在线平台整合课堂教学方式和网络学习方式,实现面对面课堂教学(Face to Face)和在线学习(Online Learning)的有机交织,综合运用不同学习理论、技术、手段实施教学。通过搭建研讨命题、教学指导和师生互动交流的在线平台,激活学生主动参与和思考的创新力,培养合作精神,帮助学生解决学术困难,并通过开放性思维拓展让学生探索学科前沿。依托课堂与网络两种教学方式,通过大数据与混合学习研讨的整合,分析教学空间生产的内容及互促关系,构建具有反思和评估功能的多元教学空间。

6.2　大数据语境下混合研讨课教学改革切入

6.2.1　大数据时代的教学

随着信息技术的快速进步以及全球信息一体化的趋势,教育领域对于信息技术在教学中的应用日益重视。关于大数据概念的起源,最早可以追溯到维克托·迈尔·舍恩伯格,作为一位最早洞察到大数据时代发展趋势的数据科学家之一。他在其撰写的《大数据时代》一书中首次提出了大数据的概念,认为这是一种不需要通过抽样调查法,就能对所有数据进行整体分析的认知方式,其核心是预测,是一种有用的信息资产(Mayer-Schönberger et al.,2013)①。随后大数据被应用于各行各业,并成为复杂且持续增长的现象,国外学者普遍认为大数据可以科学客观地解决一些医疗、犯罪、教育、气候等方面的问题。本书将通过综述研究,将大数据与教育教学相结合,从大数据时代的教学特点、课程教学应用优势、应用局限以及未来趋势等方面进行论述,为丰富教育教学的大数据场域研究提供参考。

1)大数据时代教学模式的包容价值

关于大数据在教育方面的应用,早在 2012 年,美国教育部门就开始将大数

---

① MAYER-SCHÖNBERGER V, CUKIER K. Big data: A revolution that will transform how we live, work, and think[M]. Boston: Houghton Mifflin Harcourt, 2013.

据分析融入公共教育系统之中,以此推动教育领域的创新和改革。在《通过教育数据挖掘与学习分析提高教学与学习质量》这份报告中,美国教育技术办公室归纳并汇总了美国的教育数据挖掘及学习分析的相关研究和应用现状,且给予了一定的完善提议①。就我国而言,技术革命、经济革命和国家治理均为大数据促进课程教学改革注入了全新的思维方式。党的十九大报告中,习近平总书记明确指出:"推动互联网、大数据、人工智能和实体经济深度融合,大数据是信息化发展的新阶段。"②习近平总书记关于大数据的论述正成为课程教学改革的强大驱动力。在大数据时代的背景下,教育将受教育者的利益诉求作为活动的重要指标,现代远程教育双向互动,实时更新,在一定程度上,有利于教育公平的实现和教育质量的提高,此外,新技术的出现,能够帮助学校降低信息成本以及师生的通信费用,不仅使远程学习成为可能,而且减少了高校的成本费用。

就大数据时代的教学特征而言,舍恩伯格等人(2015)认为,针对大数据时代的教学特征,教育可以通过个性化的知识传递,突破"一个尺寸适合所有人"的同质性,从而更好地适应特定的学习环境、学生能力和学习偏好,呈现出人本性的特征③。李永程(2019)强调大数据背景下课堂教学的智慧性特征,基于数据的精确诊断、精准互动、教学评价、个性化教学,能够大大提高教学效益,有助于"网络化、数字化、个性化、终身化"教育落地④。唐斯斯等(2015)认为数据时代的教育决策是基于全面调查和论证的科学判断,更加强调各个教育层面产生数据的精细化捕捉,更加注重数据间复杂相关关系的挖掘和分析,因此具有智能性的特征⑤。陈琳等(2020)将大数据时代下的教学定位于智慧教育,认为其

---

① 美国教育部教育技术办公室.通过教育数据挖掘与学习分析提高教学与学习质量:一份简短的发行报告[M].李威,译.北京:"移动学习"教育部-中国移动联合实验室,2015.
② 习近平.决胜全面建成小康社会 夺取新时代中国特色社会主义伟大胜利:在中国共产党第十九次全国代表大会上的报告[M].北京:人民出版社,2017.
③ 舍恩伯格,库克耶.与大数据同行:学习和教育的未来[M].赵中建,等译.上海:华东师范大学出版社,2015.
④ 李永程.以学生为中心:大数据背景下智慧教学的思考与实践[J].福建基础教育研究,2019(7):22-23.
⑤ 唐斯斯,杨现民,单志广,等.智慧教育与大数据[M].北京:科学出版社,2015.

利用移动网络、智能终端得以普及,可随时随地进行学习,多媒体化形态的学习资源使过去抽象、晦涩等难于学习的内容变得形象、生活、具体、易懂,大大降低了学习的难度①。综上所述,大数据时代的教学特点具有智慧性、智能性、融合性、引领性、人本性、终身性、公平性等特征。

2）大数据在课程教学中的应用优势

大数据在教育领域的具体应用,展现出强劲的驱动作用,这也是现有文献中,学者们较为统一的意见。

从教学思想上来看,大数据时代的信息传递是双向进行的,因此,大数据下的课程教学问题不仅仅关注身为"消费者"的学生,还扩大到"产品和服务",即教师和教学工具。沈学珺(2013)认为大数据给教育带来的影响主要有:推动了以数据为基础、以经验为基础的决策文化的形成;扩大了教育资料的范围和深度,扩大了教育资料的细分范围;有利于对学生个体学习行为、水平、态度进行了解和预测;使教学数据的处理和分析更加具有实时性、动态性,有利于为学生提供及时、准确、有针对性的教学内容和技术支撑②。因此,从应用优势上来看,教育数据呈现出的多元化、多层化和非结构化,使教育的背景、过程和结果能够被更全面、真实地反映。为了进一步论证上述结论,Wu 等(2021)通过个案举例的方式,论证了在大数据背景下对新课程进行创新,可以更好地根据学生的需求对课程进行开发设计③。通过布卢姆分类法和层级分析法的实证研究后,有学者认为大数据时代下创新而成的体验式学习和建构主义学习的教学方法对于商学院新产品开发课程中的创新管理、知识管理、项目管理和风险管理的教学是有效的(王晓辉,2014)④。

---

① 陈琳,陈耀华.智慧时代中国教育现代化特征论[J].中国电化教育,2020(7):30-37.

② 沈学珺.大数据对教育意味着什么[J].上海教育科研,2013(9):9-13.

③ WU Y J, CHEN J C. Stimulating innovation with an innovative curriculum:A curriculum design for a course on new product development[J]. The International Journal of Management Education, 2021, 19(3):100561.

④ 王晓辉. 一流大学个性化人才培养模式研究[D].华中师范大学,2014.

从教学方法上来看,大数据在课程应用方面的优势主要表现为可视化教学、增强课堂趣味性等方面。吴磊等(2017)针对信息可视化课程的教学模式进行研究,探索大数据背景下信息可视化教学的现状和特点,构建基于心智模型的信息可视化课程的教学模式①。学者们提出的信息可视化课程,其本质是在大数据赋能的基础上,融合了设计学、传播学、认知科学及计算机图形学等学科,交叉融合产生新的研究方向。李宁(2019)认为大数据在应用型大学专业课程教学中具有显著优势,在创新专业课程的设置方面,采取数据挖掘的演变分析和关联分析功能,能够对学生就业实践与各种学习行为的内在联系进行大数据比对。同时,可以增加案例教学的比重,将课程知识体系与当前的重大经济社会问题和热点问题有机地结合起来,以提升课堂的趣味性②。文江辉等(2020)则以概率论课程为研究对象,提出了构建"学以致研、研以致创、创以致用"的"学、研、创"三位一体循序渐进的智能教学模式的设想③。此外,还有不少学者将大数据与商务金融、财会管理、信息通信等多种课程相结合,探究课程的具体结合模式和路径体系。

在教学评价和管理方面,王涛涛等(2018)运用学习分析技术,对教育大数据进行深入挖掘,并将其转换成有价值的学习状态和教学管理信息,从而为改善教学质量提供了借鉴④。张阳等(2021)构建了基于大数据应用的课程教学质量评价,通过该评价体系对混合式教学中教、学、管理不同角色进行结果反馈⑤。在研究中,学者们以23个专业的51门课程作为实验对象,将构建的教学质量评价模型进行应用,研究结果显示,采用"基于大数据感知的评价"方法可

① 吴磊,雷田,方浩.大数据背景下信息可视化课程教学模式与策略研究[J].艺术教育,2017(16):128-129.
② 李宁.大数据背景下应用型大学专业课程教学的变革[J].江苏高教,2019(10):93-96.
③ 文江辉,饶从军.大数据环境下概率论课程的智能教学方法改革研究[J].湖北工程学院学报.2020,40(3):78-80.
④ 王涛涛,毛晨蕾.基于学习分析的在线课程学习效果评价研究[J].中国成人教育,2018(17):93-96.
⑤ 张阳,郭权.基于大数据感知的课程教学质量评价研究[J].辽宁大学学报(哲学社会科学版),2021,49(3):177-184.

以有效解决当前课程教学质量评价体系中普遍存在的教学感知有效性、评价结果精准性、反馈改进实效性不足等问题,对于提升教学水平具有积极的促进作用。

综上所述,随着数据发掘、分析手段的发展,教育研究领域将研究热点转向如何将大数据与教学深度融合,认为大数据的出现在一定程度上解决了传统教学无法解决的问题,将大数据应用在教育领域,通过数据的收集与分析,进行教学管理,课程优化设置,课后评价分析,课程评估分析,以客观科学的数据分析结果为教育领域提供有效的决策与建议,从而引领教育迈向一个高度个性化的全新时代。

3）大数据在课程教学中的应用局限

从技术瓶颈方面看,邬贺铨(2013)认为目前大数据应用面临的技术性困难与挑战体现在数据挖掘的四个环节之中,即数据采集、数据存储、数据处理及处理结果的可视化呈现[①]。周洪宇和鲍成中(2014)认为作为大数据应用发展前提的云计算技术在我国尚属新兴产物,在大数据软件平台领域,我国在多年内相对落后于世界先进国家,需要采取赶超式的发展道路[②]。Minaei-Bidgoli 等(2004)提出网络的迅速扩张对社会产生了广泛的影响,教育正处在一个新时代的边缘,教育指导的在线传递为教学带来新的活力[③]。研究中,学者们提出了一个基于计算机辅助个性化方法的在线学习网络,涉及三种大型数据集:①教育资源,如网页、演示、模拟和个性化问题,这些问题设计用于家庭作业、测验和考试;②创建、修改、评估或使用这些资源的用户信息;③活动日志数据库,记录学生在解决家庭作业和考试问题时采取的行动,而这些应用于教育领域的大数据,也会面临技术方面的挑战,包括对海量数据的掌控、数据采集和问题解决分析的实施等。

---

① 邬贺铨.大数据时代的机遇与挑战[J].求是,2013(4):47-49.
② 周洪宇,鲍成中.大时代:震撼世界的第三次工业革命[M].北京:人民出版社,2014:199.
③ MINAEI-BIDGOLI B, KORTEMEYER G, WILLIAM F P. Enhancing Online Learning Performance: An Application of Data Mining Methods[D]. Michigan State University, 2004.

从人才缺乏方面看,张羽和李越(2013)指出大规模在线开放课程与传统远程教育和网络公开课不同。它是基于课程与教学论、网络和移动通信技术发展而来的新兴线上课程形式,但相较于其他领域,数据挖掘在教育领域中的起步较晚,而我国的教育数据挖掘更是处于初始阶段,为保障大数据教育领域应用的发展,必须关注大数据人才队伍的建设[①]。王元卓、隋京言(2021)也对人才匮乏的问题进行了阐述,提出大数据产业的快速发展致使应用型大数据人才需求急剧上升,从而导致人才供需缺口不断扩大,显示出人才供需不平衡的问题[②]。庄榕霞等(2020)指出随着5G在教育领域中的深入应用,既懂5G技术又精通教育理论的专业人才会更加短缺[③]。

从隐私和伦理的挑战来看,Bai等(2021)认为构建教育大数据平台,需要注意保护教师和学生的隐私,而这恰恰是教育大数据应用程序的主要难题,限制了可应用数据的规模[④]。卢迪等(2020)从零工经济与"云劳动"等变迁的视角进行研究,认为在人机协同的新场域中,会带来一个全新的命题,即从微观层面的工作场所到宏观层面的社会生活,人类该如何面对并学会与"机"相处,尤其是如何进行人机交互、人机协同、人机协作,都是需要认真思考的问题[⑤]。张永波(2020)智慧教育在教育结构、内容要素和功能目标等方面经历了全面的转变。传统的知识传授关系逐渐失去平衡,并从教育伦理的角度对多个现实问题进行了分析,包括由于科技崇拜而导致的德育失衡、信息成瘾对转识成智的阻碍,以及数据介入对智慧教育的异化等[⑥]。

---

① 张羽,李越.基于MOOCs大数据的学习分析和教育测量介绍[J].清华大学教育研究,2013,34(4):22-26.

② 王元卓,隋京言.应用型大数据人才培养[J].高等工程教育研究,2021(1):44-49.

③ 庄榕霞,杨俊锋,黄荣怀.5G时代教育面临的新机遇新挑战[J].中国电化教育,2020(12):1-8.

④ BAI X M, ZHANG F L, LI J Z, et.al. Educational big data: predictions, applications and challenges[J]. Big Data Research, 2021, 26: 100270.

⑤ 卢迪,段世飞,胡科,等.人工智能教育的全球治理:框架、挑战与变革[J].远程教育杂志,2020,38(6):3-12.

⑥ 张永波.智慧教育伦理观的建构机理研究[J].中国电化教育,2020(3):49-55,92.

4）大数据在课程教学中的未来趋势

时代的发展和信息技术的完善，促使课程教学呈现新的趋势，这些新的特点，将为教育发展带来新的增长点。周冠环等（2020）预测了教育信息化2.0时代基础教育改革的走向，即以培养学生信息素养为基础教育新目标，以信息化终端配备为基础教育教学新支撑，以智慧教育云平台为基础教育资源新载体，以可视化深度学习为基础教育学习新诉求，以智慧化教育管理为基础教育管理新模式，以终身化教育评价为基础教育评价新风向①。Wai等（2021）认为大数据为教育实践开辟了新的机会、潜力和挑战，在其短暂的历史中经历了几次范式转换，即人工智能导向范式、学习者接受范式、人工智能支持范式、学习者合作范式和学习者领导范式，并认为大数据与教育结合的未来发展趋势是增强学习者的能动性和个性化，使学习者能够反思学习过程并相应地告知人工智能系统，从而实现以学习者为中心、数据驱动、个性化学习的迭代发展②。黄春梅和郭伟（2020）提出，在教育领域，以数据为依据是进行定量或经验性的研究基础。DaaS是一种基于人工智能算法的新型社会大数据信息平台，它为教育领域的研究提供了一种全新的大数据源。平台的主要技术特点是：数据采集全面、动态和即时。数据是通过人工智能算法产生的，可以覆盖到全国的每一个地区。数据可视化，使其在利用数据时的费用和效率，与利用网络和电能相比不相上下。另外，在建模与算法方面，本系统具有很强的亲和力与简便性。DaaS有望成为数据流驱动的创新工具，全面推动教育学研究的转型升级③。

5）小结

教育大数据正在成为一种战略性的教育资产，对于推进教育改革具有特殊

---

① 周冠环,吴佩蓉,赵鑫.教育信息化2.0时代基础教育改革的机遇、挑战与走向[J].教学与管理,2020（33）:13-16.
② WAI J, WORRELL F C. The future of intelligence research and gifted education[J]. Intelligence, 2021, 87: 101546.
③ 黄春梅,郭伟.互联网感知社会宏观大数据与教育学研究之发展[J].清华大学教育研究,2020,41（3）:74-80.

的意义。教育大数据一词来源于快速增长的教育数据发展,包括学生的内在属性、学习行为和心理状态。教育大数据在教育管理、教学创新、科研管理等方面有着广泛的应用。就国内外现有文献而言,国外由于技术起步早,相关研究开展得也比较早,国内相对来说较为滞后,但就目前而言,国内学者对于大数据与课程教学的相关研究较多,已经成为当前的研究热点和方向。从文献的分类来看,大多集中在大数据技术与具体学科的结合应用,且学者们均认同大数据在课程教学中的促进作用和必然趋势。课程教学是一个综合过程体系,具体包括教学实践、教学评价、教学管理等诸多方面,因此,在教学各个环节都能找到大数据与之结合的文献。在研究方法上,有的学者运用实证方式,通过实验对比,科学论证了大数据技术在课程教学中的积极作用。还有学者提出了基于大数据技术的模式识别课程,指出模式识别课程是大数据科学与技术、云计算技术、大数据挖掘、物联网工程等课程的核心基础课。就未来的研究而言,可以在现有课程教学基础上不断拓展研究维度,从学生、教师、管理者等不同视角进行研究,切实提升大数据在课程教学的全过程应用,注意规避大数据在课程教学应用落地、数据安全、数据治理与运营评价等多方面的挑战和风险,最终发挥大数据为课程教学赋能添力的正向作用。

6.2.2　思政元素融入课程教学

按照国家最新的教育改革精神,教学改革全面贯彻践行习近平新时代中国特色社会主义思想"进教材、进课堂、进头脑"的要求,在专业课程各环节落实思想政治工作,以充分发挥课堂教学的主渠道功能。

第一,更新教育观念,在此基础上,提出新的课程思想政治教育目标。通过分析混合研讨课课程的德育目标、教学内容、任务单元及课程思政的共性元素与个性特征,建立目标协同、有机嵌入的教学观念定位,将选定课程确定为课程思政示范型和融入应用型课程,进行全课程思政教学设计,并支撑各授课环节。

以校情、学情分析为依据,将课程思政与教学单元模块相匹配,实现课程思政的有机融合。采用嵌入式课程总体设计,整体协同推进,并在深入探索思政教育内涵实质、引导和践行社会主义核心价值观的潜移默化培养过程中,紧紧抓住这一课程改革的核心环节,从课程资源、教学方法、知识传授、能力培养和价值渗透五个维度,对专业课程教学中的德育内涵展开深度挖掘。改革教育理念,着力打破以往单纯注重"知识""能力"的传统教育目标。在教学准备、教学实施和教学反馈过程中,价值目标和德育存在渗透不足的问题。因此,应该强化对以课程思政融入为基础的教学环节的设计和定位,完善方式、要素、评价的课例文本,特别是课程思政融入要素中的内涵式融入,以形成适合于应用型课程思政实施的载体要素模型,并构建以教学实施为基础的课程思政融入的典型案例。

第二,以课程内容为中心,构建"融合"与"课程思政模块""思政要素"三个层面的"融合匹配"课例。为符合大学专业课课程思政的总体理念、方向、重点,必须与课程目标中的德育目标的实现紧密联系,深入挖掘并转换专业课中的思想政治教育资源,以隐性教育的形式,把思政教育真正地融入专业课程设计、课程实施、课程评价的整个教育过程中,具有广泛性、时代性、主题突出、隐性渗透等特点。混合研讨课应采用综合分析的方法对课程进行全面梳理,对课程内容、课程思政模块以及各模块下思政元素融合点进行系统性的分析和总结。针对整体设计和多维度评价的教学环节,将课程思政的实施纳入具体的教学过程中,以实现与课程德育的协同效应。根据课程的不同主题,对课程思政的模块进行精简,并对思政元素融合的关键点进行分析和总结。将专业课思政元素与基于教学环节的课程思政融合要素进行嵌套匹配,并结合教学任务要求。同时,选择适用的教学方法,用以体现地域特色和学校特色的课程思政建设专项。这些专项应与思政课程、平台基础课程和专业课程相互补充,激发学习热情和培养学生对学校和国家的热爱,推进个性化的课程思政建设。

第三,建立基于教学环节的思政课程融入应用型课程的方式、多维评估模型。通过对"目的地营销"整个教学过程的剖析,对课程思政整合的途径和要素进行剖析,并将其整合到多维度的评估模型中,形成一个可分解的指标体系。最终使课程的教学目标从"双基"(基础知识、基础技能)转变为"三维"(知识传授、能力培养、价值引领)。在教学设计上,要注重各个模块间的相互联系,要注重课程思政的价值引导。在教学方式上,应结合专业课思政特点,创新导课、参与、调研、互动。在教学过程中,课程思政实践应将主题教育与常态化教学相结合,教学活动与专题活动相结合,对专业课程思政的过程管理与成果评价、考核和应用进行持续的改进。评估指标(包括达成度、参与度和满意度)以及评估实施细化的测评体系,还有效果运用方面的专业课程融入思政元素运用都需要重视。

6.3　大数据语境下混合研讨教学探索

6.3.1　教学核心：推动三维科学实践

目前,全球网民达 20 亿,中国网民达 5.0 亿。信息技术对教育发展具有革命性影响,媒体技术彻底改变了人类信息获取的方式(图 6-1),一方面教师应不断提升其信息技术水平,更新教学理念,改进教学手段,提高教学成效(图 6-2);另一方面学生应主动利用信息技术进行自主学习。在现有的教学环境中,电脑处理器、数字化存储和宽带将更便宜;多功能个人移动终端产品越来越实用化;网络以最远距离、最快速度、最准确方式和最低成本传递着无限的信息和知识。随着信息网络技术的迅速发展,思维流、知识流、数据流、信息流得到广泛应用和交汇,为人类提供了巨大的价值和机遇。

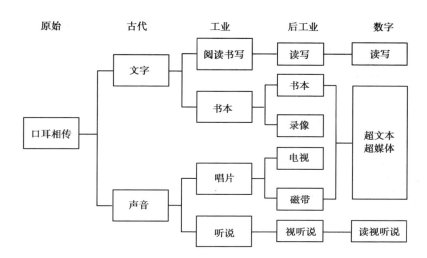

图 6-1 人类语言技术媒体的发展

图 6-2 体验华中师范大学的未来教室

　　大学正在积极推进数字化和信息化建设,投入大量资源以构建校园网络平台。实施该措施的目的是方便家长们能够通过网络及时了解孩子在校情况,更好地打破地域束缚。与此同时,学生们也将享受到全新的学习体验,在信息流和数据流相互交织中感受便捷、自由和创新,更好地助力他们完成人生中至关重要的 4 年学习。

　　开放式课程是指将课程内容免费提供给全球的教育家、学生和自学者,是非盈利教育目的下的学习。混合研讨课可以充分挖掘开放式课程的资源,有效推动课程开发建设(图 6-3),丰富整个教学体验,提升教学质量。开放课程可追溯至 1969 年英国成立的开放大学,该教学形式应用于远距离教育。随着数字电视和网络技术的快速发展,远距离教育的理念和实践也发生了巨大变化。尤其显现于 2006 年开放大学团队主导的"开放学习"计划实施,该计划以资源共享原则为基础,利用网络的无线连接性,通过虚拟电脑空间创建了网络公开课程。现今,已有 225 个国家和地区参与者加入该计划。

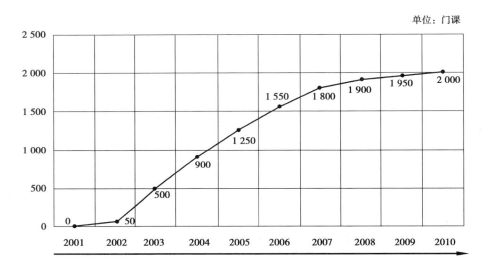

图 6-3　MIT 开发课程建设情况

自从"人人字幕团"于 2010 年推出"开放课程"后,"开放课程"在全国范围内迅速普及,让中国的学习者们得以一睹海外顶尖大学(耶鲁、哈佛、斯坦福、牛津等)的课堂内容。50% 左右的开放式课程的使用者是自学者,可见,随着泛在学习的深入,开放课程的深入开发有着巨大的社会作用和现实意义,开放教育及学习资源的开发呈现出蓬勃发展的态势。在科技进步的今天,开放课资源的内容不再局限于课程内容,而是以提高学生的学习能力为重点。基于资源共享,公开课已经发展成一个社会化的学习平台,使学习者既是资源的用户,又是资源的创造者,从而达到更深层次的社会化学习(图 6-4)。

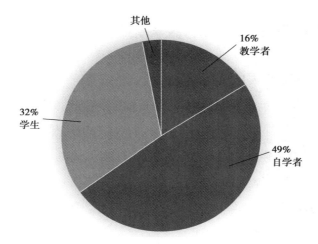

图 6-4　开放式课程使用群体比例

　　在混合研讨课的教学实践中,应该积极推行三维科学教学模式(图 6-5),具体分解为 3 个部分。第一,在调查与研究中,学生通过与真实的科学事实沟通,通过对所观察到的知识和感受,提出值得研究的问题,在提出假说之后,设计一个验证假说的实验程序,并收集数据,为假说的建立奠定基础。第二,理论建构或设计规划的制订。学生需要对收集到的数据及资料结合处理,利用想象、推理、数学计算、预测等思维步骤中所展现的科学原理,构建科学模型。第三,进行评价,利用科学性和工程性的思考方法,对第一部分和第二部分进行评价。

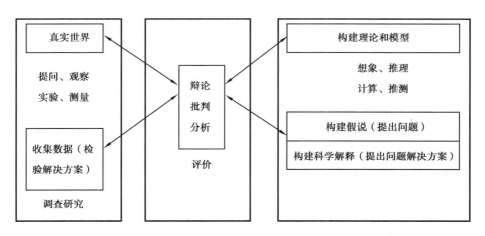

图 6-5　三维科学实验活动

6.3.2 大数据语境下混合研讨教学模式组织

1）大数据及大数据语境

"大数据"是 21 世纪关于信息技术的理念，IBM 指出"大数据"具有大量、快速、多样、价值和真实五大特点，强调有效利用经过整理和集合的庞大信息数据环境，在社会经济发展中通过依托互联网，在短时间内提供大量数据资源，为用户学习和工作提供支撑。

大数据语境可以被理解为在大数据支持下的语言环境。从狭义上来说，它主要涉及互联网环境；而从广义上来说，则包括了大数据网络信息的语言环境。这种语境具有智能性、直观化、可分析以及易于操作和管理等特点。信息资源是信息时代学习的重要依托。大数据语境下开设的混合研讨课，能够有效针对学习的目的及要求，通过有效信息的传递和处理，构建师生交流、合作、互信的信息平台，是促进信息技术与教育教学融合的有益尝试。

2）大数据语境下混合研讨教学的组织

依托大数据的混合研讨课，在课程组织中具有以下新的特点。

（1）互动教学

依托大数据前沿性资源，通过线上线下多元化的方法扩展教学空间，激发学生探讨学科命题的兴趣，培养学生解决问题的创新能力，是具有极强问题导向性的学习模式。

（2）科研嵌入

依托教师的科研平台，设计适合学生的子课题。以开放方式小组为单位，让学生局部参与教师的课题，由教授的研究生负责主要教学辅助工作，既帮助教师完成部分科研工作，也培养了学生的科研习惯、自主学习能力、团队精神和创新思维。

（3）资源共享

通过对教学过程中资料积累、创新性成果及教学方式方法的反思和评估，能够构建起课程建设的教学资源平台,为学生今后与其他课程对接学习中遇到的困难提供资料及解决方法的帮助(图 6-6)。

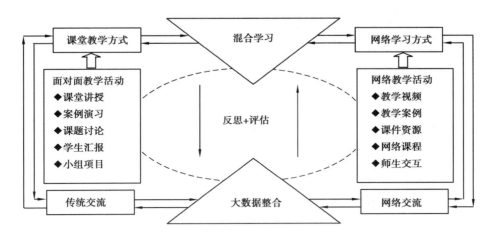

图 6-6　大数据语境下混合研讨课组织模式

依托大数据组织混合研讨课,具有以下特征。

延展课堂空间。课堂空间由传统的实体课堂演变为室内外与校内外结合课堂。随着移动终端在人们社会生活中的普及,教师与学生以及学生之间的交集不再局限于课堂。在大数据信息平台的支撑下,将课前准备、任务设计、讨论分工、学习成果、教学反馈等教学过程,通过手机、微信、电子邮件、QQ 等网络联系方式有效进行互动和交流,真正实现教学内容在课内深化、在课外延展。

激活课堂媒体。大数据将促进课堂媒体由传统单一媒体发展为真正的"多媒体"教学。高密度的信息接触是当下大学生学习和生活的重要组成部分。依托大数据平台,发挥电脑处理器、数字化存储设备、宽带及多功能个人移动终端在大学生群体中普及的优势,采用问题导向的设计,将课堂的启发、研讨及课下小组合作、实践创新相结合,培养学生的实践创造能力。

创新课堂学习。课堂学习方式由传统的课堂讲授学习发展为信息化学习。网络信息技术的飞速发展,将促进思维、知识、数据及信息的巨大交汇,海量的信息成为大学生学习最重要的、最有价值的资源。在大数据背景下,混合研讨课的课堂主体由大众、无差异教育的"知识殿堂"转变为个性化差异学习空间，教师不是知识唯一的传播者，而更多地扮演着学习的参与者及引导者角色，研讨教学将彻底颠覆要求学生掌握知识的说教模式，而将重心转变为通过课程去培育学生发现、获取及利用前沿性、开拓性及创新性的数据资源的能力。

丰富课堂功能。课堂功能由教师讲授讲台转变为师生合作平台。依托大数据的课堂将以最远距离、最快速度、最准确方式和最低成本传递着无限的信息和知识。大数据背景下，打破了人与人之间的时空界限，创造了以学习者为中心的学习模式。依托互联网及移动终端，开发基于大数据的电子阅读、多媒体阅读、在线阅读、数字阅读、泛在阅读、移动阅读、互动立体聚合阅读等信息获取方式，形成真正意义上的个性化学习、情景学习和终身学习。

6.3.3　大数据语境下混合研讨教学模式创新

1）以混合研讨为切入，重构新型人才培养模式

传统信息化教学，仅仅是依托信息技术将教材、资料及书本数字化，并没有真正实现信息技术给学习模式带来的变革。以混合研讨课为切入点，将大数据引入到课程教学中来，增强该课程与后续课程的关联度。依托学科特点，通过对课程性质的分析，科学开发和应用教学资源大数据平台，运用云课堂和可视化技术，让学生直观、深入地学习各种知识；围绕课程中要求学生掌握和应用的重点问题，突出"应用研究"功能，同时针对学生学习中遇到的现实困境，分析讨论解决问题的方法，在教师的指引下，依托互联网的大数据平台，自主探索解决方案，有利于培养学生讨论思考、自主创新和教学互动的学习能力。

2）以教学改革机制为驱动，激励教师勇于探索创新

在网络普及的今天，教育必须跟上时代的潮流，实现教育数据化。在大数据语境下开展混合的研讨教学，将真正改变学生在教学中的位置和存在形式，创建课程"研究""讨论"和"实践"的技术平台，依托高效的学习信息沟通，学生

不再是单一"听讲"式的被动学习,也不再因为没有接触社会就缺乏创新实践平台。大数据语境下的研讨教学更加强调信息技术与教学的融合及运用,同时,教学效果还依赖于依托大数据课堂平台与学生进行互动交流的教学技能。所以,教师这两方面的能力直接决定了新技术、新教学模式是否能够落实并发挥应有的教学效果。因此,这无疑也给教师掌握新的教学技术和方法提出新的挑战。

3)以混合研讨教学为突破,提升应对时代需求能力

依托大数据开设的大学生引入课程,使学生在浩瀚的无边界信息世界受到学科知识及思想观念的巨大颠覆,会给教学活动带来前所未有的危机与挑战。一方面,海量的数字数据平台有利于学生的思维创新,但永久存储的数据会给学生贴上具有暗示意味的"电子标签"(张燕南 等,2013)[①],束缚学生的思维进步和创新能力。另一方面,数字导向的教学模式,使学生会遵循预先设定的学习路线,过分依赖或缺乏有效分析数据资源的手段,会造成思想的禁锢及偏差。如何通过混合研讨课这一相对开放性的课程使学生树立正确的"大数据观",能用且用好"大数据",对于任课教师的专业技术水平和教学素养提出了更高要求,是高校教育必须应对的挑战。

6.4　大数据语境下混合研讨教学系统支撑

6.4.1　发挥综合性大学优势,促进教学资源整合

整合教学资源,提升混合研讨课的教学资料,是国内外知名大学普遍的做法。哈佛文理学院院长史密斯专门做了一个关于教学的报告。报告中列举了哈佛大学文理学院(Harvard Faculty of Arts and Sciences)于 2007 年至 2011 年期

---

① 张燕南,赵中建.大数据时代思维方式对教育的启示[J].教育发展研究,2013,33(21):1-5.

间提出的促进本科教学的 33 项措施,涵盖"分享好的实践经验""支撑教学创新""支撑课程创新"和"促进教师对教学的承诺和热爱"4 个方面,旨在提升学院的教学质量和教学方法的创新性。作为综合性大学,应该积极打破学科边界,有效整合各院系资源,构建丰富的混合研讨教学资源。

1）打破院系界限,整合部门精英

以专业设置及课程结构的需要为依据,吸引知名专家、教授来校开设讲座,向学生们讲授本专业的前沿科学理论,并与自身工作实践相结合,对学生开展创新教育和技能培养,旨在为学生提供与专业相关的最新知识与实践经验,利于丰富其学术视野,促进个人发展和职业素养提升。整合校内各学科力量和行业实际部门精英,形成教授、博士、省管专家(包括来自企业的省管专家)占有较高比例的专业、职业、职称、学历、年龄结构优良的师资队伍。在校内,汇聚经济、管理、文化(文化产业、民族学、人类学、历史学)、建筑园林、资源环境和旅游等学科的师资力量。这些师资中多数有政府挂职、企业兼职、承担政府或企业课题等实际工作经历。在校外,聘请行业管理部门、综合经济部门、政策研究机构和景区、饭店、旅行社等主要旅游企业类型的学者型官员和企业高管,如图6-7 所示。

图 6-7　酒店管理专业学生酒店实习结业会

2）突破教育层级，提升课程建设

打破经济、管理、社会学领域的界限，整合理论经济学、区域经济学、国际贸易学、管理科学与工程、企业管理、农业经济管理、林业经济管理、行政管理、社会保障、土地资源管理、社会学、民族学、人口学和旅游管理等学术型研究生硕士点、MBA、MPA 和建筑学工程硕士点，相关学科形成强大的支撑。整合硕士点在教师队伍及助教资源上的优势，将其对混合研讨课的带动作用作为绩效考核的目标之一，充分整合全校人力资源，保证混合研讨课的师资队伍。

3）借助课题工程，以项目带课程

科研和实践型项目，是学生进行实践和触摸行业最有效的手段。可以充分利用教师课题和项目，为学生创造接触行业、认知专业、进行实践的良好机会。同时，建立相关机制，激励教师利用自身项目优势，为学生创造平台，如图 6-8 所示。

图 6-8　依托教师课题学生在普梯村及万峰林景区开展调研

4）吸纳社会精英，推动行业触碰

引入和聘用一批具有丰富社会实践经验的专家，采取多种形式，灵活地参与到教育教学中来。构建校内校外"双师"队伍。将专任教师与来自企业一线的兼职教师有机地结合起来，充分发挥他们各自的优势，实现分工协作、专业专攻、各司其职的目标。最终形成基础课程体系和教学设计以专任教师为主体，实践技能课程以兼职教师为主体的机制。通过这一机制，可以充分利用专任教师的学科教学专长和经验，同时借助兼职教师丰富的实践经验和行业洞察力，为学生提供丰富多样的教学资源和实践机会。调查发现,很多富有旅游实践经验、长期从事企业经营的行业专家、业务骨干对参与学校的教学工作表现出较高的热情(图6-9)。这些来自企业的兼职教师具有独特的授课风格,内容生动具体,并具有极强的实用性。他们能够将行业中的新发展、新动态和新问题引入课堂,让课堂教学更具现实意义,并能产生高效的教学效果。

图 6-9　邀请行业精英走进课堂

6.4.2　加强师资团队的培训,构建复合教师结构

1)教师相关培训常态化

课堂教学是教师和学生之间传承、建构知识的基本途径,是人才培养的最后"一公里",也是最关键的"一公里"。不管是多么崇高的理念,多么精巧的制度,如果不能被教师充分理解,不能将其转化为适当的课堂教学方式,那么所有的课程改革努力都有可能成为徒劳。对比不少国家,我国高校的教育培训相对不足(图6-10)。为此,应加强对教师的专业发展和教学培训,加速教师发展中心建设;通过对评价制度的调整来支撑教学工作,同时增加经费、人力等方面投入,以解决高校在教学工作中存在的教师精力、教学经费、领导精力等方面的不足。只有在教师中形成创造性的教学思想,才能真正地推进课堂教学方法的改革与课程创新,从而推进本科教育的卓越发展。

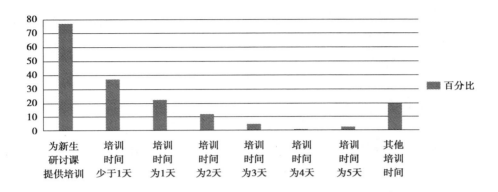

图 6-10　美国 2009 年混合研讨课教师培训情况

　　坚持定期、有计划地选送师资到旅游企业开展实习和培训，通过项目合作、挂职锻炼等多种方式，让教师有系统地获取实际工作的经验和最新的产业信息，从而提高教师的实践和科研能力。同时，也为新课程的创设提供了丰富的教学素材。逐步建立起一支高质量、前瞻性、创新性的"双师型"职业师资队伍（图 6-11）。

图 6-11　酒店管理专业教师培训

2）构建复合型教师结构

　　教育者应该教授给学习者当下的知识还是未来的技能？不少人认为理应是后者，但是这样的认知忽略了技能的来源与依据，有效的教育是两者兼而有之的。长期以来，我国一直认为理应由具有较高资历的教授作为混合"引路人"，这一认知一方面有利于学生对整个专业研究的把控和认知；另一方面，混合教学的诉求相对多元，在学科发展中处于不同成长轨迹的人，能够带来不同的认知和启示。朱克斯等(2020)指出,未来的教育者必须做出 11 个角色转化①,如图 6-12 所示。

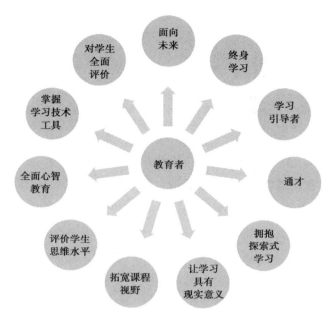

图 6-12 教育者必须承担的 11 个角色

资料来源:朱克斯,沙夫.教育未来简史:颠覆性时代的学习之道[M].钟希声,译.北京:教育科学出版社,2020.

另一方面,“教师”构成也不再单纯局限于高校专职教师群体,而拓展为更为复合的主体。如 2009 年美国混合研讨课全国调查发现,混合研讨课教师结构就呈现多元化趋势(图 6-13)。

因此,我们应该打破传统的认知,构建立体多元的混合研讨课教师结构体系。这一方面有利于解决小班研讨教授与学生数量上的不匹配问题,在真正实现混合研讨课效果的同时,缓解了教授的授课压力,也为学生带来多视角、多方位的专业学习体验。

---

① 朱克斯,沙夫.教育未来简史:颠覆性时代的学习之道[M].钟希声,译.北京:教育科学出版社,2020.

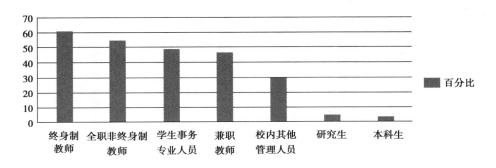

图 6-13 美国混合研讨课的教师构成

3）积极培养研究生助教

新的教学模式,如小班教学、启发式教学、研究性学习等,都需要充足的助教支持。为了满足这一需求,应当挑选出足够数量的优秀硕士作为助教,并为他们提供到教师发展中心进行培训的机会,这不仅对本科教学有益,也能够帮助硕士生积累今后从事教学工作所需的经验。学校可以给予硕士生助教实践学分和财务补贴,并将其成果纳入个人学术档案中(图 6-14)。

图 6-14 研究生助教主持研讨课程

6.4.3 设立教改专项项目,保障经费及管理顺畅

混合研讨课有较大的开放性,单纯利用现有的教学资源,对于旅游管理这样社会实践性极强的学科而言,是远远不足的。目前混合研讨课设计经费仅靠教师自身项目支撑难以持久化。因此,应该建立有效的经费支撑及项目管理长

效机制,才能保证课程的作用得以有效发挥(图6-15)。

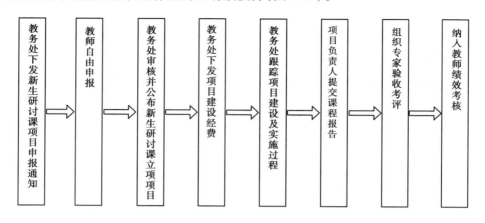

图 6-15 混合研讨课项目管理程序

首先,建立课程专项项目管理系统。由教师通过网上申报,教务管理部门对教师任课资格进行审核,并配套相应的课程建设经费。实行主讲教师项目负责制,以项目管理的方式推进混合研讨课课程改革。

其次,控制选课环节。由教务处专门管理人员负责在前一学期末制定下学期的混合研讨课开课目录,并由管理人员与任课教师联系、确定课程的开课时间、地点,在学期结束前向学生发布下学期的课程信息(选课课表),学生在该校选课系统中选择自己有意向的课程,一般每个学生最多可申请一定数量的研讨课程。学生申请结束后,根据研讨课学生人数控制的原则,由选课系统进行随机抽签,原则上每个学生最终可选中最多不超过一定量的课程门数。每学期开学的前两周学生还有机会进行退选或补选课程。

最后,网络助教制度,把学生参与网络助教作为考评重要依据之一。首先,有利于缓解教师工作压力,通过利用助教来协助其熟悉课程网络课堂运行环境,帮助他们组织学生开展网上讨论。其次,希望在课堂之余,增加学生与教师之间的沟通。最后,学生参与助教工作,对自身也是一个锻炼和提高的机会。

6.4.4　多元延展教学空间，构建校内外"双基地"

旅游学科是应用性较强的学科，国内外许多旅游院校及我国一些著名旅游院校都与相关企业建立稳定的长期合作关系。可以利用混合研讨课等延展性较好的课程，推动产学研一体化的形成，在这种模式下，学校与企业可以共同制定人才培养方案，实现教学资源与设备共享。还可以共同参与教学过程管理，监督教学质量的提升，选拔学生参与实际的订单或项目。突破表层次的合作，朝着更深层次的校企共赢模式迈进。为达成目标，首先，校企要加强项目合作，如共同开发创新的旅游产品和服务，提升旅行社的经营管理水平，并改善商务旅游团队的接待质量等。其次，积极扩展校企结合的人才培养渠道，设立多个实训基地，并依据各专业的特色，采取灵活的模式，不定期地分散式实训（经调查发现，不少企业有意开展合作，并愿意接收不同数量的实训学员）；建设旅游景区实训基地，让学生直接参与到旅游景区的实际工作中。最后，学校应与企业形成长久的、稳固的合作，将企业的实践经验和资源与学校的师资力量相结合，以实现学生学习、实习、工作三方面的一体化。

6.4.5　立足混合研讨创新，推动素养综合培育

在衡量学生的能力时，最主要的标准就是专业知识。但除此之外，职业操守和职业道德更不可忽视。在生活中，这些都会构成个人的综合素质，而在工作岗位中，则会体现为职业素养。因此，职业素养可以理解为个体在社会群体活动中要遵守的行为准则。职业素养是个人的内在属性，是行为总和的最终表现，而个人的具体行为则是外在属性的体现。可以看出，个人的职业素质是决定事业发展是否成功的重要因素。简而言之，职业素养涵盖了职业操守、职业认知、职业行为方式、职业能力 4 个方面。

伴随着越来越频繁的国际交流与合作，为增强自身竞争力，旅游企业对员

工素质提出了更细致、更深刻的要求,从而使旅游从业者所具备的职业素养越来越重要。在今后的几年中,旅游管理与服务行业的主要力量就是现今在学校学习的旅游管理专业的学生。随着社会的全面、快速发展,旅游从业人员的整体素质也应得到相应的提升。通过调查发现,目前的旅游企业要求从业人员既要有一定的专业知识,又要有丰富的实践经验,而且更强调良好的专业素质。因此,对大学生而言,具备较高的旅游职业素质是适应旅游管理工作岗位群的重要前提与基础。

在全球旅游业的竞争中,旅游从业者的专业素质是影响其成功与否的重要因素。在旅游专业人才的培养过程中,重视和强化学生的职业素养的培养,是我国成为世界旅游强国的一个重要因素。在中国,职业道德体现了社会主义道德的核心概念,并承载着几个基本原则:热爱和忠诚于社会主义的旅游事业,全心全意地为中外游客服务;坚持以集体为本、团结协作的精神;弘扬爱国主义、国际主义;坚持社会主义的人道主义精神。这几项基本准则,既是对社会主义道德内核的重要体现,又是对社会主义国家旅游业中有关伦理准则的反映。这些原则既是每一名旅游业管理者与服务人员内在道德品质的核心,同时也是他们外在品德的行为准则。依托混合研讨整合开放性和包容性较好的课程,结合旅游行业企业的实际需要,重视并强化学生的职业素养的培育和养成教育。通过日常的校园生活、社团社会实践等方式,引导学生自发自觉地提高个人素养,具体表现为自觉的思想意识、自觉的行为习惯、自觉的言行举止,这是旅游管理高级管理人才教育的重中之重。

第7章 课程设计样例

7.1 代表教学设计案例1："目的地营销"课程思政

7.1.1 课程设计

　　课程思政融合专业课程,是学校在"三全育人"的大背景下,促进学科道德建设与价值导向的一项重大措施。习近平总书记在全国大学思想政治工作座谈会上指出,要把思想政治工作贯穿于教育教学的始终,各类课程都要与思政理论课同向同行,形成协同效应。"目的地营销"是一门集理论性、实践性、综合性于一体的旅游管理专业基础课,具有较高理论水平、实践性和综合性,对提高我国旅游地市场营销能力具有十分重要的意义。在课程教学中,将"立德树人"的综合教育理念融入"目的地营销"专业课程,对培养学生树立正确的人生观、价值观,提高专业道德素养,具有重要的现实意义,是开展课程教学改革、培养符合市场发展的人才、提升人才素养的有效途径。

7.1.2 课程思政教学实践

1）教学思路

本课程从思政教育切入,以研讨教学模式为突破口,以空间生产理论为基础,打破固有教学场域的格局,通过主体重建、资本平衡、权力制衡、边界突破等方式,重构思想政治教育的感知空间、构想空间及实践空间,培育学生的国家意识、社会意识及个人道德,实现空间的自主创新。

教学聚焦以下关键问题:

①思政空间拓展—互动教学。依托思政文化资源,通过线上线下多元化的方法扩展教学空间,激发学生情感认同,培养学生爱国精神及道德素养,创新具有极强问题导向性的学习模式。

②思政空间互促—科研嵌入。依托教师的科研平台,设计适合学生的思政子课题,营造课堂—网络—思政场域—情感唤起的多元思政教学空间。以开放方式小组为单位,让学生参与教师的课题,培养学生的科研习惯、自主学习能力、团队精神和创新思维。

③思政空间共享—数据开放。通过对教学过程中资料积累、创新性成果及教学方式方法的反思和评估,构建起供学生实现资源共享的教学数据资源平台,内化学生解决问题的能力。

2)**教学目标**

"目的地营销"课程思政教学改革遵循了国家教育改革的新要求,贯彻落实了习近平新时代中国特色社会主义思想"进教材、进课堂、进头脑"的行动指南,将思想政治工作贯穿于专业课教育教学的全过程,充分发挥课堂教学的主要渠道作用(曾荣,2019)①。

(1)更新教学理念,有机结合课程德育目标及课程思政实施目标

对"目的地营销"课程的德育目标、教学内容、任务单元及课程思政的共性要素与个性特征进行分析,在此基础上,形成目标协同、有机嵌入的教学理念定位,将该课程确定为课程思政示范型融入应用型课程,展开全课程思政的设计,并提供支持性保障来支持教学的各个环节。基于对校情、教情的分析,将思政

---

① 曾荣.论课程思政在《旅游市场营销学》课程中的运用[J].知识经济,2019(12):94-95.

课和教学模块有机结合,完成课程思政嵌套课程的总体设计,整体协调推进。紧紧抓住以挖掘课程思政教育内涵、开发对学生社会主义核心价值观隐性塑造模式这一课程改革的核心环节,从课程资源、教学方法、知识传授、能力培养、价值渗透 5 个方面,对专业课程教学中的道德教育内涵进行深度挖掘。对教学观念进行更新,重点突破在过去的传统教学过程中,只强调知识和能力的目标的缺陷,同时在教学准备、教学实施和教学反馈中,价值目标和道德教育的渗透也存在着明显的缺陷。将以课程思政融入为基础的教学环节进行设计,对方式、要素、评价的课例文本进行完善,尤其是在课程思政融入要素中的内涵式融入,形成对应用型课程思政实施载体要素模型和以教学实施为基础的课程思政融入典型案例。

(2)聚焦课程内容,建立教学内容、课程思政模块和思政元素点"融入式对应"课例

在高校专业课程中,通过深入挖掘专业课中的思政教育资源,将其转化为符合专业课程思政总体理念、方向和重点的形式。与课程目标中的德育目标相结合,并以隐性教育的方式,将思政教育融入专业课程设计、课程实施和课程评价的教育全过程中。这种融合具有主题清晰、范围广泛、时代性强以及隐性渗透的特征。通过对"目的地营销"课程进行全面梳理,可以对其展开系统的分析和总结,具体包括课程内容、课程思政模块、各个模块中思政要素的融合点。从教学环节整体设计和多维度评价的实施思路角度,将课程思政的实施融入具体的教学过程中,与课程德育形成协同效应。按照"目的地营销"课程的每个主题,对课程思政的模块进行精炼,对思政元素融合的要点进行分析和总结,将专业课思政元素与以教学环节为基础的课程思政融入要素之间进行嵌套匹配,并将其与"目的地营销"课程的教学任务进行有机的融合。与此同时,还需要与有效的教学方法相匹配,体现地域特色、学校特色的课程思政建设专项,并与思政课、平台基础课和专业课相互补充,激发学生的学习热情和爱校爱国情怀,并进行个性化课程的思政建设。

3）教学方法

（1）混合教学

通过搭建研讨命题、教学指导和师生互动交流的在线平台，激活学生主动参与和思考的创新力，培养合作精神，培养学生正确的德育观念，并通过开放性思维拓展让学生探索思政精神传递。依托课堂、网络、思政资源、思政场景等教学方式，分析思政教学空间生产的内容及互促关系，构建具有反思和评估功能的多元教学空间（图7-1、图7-2）。

图 7-1 带领同学们深入贞丰县那孔村、普梯村开展调研

图 7-2 定期召开小组线上讨论会

（2）融贯集成

针对研究课题的综合性和学科交叉性特点，采用融贯的综合集成方法，实现多学科视野下的相关理论与方法互补，驱动实践与理论及方法探讨的良性互动。汲取教育学、心理学、人类学、社会学、数理统计等相关学科的理论及思想

方法,采用宏观格局定性分析和微观因子定量分析相结合的方式,专家咨询和实证个案解剖分析相结合的方式,通过总体性研究与分区分类研究相结合,在教学研讨实施中,引入 CDIO(conceive,构思;design,设计;implement,实现;operate,运行)模型,深化教学模式创新(图 7-3、图 7-4)。

图 7-3　线上技术研讨　　　　　图 7-4　线下技术学习成果分享

4）教学重点

(1)将思政教育熔铸为教学理念有效参与到研讨空间生产

基于校情和学情分析的基础上,可以将课程思政与教学单元模块相匹配,实现课程思政的嵌入式总体设计,并以整体的方式推进。通过挖掘课程思政的教育内涵,培养学生社会主义核心价值观,并紧密关注课程改革的核心环节,从课程资源、教学方法、知识传授、能力培养和价值渗透等五个方面深入挖掘"目的地营销"课程中的重要德育内涵(图 7-5)。

图 7-5　小组专题成果汇报

（2）依托思政文化的研讨教学实施程序更新教学理念设计

在突破以往传统教学过程中，既要重视该课程在知识和能力目标方面的突出问题，也要关注价值目标和德育渗透在教学准备、教学实施和教学反馈中明显不足的问题。为此，可以设计基于课程思政融入的教学环节的定位，并完善课例文本的方式、要素和评价，尤其是在课程思政融入要素中注重内涵式融入。通过以上设计和完善，形成一个应用型课程思政实施载体要素模型以及基于教学实施的课程思政融入典型案例（图7-6）。

图7-6　同学根据教学要求选定的设计板块

（3）依托模块设计凝练思政元素开发个性化混合研讨课程

通过对相关课程的各个专题进行提炼，可以分析和凝练课程思政的模块，明确思政元素融合的要点。将专业课的思政元素与基于教学环节的课程思政融入要素进行嵌套匹配，与课程教学任务有机地融合在一起。同时，还可以匹配有效的教学方法，通过体现地域特色和学校特色的课程思政专项建设，使其与思政课、平台基础课和专业课相互辅助，以激发学生的学习热情并培养爱校爱国情怀，个性化地推进课程思政建设。

（4）针对课程提供混合研讨教学模式思政空间生产保障

开展具体课程的德育目标与教学内容、任务单元及课程思政的共性元素与个性特征的分析，构建出目标协同、有机嵌入的教学理念定位，将该课程确定为课程思政示范应用型课程，开展全课程思政的设计，并对教学各个环节进行支撑（图7-7）。

图 7-7 同学们深入岜沙苗寨开展调研

7.1.3 课程特色及创新

1）课程特色

深入推进习近平新时代中国特色社会主义思想"进教材、进课堂、进头脑"行动方案的精神,把思想政治工作贯穿到专业课教育教学全过程,充分发挥课堂教学主渠道作用。在课程研讨教学中,将"立德树人"的综合教育理念融入专业课程,对培养学生树立正确的人生观、价值观,提高专业道德素养,具有重要的现实意义。进行课程教学革新,培育适应市场需求的专业人才,是提高人才素养的有效路径。

旅游管理专业学生肩负着思想教育的接受者和未来思想文化的传播者的重要角色,思政教育资源本身就是旅游管理专业课的重要领域。通过开放式的研讨教学方式,实现对思政教育资源的深层次挖掘和转化,与高校专业课的思政总体理念、方向和重点相一致。思政教育与课程德育目标相结合,以隐性教育的方式贯穿专业课程的设计、实施和评价等各个环节,具有普遍性、时代性、主题性和隐性渗透等特征。通过开放性的研讨教学方式实现对思想政治教育资源的深入挖掘转化,契合高校专业课课程思政总体理念、方向、重点。

通过对课程展开整体性梳理,对课程内容、课程思政模块及各模块下思政元素的融合点进行系统分析与归纳。贯彻教学环节整体设计和多维度评价的实施策略,将课程思政的实施纳入具体的教学过程中,实现与课程德育的协同作用。

2）课程创新

案例教学是营销类课程的重要教学手段，但是传统案例模式往往思路陈旧、不具有讨论性及创新性，不利于思想政治理念的树立和思辨能力的培养。"目的地营销"课程改革立足案例教学创新，选择上注重"新、精、辨、正"四大特点。

（1）以"辩"明理

在移动互联网时代，学生获取信息的渠道越来越多，能力也越来越强。充分发挥翻转课堂的优势，根据思政教学目标，选择开放式案例，制作或上传一些与营销伦理相关的案例文字、视频，要求学生进行课前学习思考。课堂上，教师可通过小组展示、讨论和辩论等形式（图7-8），为学生提供展示自学成果的机会，并予以指导和评价。

图7-8　同学们对课程命题开展辩论和讨论

（2）以"案"正人

解读时事热点案例，培养正向价值观。在教学中注意向学生强调运用正向思维看待社会现象，并与专业知识相结合，对市场中坚守正义及道德的现象进行分析。例如，案例"疫情中民宿及A级景区向抗疫一线医护人员免门票的举措"，聚焦以下问题进行思考与讨论：

①你如何点评这一举措？

②如何厘清企业逐利和社会责任之间的关系？

③对抗疫一线医护人员免门票对于旅游目的地营销有什么意义？

④酒店行业在抗击新冠中体现了哪些社会担当？

学生在思考和讨论中,能更好理解"四个意识",培养敬业精神德育元素(图 7-9、图 7-10)。

图 7-9　同学赴娘娘山开展入户访谈

图 7-10　同学在肇兴镇政府收集资料

(3)以"德"树人

通过传授知识与价值引领有机结合,增加情感态度价值观目标,强化专业课程育人功能。例如,案例"国际旅游市场上花钱却不讨好的中国游客",聚焦以下问题进行思考与讨论:

①为何中国跻身世界十大客源国中国游客却成为世界上"最不受欢迎"的游客之一?

②如何看待法国时尚巨头扬言拒绝中国人消费?

③"不受欢迎"的罪魁祸首是"不文明"吗?

④如何在"不文明"中透视文化冲突及价值标准霸权?

⑤如何在国际旅游市场上传播中国文明?

学生通过实现由"点"到"线"、聚"面"成"体",实现"面""面"俱到、多"体"联动,深刻理解文明行为、文化包容、文化多样性、文化认同等相关思想,推进知识体系教育与思想政治教育有机结合。

7.1.4　课程考评成效

1）考核方式

撰写报告:根据自己学习和讨论情况,撰写报告。

报告要求:

①报告题目自拟。

②鼓励同学们发挥主观能动性,鼓励学生有自己的视角和创新观点。

报告评分标准:

①报告的规范性(期刊上规范写法,要有摘要、正文、参考文献三部分)(20%)。

②报告内容的充实性(是否对知识论述全面,是否对最新的内容进行了涉及)(30%)。

③报告内容的深刻性(对涉及问题不需要全部深刻论述,但需要对其中某一点问题可以做深入的研讨与论述)(20%)。

课程建议:撰写 300 字的收获及建议,提出改进措施(10%)。

课程总成绩:总成绩=报告成绩×50%+平时研讨表现×50%

2)思政效果

(1)构建基于混合研讨的思政空间在不同参与过程中的认知层级及思想发展体系

从微观角度来看,思政教学有助于提升学生的情感认同感和内心安全感。从中观角度来看,它能够传承社会主义核心价值观,促进对政党的认同,从而促进社会的团结与凝聚。将旅游(记忆)视为爱党爱国教育的一种形式(机制),是当前政府和大多数学者所采取的一个定位。从宏观角度来看,旅游(记忆)也应体现全球性价值观,以更好地参与国际竞争与合作,促进国际交流与沟通,推动世界的和平与发展;它以反战与和平为核心价值,同时包含着"美""正义""人性""自由"和"理性"等价值理念。针对不同课程性质及阶段特征,全面建立思政空间生产体系,实现思想政治教育的整体性及延续性。这样的课程,在完成教学任务、提升学生思想素养的同时,也助力并成就了学生的成长(图7-11)。

图 7-11 参加比赛获奖的同学

（2）建立基于教学环节的课程思政融入应用型课程方式及多维评价模型

在"目的地营销"教学全过程中，对课程思政融入的方式、要素进行分析，结合多维度评价模式，形成可分解的目标体系。课程教学目标从"双基"（基础知识、基本技能）向"三维"（知识传授、能力培养、价值引领）转变，教学设计注重不同模块的有机结合与课程思政价值引领，教学方法结合专业课课程思政特点进行创新，教学过程中进行专题教育和常态教育结合、教学活动与专项活动结合的课程思政实践，不断建立、完善专业课课程思政过程管理及结果的评价、考核、运用。

7.1.5　课程计划

1）持续建设计划

（1）体系建设期（第 1~2 年）

进一步挖掘"目的地营销"课程蕴含的丰富思政元素，准确找出并丰富思想道德教育和学科知识教育的融入点，遵循思政教育元素与课程内容之间的联系性原则建立适当联结融入，通过教学方案设计，科学有效地将这些思政教育元素融入并应用到课程教学过程中，形成内容体系完整、融合切入适当、教育功能多元的课程体系。

（2）挖掘完善期（第 2~4 年）

遵循专业课程思政改革的全员参与性、育人性、适用性、先进性等原则，组建一支由思政课程教师、辅导员等组成的思政教学团队，全员共同挖掘专业课程各个章节中所蕴含的思政教育元素，构建专业互补、配合密切的专业思政教学团队。

（3）辐射拓展期（第 4~5 年）

遵循时代特色确保课程设计的先进性，发挥课程的社会教育延展功能。利用旅游学科重社会实践的特点，打通不同空间场域的课堂关联，形成"课堂—网络—家庭—企业—田野"共促、共建、共享的课程教育平台,拓展"目的地营销"思政课程的社会辐射功能。

2)改进完善措施

①依托旅游管理专业课程设置,构建科学的思想政治专业课程体系,明确"目的地营销"的思政优势,厘清其在思想教育板块中的角色和地位。

②组建由"专业老师—思政教师—辅导员"为核心的教育团队,确保课程设计的准确性和思想政治观点的先进性。

7.2 代表教学设计案例 2:三维教学模式

7.2.1 教学目标

传统的教学模式学生是被动接受的对象,教学过程中思维处于抑制状态。三维教学模式有效激活了学生情感,培育了学生的整体思维、发散思维、创造思维,有效提升了教学质量和学生综合素养。三维教学的基石是自主学习、合作学习和创新学习。自主学习是三维教学实施的基础。通过尽可能地调动学生的积极性和主动性,有效培养和激发学生的学习兴趣。合作学习是三维教学实施的关键。学会合作,能够合作,在相互合作的过程中,使学生的潜能得到更大程度的发掘。合作既是教学的必要条件,也是培育素养的必由之路。创新学习是三维教学的目的。通过提供自由、和谐的情境与气氛,鼓励学生运用想象力,其核心在于培养学生的创新或创造思维能力。通过开展创造性思维教学,启发学生创造的动机,鼓励学生创造的表现,以增进创造才能的发展。

选择教学内容"旅游目的地营销道德",以三维教学模式形成立体道德内化教育。从传统道德认知相关理论及观点,拓展至旅游目的地营销中的道德认知及道德讨论,整合教学认知、能力锻炼和道德提升等教学任务,构建知识传递、能力培养、价值引领三位一体的教学培养目标(图7-12)。

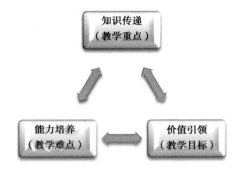

图 7-12　三维教学模式

第一,知识传递(完成教学重点)。重要知识包括:旅游目的地营销道德观;传统文化中的道德思想;旅游目的地营销伦理及道德;旅游目的地营销与社会责任。

第二,能力培养(突破教学难点)。融贯传统道德思想与目的地营销实践契合能力;辨识企业"逐利"与"社会责任"关系能力。

第三,价值引领(实现教学目标)。树立目的营销中的道德观念;理解并能在目的营销中运用传统道德思想;树立旅游目的地社会道德及责任。

7.2.2　以问题导向为核心的教学模块——道德理解

1)以生为主,以德立人

课程设计要充分体现"以生为主"教育思想,通过分析课程内容、教学对象、教学资源,系统设计教学内容、教学过程、教学方法、教学情境及教学评价,达到帮助学习者获得建构知识途径,训练思维方式,提高学习效率的目的,融贯新时代社会主义核心价值观,为培养爱党爱国,有社会责任感、有科学创新精神、有职业素养与道德、爱岗敬业的复合型旅游人才打下基础。

2)聚焦目标,实践道德

聚焦本课教学目标和教学重点,梳理中西道德观及道德理论,构建目的地营销道德理论体系。切实针对产品策略、价格策略、分销策略及促销策略中的道德等问题,落实课程设计中的道德实践。

3)对话热点,头脑风暴

目的地营销是一个理论性和实践性极强的学科,并且无论在经济发展、文化交流、国民生活等方面,旅游目的地均以巨大的产业包容性成为当下的焦点。在课程设计中,选择了学生们普遍关心的旅游热点问题,通过问题由浅入深的设计,各个小组分组准备,在课堂上形成观点碰撞,开阔学生思考问题的思路(图7-13)。

图 7-13　分组进行主题讨论

7.2.3　汇报+演示+辩论的教学模块——道德内化

通过"课前任务+同伴压力"模式增强学生对研究问题的思辨能力。努力发挥团队的创新精神,小组教学有一个经过理论验证过的,更高层次的目标,让学生通过合作来处理布置给他们的学习任务,从而使其行动变得团结。敢于放开手,让学生们自己走一段路;学生必须学会在没有他人引导的情况下运用自己的才智(图7-14)。

图 7-14　课堂上学生在开展演讲和辩论

任务是团队的工作重心,课程将安排两大讨论教学主题。其一,你能用哪些经济学理论解决目的地营销中的道德危机;其二,如何评价诸多 A 级景区对医护人员免费的现象。为小组确定教学任务,小组学习成果汇总,通常通过口头或书面结合口头汇报的方式。在少数情况,会采用感性的、整体的教学行为模式加以展示(如辩论、演讲、成果展示等)。通过权力让渡、个体尊重及情感发展,让思政教育依托课程教学,润物于无声,化物于无形(图 7-15)。

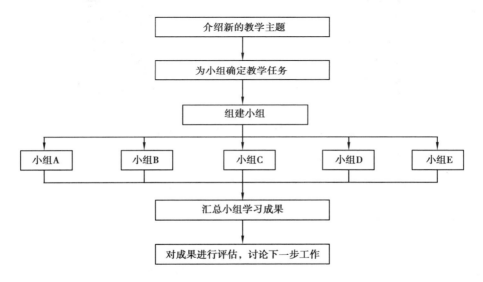

图 7-15　汇报+演示+辩论研讨课小组团队工作流程

7.2.4　阅读拓展及田野实践教学模块——道德实践

通过课堂教学及相关讨论,安排学生聚焦两个思考问题:①新兴数据时代目的地营销道德管理;②如何理解"道德消费"。由此实现立德树人教学目标的理论深化及实践检验。

1)以课后阅读拓展教学成果

本课结束后,拟安排学生选读三本电子书目:①塞缪尔.文明的冲突与世界秩序的重建.北京:新华出版社,2010;②周大鸣.多元与共融——族群研究的理论与实践. 北京:商务出版社,2011;③金惠敏.消费他者——全球化与资本主义的文化图景. 北京:商务出版社,2014。一个月之后,通过腾讯会议的方式,开展线上读书分享会(图7-16)。

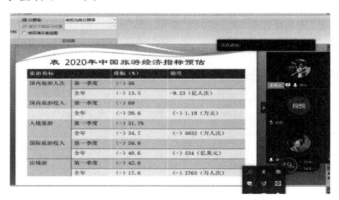

图7-16　依托腾讯会议召开线上读书分享会

2）以田野实践深化教学认知

结合导师科研课题,选择深度田野点,通过在田野调查中融贯目的地营销道德的实践,深化课程学习相关内容;选择典型受访对象,听民生、访民意、察民情,实现对于课堂旅游目的地营销道德的认知拓展及升华(图7-17)。

图7-17　学生结合课程开展田野工作

课程设计样例流程,如图7-18所示。

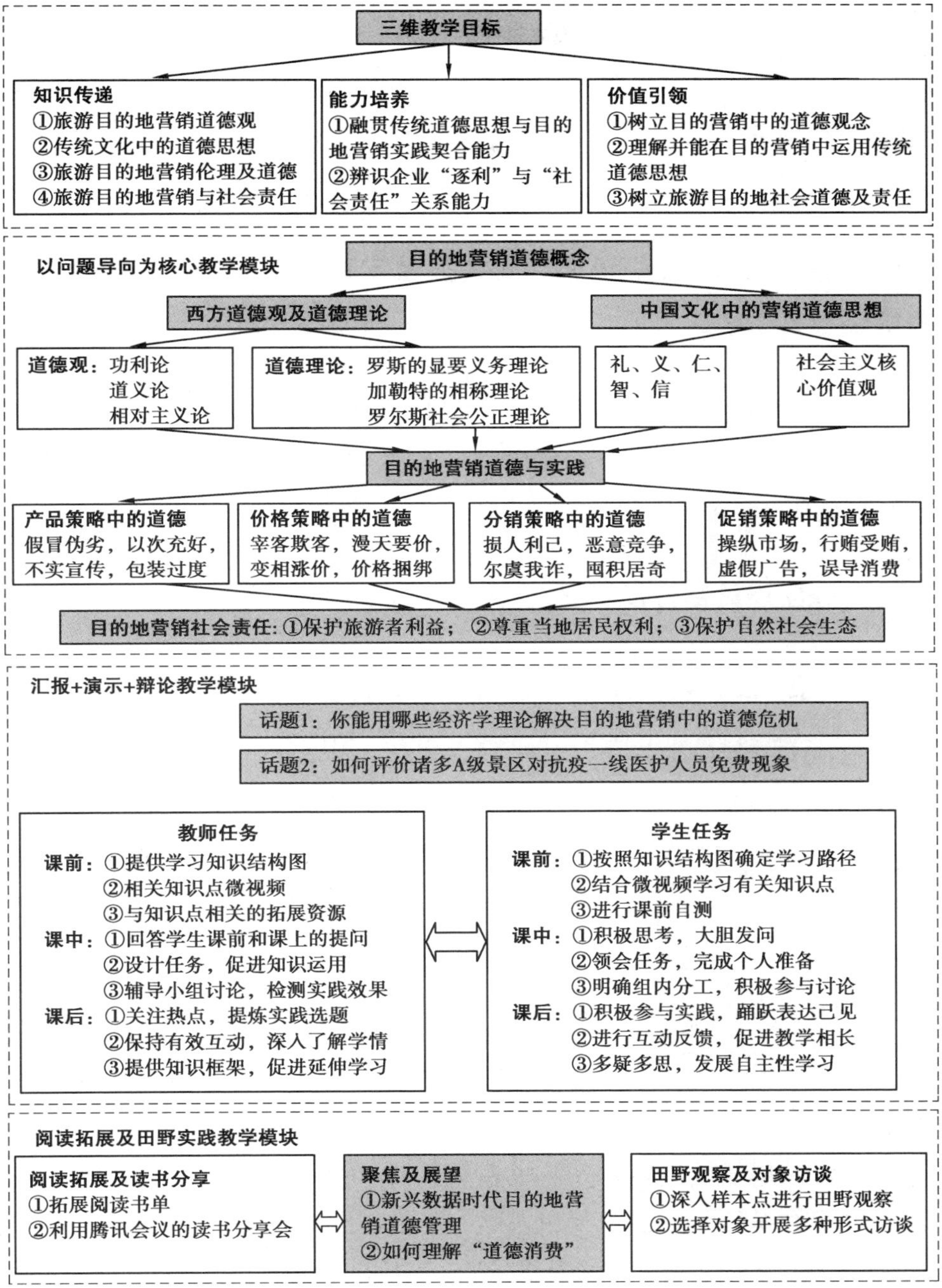

三维教学目标

知识传递
①旅游目的营销道德观
②传统文化中的道德思想
③旅游目的营销伦理及道德
④旅游目的营销与社会责任

能力培养
①融贯传统道德思想与目的地营销实践契合能力
②辨识企业"逐利"与"社会责任"关系能力

价值引领
①树立目的营销中的道德观念
②理解并能在目的营销中运用传统道德思想
③树立旅游目的地社会道德及责任

以问题导向为核心教学模块

目的地营销道德概念

西方道德观及道德理论

中国文化中的营销道德思想

道德观：功利论
道义论
相对主义论

道德理论：罗斯的显要义务理论
加勒特的相称理论
罗尔斯社会公正理论

礼、义、仁、智、信

社会主义核心价值观

目的地营销道德与实践

产品策略中的道德
假冒伪劣，以次充好，不实宣传，包装过度

价格策略中的道德
宰客欺客，漫天要价，变相涨价，价格捆绑

分销策略中的道德
损人利己，恶意竞争，尔虞我诈，囤积居奇

促销策略中的道德
操纵市场，行贿受贿，虚假广告，误导消费

目的地营销社会责任：①保护旅游者利益；②尊重当地居民权利；③保护自然社会生态

汇报+演示+辩论教学模块

话题1：你能用哪些经济学理论解决目的地营销中的道德危机

话题2：如何评价诸多A级景区对抗疫一线医护人员免费现象

教师任务
课前：①提供学习知识结构图
②相关知识点微视频
③与知识点相关的拓展资源
课中：①回答学生课前和课上的提问
②设计任务，促进知识运用
③辅导小组讨论，检测实践效果
课后：①关注热点，提炼实践选题
②保持有效互动，深入了解学情
③提供知识框架，促进延伸学习

学生任务
课前：①按照知识结构图确定学习路径
②结合微视频学习有关知识点
③进行课前自测
课中：①积极思考，大胆发问
②领会任务，完成个人准备
③明确组内分工，积极参与讨论
课后：①积极参与实践，踊跃表达己见
②进行互动反馈，促进教学相长
③多疑多思，发展自主性学习

阅读拓展及田野实践教学模块

阅读拓展及读书分享
①拓展阅读书单
②利用腾讯会议的读书分享会

聚焦及展望
①新兴数据时代目的地营销道德管理
②如何理解"道德消费"

田野观察及对象访谈
①深入样本点进行田野观察
②选择对象开展多种形式访谈

图 7-18　课程设计样例流程

7.3 代表教学设计案例 3：具有反思评估功能的多元教学空间

7.3.1 教学内容：依托旅游村寨村民数字素养提升计划的混合研讨教学

拓展"田野课堂"的概念,聚焦当前乡村振兴中旅游发展、数字营销等命题,选择以"数字乡村与民族村寨旅游营销实践"为教学案例,突出课程的实用性、自主性、创新性和实践性。

7.3.2 教学设计目标及意义

1）背景：数字乡村是村寨旅游高质量发展的重要驱动力

数字乡村建设是建设数字中国的重要内容。2019 年 5 月中共中央办公厅、国务院办公厅印发的《数字乡村发展战略纲要》中提出,数字乡村是建设数字中国的重要内容。"数字鸿沟"是导致新时期城乡二元的重要原因(图 7-19),数字乡村的建设以习近平新时代中国特色社会主义思想为指导,在农业农村生产生活中充分应用信息技术,实现乡村生产生活的信息化、数字化,与建设数字中国的内容相符合。

乡村数字化是贯彻乡村振兴战略的重要一环。《乡村振兴战略规划(2018—2022 年)》指出要加强农业装备和信息化水平,促进农村信息化建设,支持网络企业建立农业服务平台,以提升农业综合信息服务水平。长期以来,受制于数字化基础设施建设、使用人群受教育水平和技能等因素,城乡之间在数字接入、数字使用(表 7-1)等方面存在巨大鸿沟,如果不加以解决必然带来收入鸿沟、信息鸿沟和知识鸿沟。为了更好地巩固拓展脱贫攻坚成果,真正实现

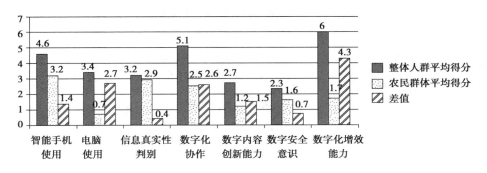

图 7-19 城乡"数字鸿沟"的表现形式

乡村振兴,亟需将互联网、物联网、电子商务、大数据等技术与乡村发展充分结合起来,从而提高农业生产能力,增加农民收入,提高乡村整体实力,建设数字乡村,最终实现农业农村的现代化发展。

表 7-1 我国城乡数字使用鸿沟

使用目的	使用率(%)		城乡使用差距(%)
	城镇	乡村	
线上学习	62.6	53.2	9.4
辅助工作	62.6	29.1	33.5
沟通社交	91.6	90.5	1.1
休闲娱乐	91.3	89.4	0.9
商业活动	69.8	60.7	9.1

数字短板是村寨旅游高质量发展的主要瓶颈。旅游村寨是民族地区区域协调、城乡统筹、巩固脱贫攻坚成效、推动就业质量、实现共同富裕的驱动力。从系统角度而言,村寨旅游业发展是一项复杂的系统工程,其发展质量是旅游服务体系与公共服务体系等系统耦合作用的结果(表 7-2)。在旅游发展的新时期,民族村寨传统旅游项目形式单一、产品结构形式落后、传统文化生态环境遭到破坏、旅游服务质量差等问题突出,迫切需要通过乡村数字赋能,推动实现高质量发展。

表 7-2　数字经济下村寨旅游产品供给机制

产业效率提升	产业结构优化	产品价值共创
◆加速村寨旅游数字化转型 ◆重塑村寨旅游供应链网络 ◆降低时空约束、增强信息透明度	◆加快旅游与村寨传统产业融合 ◆优化和升级村寨旅游产业结构	◆强化旅游产品价值共创 ◆精准匹配产品创新和旅游者需求

2）目标：依托数字乡村建设任务培养学生实践创新能力

社会实践目标。聚焦乡村振兴战略，激活数字乡村原生力量。旅游，是富民产业；村民，是乡村振兴的原生力量；数字化，是新时期村民参与市场的主要障碍。充分发挥研究生学习、掌握和运用数字的能力和优势，通过调研村民数字化参与的程度及瓶颈，遴选典型样本村寨，建设以提升乡村旅游发展数字素养为目标的"数字乡创学校"，设计主体重建、资本平衡、权力制衡、边界突破等数字素养提升战略，形成可推广、可复制的实践样本。

人才培养目标。依托民族旅游村寨，开展深度田野课堂实践。打破传统教学固有场域的局限，厘清专业教育的社会责任，培养并发挥研究生知识优势，直面社会经济发展重大战略，重构新常态下教育实践场域的稳态，在他者介入多元解决复合命题的训练中，形成研究生的创新能力及批判性思维。

3）意义：多元教学空间培育学生科技反哺乡村使命担当

以数字乡村建设驱动村寨旅游高质量发展为目标，培养学生利用科技文化反哺乡村建设的社会责任，具有典型的实践价值。数字乡村建设，对提升乡村旅游业的智能化程度，提升村民生活质量具有重要意义。在大力推进乡村振兴战略和全面建设社会主义现代化国家的重要节点，我国迫切需要大力推进数字化乡村建设。建设数字乡村需要数字技术的推动。目前，数字技术在制造业、农业等领域的应用已经为其带来了巨大的经济效益，需要进一步将数字技术深度应用到更广泛的文化产业中。通过建设"数字乡创学校"搭建村民数字素养提升平台,形成有效的"校—村"合作模式,通过培养一批具有良好数字应用能力、数字化经营思维的新型村寨旅游从业人员,不仅能够提升村寨旅游业的发展水平,为农民增加收入,更可以激活学生的创新能力催生出更加先进的数字旅游技术,促进村寨旅游高质量发展的实现。

　　数字乡村建设与村寨旅游融合丰富乡建理论内涵,推动"理论—教学—实践"场域融通实现多元空间碰撞,具有重要的理论价值。数字乡村建设,是我国乡村未来发展的重要方向,是实现中国农业农村现代化的重要举措。项目通过对旅游市场数字化趋势研究,组织学生走进田野,深度调查当地村民存在的"数字短板",制定适合不同民族、年龄、性别、需要的村民的"数字素养培育模式",通过为村寨旅游从业人员提供数字化技能和知识培训,帮助其成长为"数字新农民",在有效服务乡村建设的同时,也重构了教育的感知空间、构想空间及实践空间,实现教学空间、科研空间及社会空间的自由融通(图 7-20)。

图 7-20　学习空间由"地点"转向"地方"

7.3.3　教学思路及实施路径

1)教学思路

　　以项目响应国家重大战略,培养当代青年的社会担当,融通多维教学场域,以现实命题为导向,聚焦以下关键问题。

(1)建立包容内生的"数字乡村学校"

村寨,是有自身生命轨迹的文化存在;村寨的主人,是村民。传统的乡村建设模式,以运动式的方式推行"城市经验",不但未能培育起乡村的"内生动力",反而破坏乡村发展轨迹,加剧了传统村落的凋敝。当代大学生是知识的掌握者,也是时代的担当者,针对数字乡村建设背景下民族村寨旅游发展的痛点,以知识输入的方式,引导和培育村民的数字能力,具有典型的包容性和内生性。

(2)构建具有反思和评估功能的多元培育空间

项目设计中,综合运用不同学习理论、技术、手段,通过搭建以研讨命题、教学指导、样本实验和多元互动交流平台,激活学生主动参与和思考的创新力;项目实施中,发挥学生掌握数字化知识的优势,与村民形成通过面对面课堂教学(Face to Face)和在线学习(Online Learning)的有机交互关系,在村民数字素养培育实践中,延展课堂空间、激活课堂媒体、创新课堂学习、丰富课堂功能;项目实施后,通过数据跟踪、原因分析、效果评估等程序,提升学生通过开放性思维拓展探索学科前沿的能力。

(3)探索思政内嵌的"角色自主教育"模式

"把论文写在大地上",广袤的农村就是最值得珍视的课堂。在项目执行中应以旅游村为基点,对思政教育融入方式、要素进行分析,并与多维度评估模型相结合,形成一个可分解的指标体系。该项目的执行由"双基"(基础知识、基础技能)向"三维"(知识传授、能力培养、价值引导)转化,塑造"美""正义""奋斗""互助""探索"等价值观。在思政价值的引导下,将不同的模块有机地组合起来,创新学生与村民的参与、调研、响应、互动模式,实现学生在知识传递过程中成为自主学习者(图7-21、图7-22)。

图 7-21　同学在岜沙访谈地方精英　　　图 7-22　同学调研中与村中小朋友玩耍

2）实施路径

（1）空间拓展—教学相长

在学生参与培育村民数字能力的过程中，灵活使用线上线下等多元化的方式，激发学生探讨数字旅游命题的兴趣，培养学生构思、设计、实现和运作的能力，创新具有极强问题导向性的项目人才培育模式。

（2）村寨为基—命题嵌入

依托人才培育计划，认识数字经济塑造村寨旅游发展新逻辑，科学遴选有一定基础和条件的旅游村寨，设计适合学生的数字乡村子课题，以开放方式的小组为单位，通过现实交流，根据观察和调研提出有价值的研究问题，逐步形成学生的科研习惯、自主学习能力、团队精神和创新思维（图 7-23）。

图 7-23　同学走村串寨开展调研

（3）创新突破——样本切入

传统培养模式往往思路陈旧、讨论性不足、实践性缺失、创新性有限，不利于思想政治理念的树立和思辨能力的培养。本计划以典型的样本为载体(旅游村寨)、以有效的重大命题为切入(数字乡村建设)、以明确的产业指向为目标(旅游高质量发展)、以贴切的民生需求为抓手(村民数字素养),探索人才培育的生产、融合及互促关系,实现对研究生创新能力培养的有效驱动(图7-24)。

图 7-24　设计汇报成果

参考文献

一、期刊

[1] TRY S. The use of job search strategies among university graduates[J]. The Journal of Socio-Economics, 2005(34): 223-243.

[2] ARGOTE L, INSKO C A, YOVETICH N, et al. Group learning curves: The effects of turnover and task complexity on Group Performance[J]. Journal of Applied Social Psychology, 1995, 25(6): 512-529.

[3] SALONEN A O, SAVANDER-RANNE C. Teachers' shared expertise at a multidisciplinary university of applied sciences[J]. Sage Open, 2015, 5(3): 1-11.

[4] AUSUBEL D P. Ego Development and Personality Disorders[J]. Academic Medicine, 1952, 27(6): 419.

[5] BEASTON M. Job quality and job security[J]. Labour Market Trends, 2000 (3): 231-233.

[6] CHAN C C A, LIM L, KUAN KEASBERRY S. Examining the linkages between team learning behaviors and team performance[J]. The Learning Organization, 2003, 10(4): 228-236.

[7] GARRISON D R, KANUKA H. Blended learning: Uncovering its transformative potential in higher education[J]. The Internet and Higher Education, 2004, 7 (2): 95-105.

[8] GOODENOUGH R A, PAGE S J. Planning for tourism education and training in the 1990s: Bridging the gap between industry and education[J]. Journal of Geography in Higher Education, 1993, 17(1): 57-72.

[9] YEH Y J, CHOU H W. Team composition and learning behaviors in cross-functional teams[J]. Social Behavior and Personality: an International Journal, 2005, 33(4): 391-402.

[10] JENKINS A K. Making a career of it? Hospitality students' future perspectives: An Anglo-Dutch study [J]. International Journal of Contemporary Hospitality Management, 2001, 13(1): 13-20.

[11] WAI J, WORRELL F C. The future of intelligence research and gifted education[J]. Intelligence, 2021, 87: 101546.

[12] JOSEPH J. SCHWAB. The science programs in the College of the University of Chicago [J]. In E. Mc Grath (Ed.), Science and general education. Dubuque, IA: William C. Brown Co,1947(8):38-58.

[13] JOSHI V A, GUPTA I. Assessing the impact of the COVID-19 pandemic on hospitality and tourism education in India and preparing for the new normal [J]. Worldwide Hospitality and Tourism Themes, 2021, 13(5): 622-635.

[14] ELLIS A P J, HOLLENBECK J R, ILGEN D R, et al. Team learning: Collectively connecting the dots[J]. Journal of Applied Psychology, 2003, 88(5): 821-835.

[15] KETTUNEN J. Innovation pedagogy for universities of applied sciences[J]. Creative Education, 2011, 2(1): 56-62.

[16] BAILEY K D, MORAIS D B. Exploring the use of blended learning in tourism education[J]. Journal of Teaching in Travel & Tourism, 2005, 4(4): 23-36.

[17] KELLEY-PATTERSON D, GEORGE C. Securing graduate commitment: An

exploration of the comparative expectations of placement students, graduate recruits and human resource managers within the hospitality, leisure and tourism industries [J]. International Journal of Hospitality Management, 2001, 20(4): 311-323.

[18] LILIA, JIANYAO L. The analysis of self-employment Level over the life-cycle [J]. The Quarterly Review of economics and Finance, 2012(10):89-92.

[19] ARGOTE L. Groups and technology current themes and future directions [M]//Research on Managing Groups and Teams. Bingley: Emerald (MCB UP), 2004: 283-289.

[20] LOGUE C T, LOUNSBURY J W, GUPTA A, et al. Vocational interest themes and personality traits in relation to college major satisfaction of business students[J]. Journal of Career Development, 2007, 33(3): 269-295.

[21] SIGALA M. The evolution of Internet pedagogy: Benefits for tourism and hospitality education [J]. The Journal of Hospitality Leisure Sport and Tourism, 2002, 1(1): 27-42.

[22] SWICKERT M L. Perceptions regarding the professional identity of counselor education doctoral graduates in private practice: A qualitative study [J]. Counselor Education and Supervision, 1997, 36(4): 332-340.

[23] WEISER M, GOLD R, BROWN J S. The origins of ubiquitous computing research at PARC in the late 1980s[J]. IBM Systems Journal, 1999, 38 (4): 693-696.

[24] MOSKAL P, DZIUBAN C, HARTMAN J. Blended learning: A dangerous idea? [J]. The Internet and Higher Education, 2013, 18: 15-23.

[25] RAYBOULD M, WILKINS H. Over qualified and under experienced[J]. International Journal of Contemporary Hospitality Management, 2005, 17 (3): 203-216.

[26] ROGERS C R. Empathic：An unappreciated way of being[J]. The Counseling Psychologist, 1975, 5(2)：2-10.

[27] PADGETT R D, KEUP J R, PASCARELLA E T. The impact of first-year seminars on college students' life-long learning orientations[J]. Journal of Student Affairs Research and Practice, 2013, 50(2)：133-151.

[28] SIEMENS G. Connectivism：Alearning theory for the digitalage [J]. Intenational Joumal of instructional Technology & Distance Leaming, 2005 (1)：3-10.

[29] O'LEARY S, DEEGAN J. Career progression of Irish tourism and hospitality management graduates[J]. International Journal of Contemporary Hospitality Management, 2005, 17(5)：421-432.

[30] MCDOWALL S, LIN L C. A comparison of students' attitudes toward two teaching methods：Traditional versus distance learning [J]. Journal of Hospitality & Tourism Education, 2007, 19(1)：20-26.

[31] SMITH W M, BRUNER J S, GOODNOW J J, et al. A study of thinking[J]. The American Journal of Psychology, 1958, 71(2)：474.

[32] TSUI L. Fostering critical thinking through effective pedagogy：Evidence from four institutional case studies[J]. The Journal of Higher Education, 2002, 73(6)：740-763.

[33] HINSZ V B, TINDALE R S, VOLLRATH D A. The emerging conceptualization of groups as information processors[J]. Psychological Bulletin, 1997, 121 (1)：43-64.

[34] BARON W. Need of qualification surface technology：Enterprises, universities, universities of applied sciences[J]. Vakuum in Forschung und Praxis, 2004 (1)：11-15.

[35] WONG S S. Distal and local group learning：Performance trade-offs and

tensions［J］. Organization Science, 2004, 15(6)：645-656.

［36］BAI X M, ZHANG F L, LI J Z, et al. Educational big data：Predictions, applications and challenges［J］. Big Data Research, 2021, 26：100270.

［37］WU Y J, CHEN J C. Stimulating innovation with an innovative curriculum：A curriculum design for a course on new product development［J］. The International Journal of Management Education, 2021, 19(3)：100561.

［38］卞少辉, 赵玉荣. 高校混合式教学环境下学习分析应用策略［J］. 山西财经大学学报, 2021, 43(S2)：135-138.

［39］崔晋宏. 高校人才培养与企业发展［J］. 山西财经大学学报(高等教育版), 2006, 9(4)：27-28.

［40］陈坚林. 大数据时代的慕课与外语教学研究：挑战与机遇［J］. 外语电化教学, 2015(1)：3-8.

［41］陈建文. 后 MOOC 时代教师传道、授业、解惑职能的思考［J］. 工业和信息化教育, 2017(1)：12-16, 32.

［42］陈琳, 陈耀华. 智慧时代中国教育现代化特征论［J］. 中国电化教育, 2020(7)：30-37.

［43］柴立辉, 李霞, 张海龙, 等. "大班授课+小班研讨"教学模式的实践与思考［J］. 中国医学教育技术, 2021, 35(4)：523-525.

［44］程平, 陶思颖. 基于 ADDIE 的"互联网+会计"MPAcc 财务共享课程教学设计：以重庆理工大学为例［J］. 财会月刊, 2018(22)：24-29.

［45］陈权. 我国高等教育管理体制改革：回顾、反思与建议［J］. 长春大学学报, 2017, 27(2)：38-42.

［46］陈雄根. 湖南长株潭地区红色旅游资源的开发与区域经济发展［J］. 经济地理, 2007, 27(6)：1042-1045.

［47］成协设. 荷兰高等教育现状、特色及其对我国高等农业教育的启示［J］. 高等农业教育, 2021(2)：26-31.

[48] 陈岩. 科学人才观与高校人才的培养[J]. 中国地质教育，2004，13（4）：38-40.

[49] 陈悦，陈超美，刘则渊，等. CiteSpace 知识图谱的方法论功能[J]. 科学学研究，2015，33（2）：242-253.

[50] 笪玲. 大数据语境下高校新生研讨课的组织及创新[J]. 世界教育信息，2017，30（2）：12-15.

[51] 杜瑞，王庭芳. 对研讨课教学模式的思考：复旦大学研讨课观摩体会[J]. 管理工程师，2011，16（4）：61-63.

[52] 范德华，赵明. 经济发展方式转变对现代旅游业人才需求的影响研究[J]. 现代商业，2016（13）：50-52.

[53] 付达杰，唐琳. 基于大数据的精准教学模式探究[J]. 现代教育技术，2017，27（7）：12-18.

[54] 冯凌. 论红色旅游的多功能性与社会主义核心价值观传播[J]. 求实，2012（6）：94-96.

[55] 冯晓英，孙雨薇，曹洁婷. "互联网+"时代的混合式学习：学习理论与教法学基础[J]. 中国远程教育，2019（2）：7-16，92.

[56] 方雪. 高职院校旅游管理专业实践教学体系研究[J]. 度假旅游，2018（10）：72，75.

[57] 郭汉民. 探索研讨式教学的若干思考[J]. 湖南师范大学社会科学学报，1999，28（2）：109-112.

[58] 郭田田. 基于就业态势的高校旅游管理专业应用型人才创新培养模式探讨[J]. 中国市场，2012（15）：145-147.

[59] 高玮. 美国法学职业化教育对我国高职教育的启示[J]. 山东理工大学学报（社会科学版），2009，25（5）：103-105.

[60] 葛忆翔. 英语语法互动研讨式教学研究[J]. 黑龙江高教研究，2008，26（7）：186-188.

[61] 葛福鸿，王云. 基于智能教学平台的高校混合式教学模式构建与应用研究[J]. 现代远距离教育，2020(3)：24-31.

[62] 郭晓松. 培养思维能力提高学生素质[J]. 技术物理教学，1998(1)：10-11.

[63] 黄嫦娇. 行业学院：应用型高校产教对接的新模式：基于融合主体动力视角[J]. 西部素质教育，2020，6(9)：1-3.

[64] 黄琳，黄东斌. 学生主体：体验式学习策略优化[J]. 中国成人教育，2017(22)：15-17.

[65] 黄时进. 大数据时代研究生思政课教学改革探索：以中国马克思主义与当代课程为例[J]. 化工高等教育，2017，34(6)：94-98.

[66] 黄炜，方玖胜. 基于层次分析法大学生就业质量影响因素评价研究[J]. 湖南文理学院学报(自然科学版)，2010，22(2)：29-31，36.

[67] 惠玉，王淼. 国外校企合作应用型人才培养模式及其启示[J]. 北京城市学院学报，2017(6)：77-80.

[68] 贺鉴，刘红梅. 研讨式五步教学法理念的运用：以湘潭大学"当代国际关系史"本科教学为例[J]. 历史教学，2006(9)：52-54.

[69] 何文滢，钟志勇. 国内混合式学习研究评述与展望(2005—2021年)：基于VOSviewer的可视化分析[J]. 教育文化论坛，2022，14(5)：124-135.

[70] 霍晓峰. 谈现代教育技术在高校教学应用中出现的问题及对策[J]. 汉字文化，2021(15)：153-154.

[71] 黄春梅，郭伟. 互联网感知社会宏观大数据与教育学研究之发展[J]. 清华大学教育研究，2020，41(3)：74-80.

[72] 胡小桃. 让研讨式教学焕发出更强的生命力[J]. 湖南师范大学教育科学学报，2002，1(3)：98-101.

[73] 胡水星. 大数据及其关键技术的教育应用实证分析[J]. 远程教育杂志，2015，33(5)：46-53.

[74] 蒋翠. 高职旅游管理专业毕业生就业问题探讨[J]. 中国新通信, 2017, 19 (16): 130.

[75] 吉芙蓉, 李娜. 文旅融合高质量发展趋势下旅游行业人才需求特征分析 [J]. 西部旅游, 2022(15): 94-98.

[76] 蒋盛楠. 美国本科生新生研讨课的特点及启示[J]. 世界教育信息, 2015, 28(3): 34-36.

[77] 隽雨仙, 陈苑仪, 保继刚. 新冠肺炎疫情下中国旅游本科教育的困境与反 思[J]. 旅游论坛, 2022, 15(1): 102-114.

[78] 柯长青. 数字地球: 新生研讨课的探索与实践[J]. 高等理科教育, 2021 (2): 53-57.

[79] 李均. 习明纳: 历史考察与现实借鉴[J]. 石油教育, 1996(10): 62- 64, 47.

[80] 龙虎, 李娜. 大数据技术下的混合教学模式构建研究[J]. 电脑知识与技 术, 2020, 16(20): 142-144.

[81] 刘予飞, 蒋玖川. 大数据环境下的数据库课程教学改革研究[J]. 现代信 息科技, 2020, 4(20): 178-180, 184.

[82] 李宁. 大数据背景下应用型大学专业课程教学的变革[J]. 江苏高教, 2019(10): 93-96.

[83] 李春敏. 列斐伏尔的空间生产理论探析[J]. 人文杂志, 2011(1): 62-68.

[84] 李永程. 以学生为中心: 大数据背景下智慧教学的思考与实践[J]. 福建基 础教育研究, 2019(7): 22-23.

[85] 卢迪, 段世飞, 胡科, 等. 人工智能教育的全球治理: 框架、挑战与变革 [J]. 远程教育杂志, 2020, 38(6): 3-12.

[86] 李海林. 大数据环境下的数据挖掘课程教学探索[J]. 计算机时代, 2014 (2): 54-55.

[87] 李娟. 研讨式教学的探索与研究: 一个文献综述[J]. 大学教育, 2017, 6

（12）：15-18，46.

[88] 李益顺. 研讨式教学中"自我中心论"探析[J]. 湖南师范大学教育科学学报，2002，1（3）：102-105.

[89] 李年终. 论研讨式教学的评价模式[J]. 湖南师范大学社会科学学报，2001，30（2）：68-71.

[90] 李婷. 浙江省文旅产业数字化转型现状及建议[J]. 合作经济与科技，2021（7）：4-6.

[91] 李明珠，余敏. 高校思政课混合式教学模式研究[J]. 湖北经济学院学报（人文社会科学版），2022，19（5）：141-145.

[92] 张其亮，王爱春. 基于"翻转课堂"的新型混合式教学模式研究[J]. 现代教育技术，2014，24（4）：27-32.

[93] 黎云鸢. 论高等旅游教育的人才培养[J]. 科技资讯，2005，3（26）：59-60.

[94] 刘磊，潘大东. 我国高等教育改革范式分析与反思研究：基于1985年以来国家政策文本的视角[J]. 关东学刊，2022（3）：51-67.

[95] 赖玉华，陈梅. 新课改背景下微格教学的创新发展[J]. 教育与职业，2016（11）：116-118.

[96] 刘雪宁，董丽丽. 荷兰《人工智能战略行动计划》中教育相关举措述评[J]. 世界教育信息，2021，34（1）：29-33.

[97] 林栋，潘娜，鲁婷婷，等. 欧洲博洛尼亚进程对我国高职教育发展的启示[J]. 常州信息职业技术学院学报，2016，15（3）：5-7.

[98] 凌凯. 试论高校教学改革的现状及趋势[J]. 青春岁月，2019（9）：65.

[99] 李晓慧. 知识社会对高等教育的影响及对策[J]. 黑龙江高教研究，2007，25（1）：13-15.

[100] 刘旭，赵敏. 工业4.0时代高等教育课程与教学改革的趋势及应对[J]. 临沂大学学报，2022，44（1）：33-41.

[101] 刘丽平. 21世纪美国高等教育改革发展的特点及启示[J]. 西北成人教

育学报，2007（4）：38-41.

［102］刘生全. 论教育场域［J］. 北京大学教育评论，2006，4（1）：78-91.

［103］李响，皇甫大恩. 混合教学模式研究［J］. 中国教育技术装备，2016（24）：149，152.

［104］刘国福，杨俊，熊艳. 本科生专题研讨课教学的认识与实践［J］. 高等教育研究学报，2012，35（3）：63-64，71.

［105］李圣华. 翻转课堂在研究生课程中的实践与思考［J］. 延边大学学报（社会科学版），2022，55（2）：138-144，148.

［106］孟大虎. 拥有专业选择权对大学生就业质量的影响［J］. 现代大学教育，2005，21（5）：94-97.

［107］马克·戈特迪纳，雷·哈奇森，黄怡. 新城市社会学［J］. 上海城市规划，2012（2）：139.

［108］马天魁. 互联网时代的新型教育模式变革探究：以慕课、微课、翻转课堂为例［J］. 大学教育，2016，5（5）：48-49.

［109］马晓芬，戴斌. 旅游人才高质量培养的新时代课题［J］. 旅游学刊，2022，37（8）：10-12.

［110］毛新宇，王志军. 实验课研讨式教学实际问题探讨：以北京大学电子线路实验课为例［J］. 实验技术与管理，2015，32（2）：32-35.

［111］马芸，郑燕林. 走向深度学习：混合式学习情境下反思支架的设计与应用实践［J］. 现代远距离教育，2021（3）：89-96.

［112］倪玉琴，陆松岩，周忠浩. 教育信息化2.0时代开放大学办学模式变革的思考［J］. 成人教育，2019，39（1）：31-37.

［113］彭红，姚遥. 国内外对微格教学法的研究综述［J］. 广州体育学院学报，2016，36（2）：117-120.

［114］潘基鑫，雷要曾，程璐璐，等. 泛在学习理论研究综述［J］. 远程教育杂志，2010，28（2）：93-98.

［115］彭亮，高维新. 新时代中国乡村振兴的研究进展、热点及展望：基于
CiteSpace 的文献计量分析［J］. 世界农业，2020（5）：76-84.

［116］彭良琴，夏新蓉. 德国高等教育国际化现状、改革战略及特征［J］. 西部
素质教育，2017，3（16）：7-10.

［117］潘攀，田春博. 高职院校基于 SPOC 混合学习模式进行立体化"金课"教
学的研讨［J］. 成长，2021（5）：21.

［118］庞诗琪. 舒伯生涯发展理论评析及其启示［J］. 科教文汇（下旬刊），2018
（33）：33-34.

［119］庞维国. 论体验式学习［J］. 全球教育展望，2011，40（6）：9-15.

［120］秦涛. 高校有效开展新生研讨课的实践与思考：基于北京科技大学新生
研讨课教学实践［J］. 淮北职业技术学院学报，2015，14（2）：35-37.

［121］秦建国. 大学生就业质量评价体系探析［J］. 中国青年研究，2007（3）：
71-74.

［122］乔元正. 大学场域论释义：问题、特质与意义［J］. 高教探索，2015（4）：
28-31.

［123］阮士桂，郑燕林. 教师数据素养的构成、功用与发展策略［J］. 现代远距
离教育，2016（1）：60-65.

［124］史朝. 中日两国大学本科课程改革比较研究［J］. 外国教育研究，2005，
32（10）：48-52.

［125］沈卉卉. 大数据时代高校转型背景下"MOOR"与传统数学教学相结合的
应用与思考［J］. 大学教育，2016，5（5）：63-64.

［126］孙立新，李硕，宋雨昕. 高校 SPOC 混合教学模式：基于翻转课堂教学模
式改革的思考［J］. 河北大学成人教育学院学报，2021，23（1）：86-92.

［127］苏令银. 大数据伦理：研究现状、未来议题与政策建议［J］. 新疆师范大学
学报（哲学社会科学版），2020，41（3）：100-110.

［128］石培新. 红色旅游教育功能提升与可持续发展机制创新［J］. 宏观经济管

理，2020（5）：83-90.

[129] 沈学珺. 大数据对教育意味着什么[J]. 上海教育科研，2013（9）：9-13.

[130] 宋银桂，许峰. 研讨式教学的人本理念[J]. 湘潭大学社会科学学报，
      2003，27（6）：146-148.

[131] 孙亚男. 调查研究常用九大方法[J]. 新湘评论，2016（2）：31-32.

[132] 谭金娥. 试论高校教学改革的现状及趋势[J]. 黑龙江教育学院学报，
      2018，37（12）：41-43.

[133] 唐丽萍，冯淑华. 红色旅游资源的文化遗产价值及其评价：以南昌市八
      一起义纪念馆为例[J]. 旅游研究，2011，3（2）：11-16，27.

[134] 唐墨，林琳，胡乃杰，等. 基于微信的混合式学习探究[J]. 经济师，2018
      （3）：214-215.

[135] 陶雪娇，胡晓峰，刘洋. 大数据研究综述[J]. 系统仿真学报，2013，25
      （S1）：142-146.

[136] 王定华. 美国高等教育发展与改革:历史考察[J]. 河北大学学报（哲学社
      会科学版），2021，46（5）：82-88.

[137] 王岳，董丽丽. 荷兰高等教育国际化战略目标、实施建议及启示[J]. 世
      界教育信息，2019，32（7）：19-23.

[138] 王志强. 德国高等教育改革及新变化[J]. 世界教育信息，2015，28
      （18）：24-28，33.

[139] 王东. 探讨高校教学改革的现状及趋势[J]. 中国多媒体与网络教学学报
      （上旬刊），2020（2）：99-100.

[140] 王运武，李袁爽，姜松雪，等. 疫情背景下高等教育数字化转型趋势：美
      国《2022 地平线报告（教与学版）》解读与启示[J]. 中国教育信息化，
      2022，28（5）：13-20.

[141] 万凤华，何畏. 构建 21 世纪土建人才培养方案[J]. 高等建筑教育，
      2006，15（4）：44-46.

［142］吴岩. 中国式现代化与高等教育改革创新发展［J］. 中国高教研究，2022
　　　（11）：21-29.

［143］王辉，潘敏. 新生研讨课发展历程及中美新生研讨课类型划分［J］. 教学
　　　研究，2013，36（6）：57-60，8.

［144］王文平. 论大数据时代的教育特点与课堂教学［J］. 长江师范学院学报，
　　　2016，32（1）：117-120.

［145］王金晓，笪玲. 高校课程教学中大数据运用的研究现状及展望：基于
　　　CiteSpace 的可视化分析［J］. 河北大学成人教育学院学报，2023，25
　　　（1）：92-101.

［146］王旭丽. 高职院校旅游管理专业毕业生就业方向探讨：以内蒙古化工职
　　　业学院为例［J］. 才智，2013（26）：35-36.

［147］吴巧新，黄震方. 高校旅游人才供需失衡分析：以江苏为例［J］. 南京师
　　　大学报（自然科学版），2005，28（1）：122-126.

［148］吴磊，雷田，方浩. 大数据背景下信息可视化课程教学模式与策略研究
　　　［J］. 艺术教育，2017（16）：128-129.

［149］王婷婷. 大数据时代下统计学科建设与教学改革的几点思考［J］. 大学教
　　　育，2017，6（6）：9-11，14.

［150］王秀华. 大数据背景下高中信息技术教学的创新研究［J］. 高考，2019
　　　（34）：92.

［151］邬贺铨. 大数据时代的机遇与挑战［J］. 求是，2013（4）：47-49.

［152］王天平，刘旖旎. 研究生在线研讨教学实践探索：以"现代教学论"课程
　　　为例［J］. 高教论坛，2022（9）：41-46.

［153］文江辉，饶从军. 大数据环境下概率论课程的智能教学方法改革研究
　　　［J］. 湖北工程学院学报，2020，40（3）：78-80.

［154］王涛涛，毛晨蕾. 基于学习分析的在线课程学习效果评价研究［J］. 中国
　　　成人教育，2018（17）：93-96.

[155] 王元卓,隋京言. 应用型大数据人才培养[J]. 高等工程教育研究,2021 (1):44-49.

[156] 武松,李静,杨洁,等. 基于微信平台的医学统计学翻转课堂实践与效果评价[J]. 沈阳医学院学报,2019,21(6):572-575.

[157] 王春美. 任职教育研讨式教学探析[J]. 南京政治学院学报,2010,26 (4):115-117.

[158] 王逸潇,马东娟. 空间生产理论研究进展[J]. 城市地理,2016(6): 243-244.

[159] 王丽萍. 关于网上学生评教机制建设的几点思考[J]. 现代远距离教育, 2007(6):32-34.

[160] 韦巧燕. 高校学生评教探析[J]. 高教论坛,2007(2):149-150,174.

[161] 肖雪莹. 教育信息化背景下数字教学空间研究:形态、要素、建构及拓展[J]. 数字通信世界,2021(12):282-284.

[162] 徐鹏,王以宁. 国内自适应学习系统的研究现状与反思[J]. 现代远距离教育,2011(1):25-27.

[163] 谢勍,曹稳,何江鸿. 感悟研讨式教学[J]. 教育探索,2003(4):28-30.

[164] 徐蓉. 慕课与思想政治理论课教学生态的优化[J]. 思想理论教育,2014 (5):58-62.

[165] 项贤明. 当前国际教育改革主题与我国教育改革走向探析[J]. 北京师范大学学报(社会科学版),2005(4):5-14.

[166] 徐玮. 大数据对高等教育的影响和挑战[J]. 教育教学论坛,2013(37): 4-5.

[167] 王迎洁. 高职院校旅游管理专业就业问题及对策分析[J]. 郑州铁路职业技术学院学报,2020,32(1):77-79,94.

[168] 徐理勤. 博洛尼亚进程中的德国高等教育改革及其启示[J]. 德国研究, 2008,23(3):72-76,80.

［169］徐永祥，刘玉娟. 日本高等教育改革的现状与发展趋势［J］. 黑龙江高教研究，2007，25（8）：38-40.

［170］许婷，朱雅芳，李壮峰. 基于设计的混合教学模式的实践研究［J］. 软件导刊（教育技术），2016，15（8）：82-85.

［171］徐艳敏.“MOOCs”在高校课程建设与教学中的应用［J］. 广州航海学院学报，2016，24（1）：62-65.

［172］徐玉辉，唐琼，田晓云. 基于大数据理念的翻转课堂教学实践改革研究［J］. 衡阳师范学院学报，2016，37（2）：150-152.

［173］徐秀玉，张春霞. 高职旅游管理专业学生就业倾向分析［J］. 职业教育研究，2016（1）：45-50.

［174］向凯全，陈智博，王民全. 大数据的个性化教学管理服务系统与实现［J］. 电子技术与软件工程，2016（7）：171.

［175］夏大文，王林，张乾，等. 大数据应用技术课程教学改革与实践［J］. 大数据，2020，6（4）：115-124.

［176］余小高. 大数据环境下《管理信息系统》课程国际化教学研究［J］. 软件导刊，2016，15（5）：216-218.

［177］杨洋. 芝加哥大学与复旦大学通识教育课程的比较研究［J］. 现代教育科学，2016（3）：126-132.

［178］杨德广. 浅议高等教育改革的动因、历程、原则、内容及趋势［J］. 大学教育科学，2007（5）：19-25.

［179］杨弘，刘宇会，于善波. 新形势下地方高校应用型人才培养模式创新研究［J］. 经济研究导刊，2014（14）：124-125，171.

［180］于首涛，方香廷. 高校混合式建构教学模式研究［J］. 内蒙古财经大学学报，2021，19（6）：30-35.

［181］原防，乜勇. 智能时代泛在学习的基础和教学支持服务研究［J］. 现代教育技术，2019，29（5）：26-32.

[182] 杨子均. 研讨式教学及其在思想政治理论课中的运用[J]. 西南民族大学学报(人文社会科学版), 2011, 32(S3): 37-40.

[183] 杨滨. 大数据时代下的交互设计教学分析[J]. 时代教育, 2016(1): 202.

[184] 易彪. "中国近现代史纲要"课开展研讨式教学要把握好的几个问题[J]. 思想理论教育导刊, 2012(10): 50-52.

[185] 闫福全. 当前高校大学生逃课现象剖析[J]. 内蒙古民族大学学报, 2008, 14(2): 80-81.

[186] 袁本涛. 中国高校教学改革的现状与趋势分析: 来自2005年国家级教学成果奖的报告[J]. 大学教育科学, 2006(2): 44-51.

[187] 周剑雄, 张文明, 杜小勇, 等. 研讨式教学法在三小时教学单元中的应用[J]. 中国大学教学, 2012(7): 57-59.

[188] 张银辉, 王世枚. 政治理论研讨式教学实施探要[J]. 南京政治学院学报, 2012, 28(S1): 86-88.

[189] 朱英, 李里. 高校历史学研讨式教学如何开展课堂讨论: 以"中国近代史研究专题"研究型课程为例[J]. 历史教学(高校版), 2009(9): 68-73.

[190] 朱圆满. 虚拟角色转换: 对研讨式教学教育创新意义的一种新诠释[J]. 湘潭大学社会科学学报, 2001, 25(5): 139-143.

[191] 赵倩, 章玳, 侯新宇. 自媒体: 开放教育实践教学问题的一种解决方案[J]. 成人教育, 2019, 39(11): 23-29.

[192] 张连生, 丁德全. 当前高等教育课程和教学内容改革的发展趋势[J]. 辽宁教育研究, 2004(2): 75-77.

[193] 朱克勤, 任仲泉. 关于美国几所著名高校的流体力学新生研讨课[J]. 力学与实践, 2005, 27(1): 78-80.

[194] 张文磊. 我国高校教育改革所面临的问题及对策分析[J]. 教育教学论坛, 2013(37): 157-158.

[195] 张抗私, 李善乐. 我国就业质量评价研究: 基于2000—2012年辽宁宏观

数据的分析[J]. 人口与经济, 2015(6)：62-72.

[196] 张桂宁. 基于就业质量的职业意识教育探析[J]. 广西民族大学学报(哲学社会科学版), 2007, 29(5)：138-140.

[197] 周少斌. 影响高职毕业生就业质量的因素分析[J]. 职业教育研究, 2008(2)：64-65.

[198] 张建宗, 李宝文, 赵欣. 浅析大学生逃课问题[J]. 考试周刊, 2015(46)：155-156.

[199] 曾向昌. 构建大学生就业质量系统的探讨[J]. 广东工业大学学报(社会科学版), 2009, 9(3)：18-21.

[200] 祝智庭, 管珏琪, 邱慧娴. 翻转课堂国内应用实践与反思[J]. 电化教育研究, 2015, 36(6)：66-72.

[201] 张隽殊. 高职院校旅游管理专业的创新创业教育初探[J]. 赤子(上中旬), 2017(7)：125.

[202] 张书华, 杨卓. 大数据对高等教育教学的影响[J]. 绿色科技, 2018, 20(17)：274-275, 316.

[203] 周冠环, 吴佩蓉, 赵鑫. 教育信息化2.0时代基础教育改革的机遇、挑战与走向[J]. 教学与管理, 2020(33)：13-16.

[204] 张慧慧, 黄丹凤. 大数据与外语教学研究文献综述[J]. 海外英语, 2019(22)：179-180.

[205] 翟卫芬. 高中通用技术课程大数据精准教学模式构建研究[J]. 考试周刊, 2021(56)：108-110.

[206] 张燕南, 赵中建. 大数据时代思维方式对教育的启示[J]. 教育发展研究, 2013, 33(21)：1-5.

[207] 张阳, 郭权. 基于大数据感知的课程教学质量评价研究[J]. 辽宁大学学报(哲学社会科学版), 2021, 49(3)：177-184.

[208] 庄榕霞, 杨俊锋, 黄荣怀. 5G时代教育面临的新机遇新挑战[J]. 中国电

化教育，2020(12)：1-8.

［209］张羽，李越. 基于MOOCs大数据的学习分析和教育测量介绍［J］. 清华大学教育研究，2013，34(4)：22-26.

［210］张永波. 智慧教育伦理观的建构机理研究［J］. 中国电化教育，2020(3)：49-55，92.

［211］曾荣. 论课程思政在《旅游市场营销学》课程中的运用［J］. 知识经济，2019(12)：94-95.

二、专著

［1］ AMY E. Psychological Safety and Learning Behavior in Work Teams［M］. New York：Johnson Graduate School of Management, Cornell University, 1999.

［2］ BANDURA A. Principles of behavior modification［M］. New York：Holt, Rinehart and Winston, 1969.

［3］ SOJA E W. Seeking spatial justice［M］. Minneapolis：University of Minnesota Press, 2010.

［4］ PASCARELLA E T, TERENZINI P T. How college affects students：a third decade of research［M］. 2nd ed. San Francisco：Jossey-Bass, 2005.

［5］ HARVEY D. Spaces of hope［M］. Edinburgh：Edinburgh University Press, 2000.

［6］ LEFEBVRE H. The production of space［M］. Oxford, OX, UK：Blackwell, 1991.

［7］ HOLLAND J L. Making vocational choices：A theory of careers (3rd ed.)［M］. Lutz：Psychological Assessment Resources, 1997.

［8］ JAMESON F. Postmodernism, or, The cultural logic of late capitalism［M］. Durham：Duke University Press, 1991.

［9］ KUMAR A. Personal, Social, Academic and Career Development in Higher Education［M］. London：Routledge, 2022.

［10］ FISHER M. Teaching at Stanford：an introductory handbook［M］. Rev. ed. Stanford, Calif：Center for teaching and learning, Stanford University, 1985.

［11］PAULSAN F. German Education Past and Present［M］. New York：General Books LLC，2010.

［12］MAYER-SCHÖNBERGER V，CUKIER K. Big data：a revolution that will transform how we live，work，and think［M］. Boston：Houghton Mifflin Harcourt，2013.

［13］THORNDIKE E L. Educational psychology，Vol 2：The psychology of learning ［M］. New York：Teachers College，1913.

［14］YORKE M，KNIGHT P T. Embedding Employability into the Curriculum［M］. York：HEA，2004.

［15］安杰伊·齐埃利涅茨. 空间和社会理论［M］.邢冬梅,译. 苏州：苏州大学出版社，2018.

［16］布迪厄. 文化资本［M］. 袁国平，译. 北京:商务印书馆，2008.

［17］布迪厄，华康德. 实践与反思：反思社会学导引［M］. 李猛，等译. 北京：中央编译出版社，1998.

［18］包亚明. 现代性与空间的生产［M］. 上海：上海教育出版社，2003.

［19］哈维. 巴黎城记：现代性之都的诞生［M］. 黄煜文，译. 桂林：广西师范大学出版社，2010.

［20］段义孚. 逃避主义［M］. 周尚意，等译. 石家庄：河北教育出版社，2005.

［21］冯菲，刘玲. 混合式教学成功手册：让课程快速上网［M］. 北京：北京大学出版社，2013.

［22］管恩京. 混合式教学有效性评价研究与实践［M］. 北京：清华大学出版社，2018.

［23］黄敬宝. 就业能力与大学生就业：人力资本理论的视角［M］. 北京：经济管理出版社，2008.

［24］德波. 景观社会［M］.2 版.王昭风，译. 南京：南京大学出版社，2007.

［25］包亚明. 现代性与空间生产［M］. 上海：上海教育出版社，2003.

［26］美国教育部教育技术办公室. 通过教育数据挖掘与学习分析提高教学与学习质量：一份简短的发行报告［M］. 李威，译. 北京："移动学习"教育部-中国移动联合实验室，2015.

［27］奥热. 非地点：超现代人类学导论［M］. 牟思浩，译. 杭州：浙江大学出版社，2023.

［28］孟宪恺. 微格教学与小学教学技能训练［M］. 北京：北京师范大学出版社，1998.

［29］裴娣娜. 教育研究方法导论［M］. 合肥：安徽教育出版社，1994.

［30］乔纳森，等. 学会用技术解决问题：一个建构主义者的视角［M］. 任友群，等译. 北京：教育科学出版社，2007.

［31］鲍德里亚. 象征交换与死亡［M］. 车槿山，译. 南京：译林出版社，2006.

［32］申淑华.《四书章句集注》引文考证［M］. 北京：中华书局，2019.

［33］唐斯斯，杨现民，单志广，等. 智慧教育与大数据［M］. 北京：科学出版社，2015.

［34］王国轩，王秀梅. 孔子家语［M］. 北京：中华书局，2009.

［35］舍恩伯格，库克耶. 与大数据同行：学习和教育的未来［M］. 赵中建，等译. 上海：华东师范大学出版社，2015.

［36］吴志超，刘绍曾，曲宗湖. 现代教学论与体育教学［M］. 北京：人民体育出版社，1993.

［37］王致和. 高等学校教育评估［M］. 北京：北京师范大学出版社，1995.

［38］习近平. 决胜全面建成小康社会夺取新时代中国特色社会主义伟大胜利：在中国共产党第十九次全国代表大会上的报告［M］. 北京：人民出版社，2017.

［39］许明. 当代国外大学本科教学模式的改革与创新［M］. 福州：福建教育出版社，2013.

［40］伊恩·朱克斯，瑞恩·L.沙夫.教育未来简史：颠覆性时代的学习之道［M］.钟希声,译.北京：教育科学出版社，2020.

［41］周洪宇，鲍成中.大时代：震撼世界的第三次工业革命［M］.北京：人民出版社，2014.

三、学位论文、会议论文及网络文献

［1］MINAEI-BIDGOLI B，KORTEMEYER G，WILLIAM F P. Enhancing Online Learning Performance：An Application of Data Mining Methods［D］. Michigan State University，2004.

［2］林贞.亨利·列斐伏尔的空间生产理论探析［D］.兰州：兰州大学，2014.

［3］李之芝，王会平，叶志国，等.生理学课程混合式学习方法应用研究［D］.杭州：浙江大学，2012.

［4］马兴莹.基于计算思维的初中 Python 课程教学模式设计与应用研究［D］.济南：山东师范大学，2021.

［5］史力钧.地方高校"新生研讨课"模式与管理研究：以广西大学为例［D］.南宁：广西大学，2013.

［6］汪睿.基于 Moodle 网络课程混合式学习的设计与实践研究［D］.兰州：西北师范大学，2010.

［7］王晓辉.一流大学个性化人才培养模式研究［D］.武汉：华中师范大学，2014.

［8］谢克娜.教师课程意识视野下我国高校本科教学改革［D］.长沙：湖南师范大学，2011.

［9］应兆升.思想政治理论课"大班授课小班研讨"教学模式研究［D］.大连：大连理工大学，2011.

［10］王超.旅游目的地智慧旅游方案研究：以丽江为例［D］.昆明：云南大学，2015.

［11］张玲. 法学教育双主体教学模式探析［D］. 北京：首都师范大学，2011.

［12］张利荣. 大学研究性学习理念及其实现策略研究［D］. 武汉：华中科技大学，2012.

［13］邹琴. 20 世纪 80 年代以来美国"以学生为中心"本科教学改革研究［D］. 长沙：湖南师范大学，2014.

［14］CHARLES R G. Introduction to blended learning［EB/OL］.（2005-02-11）［2023-09-25］.Publicationshare.

［15］DEPARTMENT OF BUSINESS, INNOVATIONANDSKILLS. Higher Education：Students at the Heart of theSystem［R］. London：The National Archives，Kew, 2011.

［16］SWISHER, BOB. North Central Accredits On-linr University，The Chronicle of Higher Education［EB/OL］.［2023-09-25］. The University of Oklahoma.

［17］ROH A.问卷调查法［EB/OL］.（2010-6-12）［2023-09-25］. MBA 智库·百科.

［18］前瞻产业研究院. 2023 中国重新开放对全球旅游业的影响分析［EB/OL］.（2023-03-24）［2023-09-25］. 洞见研报.

［19］曹建. 我国建成世界规模最大的高等教育体系［EB/OL］.（2022-5-18）［2023-09-25］. 中国教育报.

［20］曹建. 聚焦人才培养，服务国家需求:高校学科专业迈向分类发展特色发展［EB/OL］.（2023-05-10）［2023-09-25］. 人民日报.

［21］陈晓菲. 翻转课堂教学模式的研究［D］. 武汉：华中师范大学，2014.

［22］国家统计局. 2021 中国统计年鉴［EB/OL］.（2022-09-10）［2023-09-25］. 国家统计局.

［23］飞猪. 2023 年春节出游风向标［EB/OL］.（2023-01-12）［2023-09-25］. 扬子晚报.

［24］工人日报.市场回暖催生新岗位,旅游业招工需求量大［DB/OL］.（2023-03-04）［2023-09-25］.中国网新闻中心.

［25］国务院.国务院关于印发"十四五"旅游业发展规划的通知［EB/OL］.（2021-12-22）［2023-09-25］.中华人民共和国中央人民政府.

［26］教育部科学技术与信息化司.十年高校科技创新综合实力实现跃升［EB/OL］.（2022-02-19）［2023-09-25］.中华人民共和国教育部.

［27］百度百科.旅游管理.［2023-09-25］.百度百科.

［28］楼程富.教学评价与教学模式改革［EB/OL］.（2023-08-08）［2023-09-25］.豆丁网.

［29］李冬梅.日本高等教育改革持续发力［N］.中国教师报,2021-6-2（03）.

［30］厉新建.新常态下旅游业新发展［N］.中国青年报,2017-11-7（11）.

［31］李晓霞.2023春节假期文化和旅游市场情况［EB/OL］.（2023-01-27）［2023-09-25］.文化和旅游部政府门户网站.

［32］LetPub.2022年中国高校发表SCI论文综合排名报告［EB/OL］.（2023-02-08）［2023-09-25］.LetPub.

［33］南方Plus.春节后第一周,广州招聘需求增长位列全国前三［DB/OL］.（2023-02-07）［2023-09-25］.南方日报.

［34］学而时习.习近平:走出一条建设中国特色世界一流大学的新路［EB/OL］.（2022-04-25）［2023-09-25］.求是网.

［35］习近平.高举中国特色社会主义伟大旗帜 为全面建设社会主义现代化国家而团结奋斗:在中国共产党第二十次全国代表大会上的报告［N］.人民日报,2022-10-26（1）.

［36］央视网.习近平谈全国高校思想政治工作要点［EB/OL］.（2016-12-09）［2023-09-25］.央视网新闻.

［37］杨倩.全国文化和旅游人才工作电视电话会议召开［EB/OL］.（2022-04-

15)〔2023-09-25〕.文化和旅游部政府门户网站.

〔38〕中国旅游报社.2021年度全国旅行社统计调查报告〔EB/OL〕.(2022-05-11)〔2023-09-25〕.文化和旅游部市场管理司.

〔39〕中国旅游报.建强旅游人才队伍巩固创业兴业之基:2022旅游科学年会综述〔EB/OL〕.(2022-04-26)〔2023-09-25〕.大河网.

〔40〕朱玲,罗惠文,朱梦,等.武汉近两成学子认为大学课程知识陈旧〔N〕.楚天都市报,2010-08-02(20).

附　录

附录 1　《混合研讨课》混合研讨课报告撰写要求及成绩评定办法

一、撰写混合研讨课报告

根据自己学习和讨论情况,撰写混合研讨报告。

二、混合研讨报告要求

1.报告题目自拟。

2.鼓励同学们发挥主观能动性,鼓励学生有自己的视角和创新观点。

三、报告评分标准

1.报告的规范性(期刊上规范写法,要有"摘要/正文/参考文献"三部分)(20%)。

2.报告内容的充实性(是否对知识论述全面,是否对最新的内容进行了涉及)(30%)。

3.报告内容的深刻性(对涉及问题不需要全部深刻论述,但需要对其中某一点问题可以做深入的研讨与论述)(20%)。

4.结合对旅游管理专业的认识和了解,在这样一个"互联网+"、云计算、云智能的时代,有没有自己的理论知识、对职业、对学术研究的独立思考或者规划(20%)?

5.谈谈混合研讨课的收获,对混合研讨课有何建议,提出改进措施(10%)。

四、课程总成绩

总成绩=报告成绩×50%+平时研讨表现×50%

附录2　旅游用人单位调查用表

表1　旅游管理专业学生提供工作岗位

岗位名称					
百分比(%)					

表2　用人单位认为本专业人才所需的能力结构

序号	能力要求	需要程度 （高、中、低）	课程培养 （书本知识）	校内实训 培养	企业顶岗 实习培养
1	语言表达能力				
2	计算机应用能力				
3	沟通能力				
4	合作能力				
5	应变能力				
6	酒店服务能力				
7	写作能力				
8	创新能力				
9	组织协调能力				
10	管理能力				
11	信息收集处理能力				
12	终身学习的能力				

表3 用人单位看重的素质要求

序号	素质要求	非常需要	需要	不需要
1	吃苦精神、服务意识			
2	团队协作			
3	爱岗敬业、忠于企业			
4	身体素质			

附录 3　旅游管理专业认知调查问卷

1.姓名[*]

2.年级[*]

○一年级

○二年级

○三年级

○四年级

3.我选择贵州大学的目的[*]

○是 211 百年名校

○朋友亲戚推荐

○分数局限

○喜欢所在城市,或离家近

○就业形势好

4.作为贵州大学的学生,我感觉

○很自豪

○有点自豪

○还可以

○感觉自卑

○没感觉

5.我对目前大学的生活

○很满意

○满意

○一般

○不满意

○非常不满意

6.你最喜欢所在大学的什么*【多选题】

（最多3项）

□校园环境

□生活寝室

□学校食堂及周边美食

□教室、图书馆等学习场所

□社团等交往空间

□老师

□同学

□其他

7.你最不喜欢大学中的什么*【多选题】

（最多3项）

□校园环境

□住宿条件

□学习环境

□老师教学方式

□同学关系

□地域文化

□其他

8.你认为旅游管理是一个什么样的专业*

○朝阳产业,前景不错

○后现代产业,未来有希望

○专业要求高,专业性强

○没有专业性,什么人都能干

○不知道,没概念

9.你攻读旅游管理专业的原因是

○旅游成为社会刚需,就业前景不错

○我喜欢旅游,这个行业适合年轻人

○旅游产业很多元,未来应该能赚到钱

○调剂或勉强录取,先读个大学再看

○其他

10.你希望今后从事的行业*

○肯定不会从事旅游业

○可能会从事旅游相关行业

○肯定会从事旅游相关行业

11.如果从事旅游业,你希望从事什么职业*【多选题】

（最多两项）

□导游

□酒店职业经理

□景区管理者

□旅游行政官员

□旅游规划师

□旅游研究学者

□民宿管家

□餐饮管理者

□文化创客等自主创业

12.对你的专业,最大的困惑是

○不知道这个专业未来能干什么

○不知道怎么学习这个专业

○不知道自己今后能否适应这个专业的工作

○不知道家人是否愿意我从事旅游行业

○其他

13.经过大学时光的学习,你感觉自己 *

○没什么收获,浪费时光

○自己成长了许多,有惊喜

○后悔了,真不该来这上学

○爱上我的专业,希望今后能从事相关行业

○其他

附录4 关于专业引导教学的问卷（针对大学一年级混合）

亲爱的同学：

欢迎你进入旅游与文化产业学院,开始你奇妙的旅游管理专业学习之旅。

作为专业引导老师,我深知各位一定有太多关于自己专业的希冀、惊喜、困惑与茫然。为了更好的帮助各位顺利地完成专业进入,请同学们认真填写该问卷,并完整表述你的愿望,谢谢!

第1部分 个人情况

姓名		班级		生源所在地	
旅游管理是否第一志愿				是□ 否□	
如果现在给你再次选择的机会,你会读什么专业					
对于今后3年,有何规划					

第2部分 对现有学校及专业的认知

1.你选择所在大学的原因

□是211百年名校 □朋友亲戚推荐 □分数局限

□就业较好 □离家近

□其他(请补充填写) ....

2.作为所在大学学生,你的心情是

□很自豪 □有点自豪

☐还可以   ☐感觉自卑

☐没感觉

3.你最喜欢所在大学的什么

☐校园风景   ☐住宿条件   ☐学习环境

☐老师   ☐社团活动   ☐同学友情

☐其他（请补充填写）--------------------

4.你最不习惯所在大学的什么

☐住宿条件   ☐食堂及周边饮食   ☐学习氛围

☐教学方式   ☐同学关系   ☐文化差异

☐其他（请补充填写）--------------------

5.你认为"旅游管理"是一个什么的专业

☐朝阳产业,前景好

☐没什么专业性,伺候人的行业

☐专业要求很高,不是一般人能做的

☐没有概念,不知道

☐其他（请补充填写）--------------------

6.你选择攻读"旅游管理"的原因

☐旅游正在成为社会"刚性需求",就业前景好

☐可以到处玩,符合年轻人的爱好,应该会爱上这个行业

☐调剂或勉强录取,凑合读个大学再说

☐应该是蛮赚钱的

☐其他（请补充填写）--------------------

7.你今后希望从事的工作是什么

☐应该与旅游行业无关   ☐导游

☐酒店职业经理   ☐景区管理者

☐政府官员   ☐旅游规划师

□旅游专业学者 □文化创客

□其他(请补充填写) ----------------------

第3部分　你希望得到什么帮助

1.对于你的专业而言,最大的困惑是什么

□不知道这个专业今后能做什么

□不知道怎么去学习这个专业

□不知道自己是否适合这个专业

□从事服务性行业,不知家人是否同意

□其他(请补充填写) ----------------------

2.大学 4 年,你最看重的是什么

□学习成绩优秀 □生活丰富多彩 □解决问题能力的提高

□得到父母老师的认可 □多考些证照

□其他(请补充填写) ----------------------

3.对于你的专业,你最希望得到什么人的帮助

□辅导员老师 □班主任老师 □学院领导

□专业老师 □师兄师姐 □行业精英

□父母亲人 □同学朋友

□其他(请补充填写) ----------------------

4.你认为从事旅游行业,最重要的是什么

□良好的仪表 □专业的技能 □创新的思维

□吃苦的精神 □人际能力 □机遇

□其他(请补充填写) ----------------------

5.你喜欢什么样的教学方法

□老师讲授为主,辅以作业及练习

□自学为主,课堂答疑

□教师主导命题,自己先做准备,进行课堂讨论

□课堂为辅,实践为主

□其他(请补充填写) ----------------------

6.你会采用什么学习方法

□自己看书　　　　□听老师讲　　　　□和别人讨论

□查阅资料

□其他(请补充填写) ----------------------

第4部分　对于你今后的发展，在教学方面，有什么建议

附录5　关于旅游管理专业教学状况的问卷（针对大学四年级学生）

亲爱的同学：

恭喜各位即将进入充斥着忙碌、焦灼、困惑、惊喜和收获的大四生活！

一路走来，我感动于各位对自己所学专业付出的努力和艰辛，也深刻体会到大家在学习中的希冀、困惑与茫然！为更好地促进学院老师向各位提供精准有效的帮助，请同学们认真填写该问卷，并完整表述您的愿望，谢谢！

第1部分　对大学生活的整体评价

1.作为所在大学学生，你感觉

□很自豪　　　□有点自豪　　　□还可以　　　□感觉自卑

□没感觉

2.你的大学给你留下印象最深刻的是什么

□校园风景　　　□住宿条件　　　□学习环境

□老师　　　□学术氛围　　　□同学友情

□其他（请补充填写）------------------

3.你最不习惯贵州大学的什么

□住宿条件　　　□食堂及周边饮食　　　□学习氛围

□教学方式　　　□同学关系　　　□文化差异

□其他（请补充填写）------------------

4.大学4年中，你觉得最大的收获是什么

□学习的专业知识　　　　　　□个人锻炼的平台

□深厚的同学友谊　　　　　　□纯洁的大学爱情

□难忘的师友关系 □多元的生活体验

□其他(请补充填写)　--------------

5.大学 4 年,你最看重的是什么

□学习成绩优秀 □生活丰富多彩

□解决问题能力的提高 □得到父母老师的认可

□多考些证照

□其他(请补充填写)　--------------

第 2 部分　对专业的认知

1.你认为"旅游管理"是一个什么的专业

□朝阳产业,前景好 □没什么专业性,伺候人的行业

□专业要求很高,不是一般人能做的 □没有概念,不知道

□其他(请补充填写)　--------------

2.你认为从事旅游行业,最重要的是什么

□良好的仪表　□专业的技能　□创新的思维

□吃苦的精神　□人际能力　□机遇

□其他(请补充填写)　--------------

3.你选择攻读"旅游管理"的原因是什么

□旅游正在成为社会"刚性需求",就业前景好

□可以到处玩,符合年轻人的爱好,应该会爱上这个行业

□调剂或勉强录取,凑合混个文凭

□应该是蛮赚钱的

□其他(请补充填写)　--------------

4.你今后希望从事的工作是什么

□应该与旅游行业无关 □导游

□酒店职业经理 □景区管理者

☐政府官员　　　　　　　　　☐旅游规划师

☐旅游专业学者　　　　　　　☐文化创客

☐自主创业

☐其他（请补充填写）————————

5.对于你的专业而言,最大的困惑是什么

☐不知道这个专业今后能做什么

☐不知道怎么去学习这个专业

☐不知道自己是否适合这个专业

☐从事服务性行业,不知家人是否同意

☐其他（请补充填写）————————

6.经过 4 年学习,你感觉自己怎么样

☐没什么收获,浪费光阴

☐自己成长了许多,有惊喜

☐后悔死了,真不该上大学

☐爱上了我的专业,今后会从事旅游行业

☐其他（请补充填写）————————

7.对于你的专业,你最希望得到什么人的帮助

☐辅导员老师　　☐班主任老师　　☐学院领导

☐专业老师　　　☐师兄师姐　　　☐行业精英

☐父母亲人　　　☐同学朋友

☐其他（请补充填写）————————

8.面对就业,你最希望获得什么样的帮助

☐就业指导　　　☐毕业论文指导　　☐专业素养的培养

☐社会能力的提升　　　　　　☐职业规划和行业触摸

☐ 其他（请补充填写）————————

第 3 部分　对教学环境的认知

1.对于目前的教学质量,你认为

□很满意　　　　□还可以　　　　□一般　　　　□不满意

□很不满意

2.你和专业老师的关系如何

□经常接触和请教　　　　　　　□偶尔会有问题咨询

□除了上课外,几乎没联系

3.你喜欢用什么方式和老师交流

□直接面谈　　　□打电话　　　□发短信、微信或 QQ 留言

□发邮件

□其他(请补充填写)⸺⸺⸺⸺

4.你觉得老师讲授的内容

□紧跟行业前沿,充满惊喜　　　　□专业理论知识扎实

□没什么专业要点,很茫然　　　　□内容陈旧,很郁闷

□其他(请补充填写)⸺⸺⸺⸺

5.你认为老师教学中最严重问题的是什么

□上课无聊,很多内容陈旧

□老师不懂教学规律

□教学方法单一,不懂学生心理

□上课东拉西扯,浪费课堂时间

□老师"电灌"式教学,缺乏课堂互动

□研究生代课,教学质量差

□经常调换上课时间地点

□课下见不到老师,也没有可沟通途径

□其他(请补充填写)⸺⸺⸺⸺

6.对于教学,你最渴望的是什么

□改革教学方法 □开展研究性,实践性教学

□增强师生互动 □改革考试方式

□改善学习,资源环境

□其他(请补充填写) ------------------

7.你逃过课吗

□经常逃 □偶尔会 □从没有

8.你逃课的原因是什么

□课程紧,安排冲突 □学习任务重,早上起不来

□身体原因 □去做其他事,比上课很有效

□对老师讲的东西没有吸引力 □自学比上课更有效

□不上课,考试也能考过

□其他(请补充填写) ------------------

9.你喜欢什么样的教学方法

□老师讲授为主,辅以作业及练习

□自学为主,课堂答疑

□教师主导命题,自己先做准备,进行课堂讨论

□课堂为辅,实践为主

□其他(请补充填写) ------------------

10.你经历的课堂,多少老师会使用讨论式教学

□所有老师均使用过 □80%的老师使用

□60%的老师使用 □40%的老师使用

□20%的老师使用 □几乎没有老师使用

11.使用研讨式教学的老师,研讨式教学方式在课堂中的比重有多少

□整个课题全程用研讨的方式 □占课堂的80%

□占课堂的60% □占课堂的40%

□占课堂的 20%　　　　　　　□几乎没有

12.你会采用什么样的学习方法

□自己看书　　　□听老师讲　　　□和别人讨论

□查阅资料　　　□进行实践

□ 其他(请补充填写) ·······················

第 4 部分　对于你今后的发展，在教学方面，有什么建议

_____

_____

附录6 旅游管理专业学生对混合研讨教学模式的效果反馈调查问卷

尊敬的女士/先生:

您好!感谢您在百忙之中填写本调查问卷。

为了确保调查的真实性和准确性,请您根据题目的相关情形如实作答。本问卷获取的所有数据信息仅供学术研究之用,请放心填写。

衷心感谢您的帮助与支持,祝您身体健康,万事如意。

注:混合研讨课是指您在G校所有课堂教学中,除传统教师讲授模式以外的,使用了线上学习平台(如超星学习通、长江雨课堂等)学习、进行了课堂讨论的课程。

第1部分: 个人基本信息

1.您的性别

◎女　◎男

2.您的年级

◎大一　◎大二　◎大三　◎大四

第2部分: 效果反馈

以下这些想法是否符合您的实际情况(说明:请根据您的实际情况和真实感受,选择表示程度的相应数字,1代表"非常不赞同",2代表"不赞同",3代表"一般赞同",4代表"赞同",5代表"非常赞同")

测量题项	1	2	3	4	5
混合研讨课堂上,您会更加活跃,注意力更集中	◎	◎	◎	◎	◎
混合研讨课比传统课堂更生动更有趣	◎	◎	◎	◎	◎
混合研讨课有利于个人自学能力的培养和提高	◎	◎	◎	◎	◎
混合研讨课有利于个人表达能力的培养和提高	◎	◎	◎	◎	◎
与传统课堂方式相比,混合研讨课更利于专业知识的深入掌握	◎	◎	◎	◎	◎
混合研讨课可以提高小组交流、团队协作能力	◎	◎	◎	◎	◎
混合研讨课堂可以加强教师与学生之间的交流	◎	◎	◎	◎	◎
混合研讨课堂课前知识准备花费的时间和精力比传统课堂多	◎	◎	◎	◎	◎
与传统讲授式课堂相比,混合研讨课堂的学习效果更好	◎	◎	◎	◎	◎
很愿意在专业教学中继续运用混合研讨教学模式	◎	◎	◎	◎	◎